Carsten Unger
Katrin Hofmann-Unger

Yoga und Psychologie

Persönliches Wachstum und Risiken auf dem Übungsweg
Ein Leitfaden für Übende und Lehrende

verlag
ganzheitlich
leben

Zu diesem Buch:
„Vieles, was uns am Herzen liegt und was wir in diesem Buch ausdrücken möchten, liegt jenseits der Sprache. Es liegt in jedem, der Yoga übt oder weitervermittelt. Es ist das *Wie* des Yoga. ... Aus unserer Sicht ist der Yoga ein Weg des konsequenten In-Frage-Stellens und des Bildens von inneren Maßstäben (und auch deren Überschreitung) aufgrund von Selbststudium. In diesem Sinne möchten wir einladen, dieses Buch als Hilfsmittel und Anregung zu verstehen, dessen Aussagen anhand der eigenen Erfahrung zu überprüfen, zu ergänzen oder zu verwerfen."

Im Zentrum steht die Frage: Wie wirkt Yoga aus psychologischer Sicht? Welche Veränderungen im Verhalten und Erleben des Übenden sind möglich? Das Buch bietet faszinierende Einblicke und Anregungen sowohl für alle am Yoga und an der Psychologie interessierte Leser als auch für die Yogalehrenden. Es versucht gleichsam einen Dialog zwischen westlicher und östlicher Psychologie und öffnet immer wieder die Perspektive in eine tiefe philosophische Dimension. Damit gelingt eine spannende Annäherung an das Geheimnis des Yoga.

Zu den Autoren:
Katrin Hofmann-Unger: Jahrgang 1960; Diplom-Psychologin, Psychotherapeutin (HPG) und Yogalehrerin (BDY/EYU). Langjähriges Mitglied im Vorstand des Himalaya Institut für Yoga-Wissenschaft und Philosophie e. V. und Leiterin der dortigen Yogalehrausbildung; Moderatorin und Prüferin im BDY. Psychologische Beratung, Entwicklungsbegleitung, Coaching und Supervision für Yogalehrende.

Dr. Carsten Unger: Jahrgang 1958; Diplom-Psychologe und Yogalehrer (BDY/EYU). Als psychologischer Sachverständiger an Familiengerichten tätig. Beratung für Paare und Familien. 1987 bis 2001 im Vorstand des Himalaya Institut für Yoga-Wissenschaft und Philosophie e. V; dort leitend an der Yogalehrausbildung beteiligt. Seminare und Vorträge zu psychologischen und psychotherapeutischen Aspekten von Yoga und Meditation.

Die Autoren sind verheiratet und haben eine Tochter.

Kritik und Anregungen können gerne an den Verlag (Adresse s. Impressum) gerichtet werden.

Carsten Unger
Katrin Hofmann-Unger

Yoga und Psychologie

Persönliches Wachstum und Risiken auf dem Übungsweg

Ein Leitfaden für Übende und Lehrende

verlag
ganzheitlich
leben

CIP-Einheitsaufnahme der Deutschen Bibliothek
Unger, Carsten:
Yoga und Psychologie : persönliches Wachstum und Risiken auf dem Übungsweg ; ein Leitfaden für Übende und Lehrende / Carsten Unger ; Katrin Hofmann-Unger. – 1. Aufl. – Ahrensburg : Verl. Ganzheitlich Leben, 1999
ISBN 3-932185-01-3

Für unsere Tochter Gioia

Neue Straße 5, D-22926 Ahrensburg;
Telefon: 04102-898063; Fax: 04102-898065
E-Mail: info@verlag-ganzheitlich-leben.de
Homepage/Online-shop: www.verlag-ganzheitlich-leben.de
Titel: Haro Wolter
Gesamtherstellung: inprint Erlangen
8. Auflage

ISBN 978-3-932185-01-4

Inhalt

Vorwort

Seit vielen Jahren begleiten wir Menschen auf ihrem Übungsweg und angehende Yogalehrende in ihrer Ausbildung. Parallel hierzu sind wir als Psychologen und Psychotherapeuten in verschiedenen Arbeitsfeldern tätig. Dieses Buch ist ein Versuch, unsere Erfahrungen zu ordnen und in anderer Form als bislang in der Einzelarbeit, im Gruppenunterricht oder als Vortrag zu vermitteln. Da viele Texte ursprünglich für Seminare, Tagungen und andere Anlässe verfaßt wurden, ist der Puzzle-Charakter der einzelnen Themen immer noch erkennbar.

Wir wollen weder über den Yoga psychologisieren noch die Psychologie spiritualisieren. Die beiden Wissenschaften kommen bislang recht gut jede für sich ohne die andere zurecht. Die Übenden jedoch - also wir - stehen da mit unseren Erfahrungen und Fragen und suchen Antworten, *die uns nahe sind.* Gute Antworten sind solche, die vermitteln, übersetzen und dialogisieren zwischen scheinbar Unvereinbarem. Die westliche Psychologie kann im Verständnis des Yoga eine Hilfe sein, weil sie den Wurzeln unserer Kultur verhaftet, unserem Wissenschaftsverständnis und unseren Denkgewohnheiten geläufiger und zudem in ihren Begriffen der Sprache der Gegenwart näher ist.[1] Dieses Buch ist daher auch der Versuch eines solchen 'Austausches' oder 'Gespräches' zwischen einer westlichen und östlichen Psychologie ohne gegenseitige Belehrung und Abgrenzung.

Sicher ist es richtig, daß der Yoga die Psychologie nicht braucht, daß die Yoga-Übungen aus sich selbst heraus wirken, ohne daß z.B. medizinische oder psychologische 'Hintergründe' bekannt sind, und auch, daß der Yoga über eine um ein Vielfaches längere Geschichte als die Psychologie verfügt. Andererseits wäre es verfehlt anzunehmen, daß der Yoga sich nicht ebenfalls in Entwicklung befände. Er ist in diesem Jahrhundert (eben auch dem Jahrhundert der Psychologie) in der westlichen Kultur nicht nur passiv übernommen, sondern in Ausschnitten sogar angepaßt worden. Nicht zuletzt wird er von einer so großen Anzahl von Menschen geübt, wie dieses nie zuvor der Fall war. Damit haben sich aber wesentliche Rahmenbedingungen für die tradierte Weitergabe des Yoga und seine Unterrichtung verändert. Erwähnt sei hier, daß der weitaus größte Teil der Vermittlung in Kursen stattfindet und daß ein großer

---

[1] Zweifelsohne kann auch der Yoga viel zum Verständnis der westlichen Psychologie beitragen, was jedoch nicht Thema dieses Buches sein soll.

Teil der Yogalehrenden keine Ausbildung durch eine Person erhielt, die selbst in der Yogatradition aufgewachsen ist. Zudem wird der Yoga gegenwärtig anders als je zuvor in seiner langen Geschichte meist an Menschen vermittelt, die aus einer völlig anderen, nämlich der westlichen Kultur stammen.

Daraus ergeben sich Fragen der Unterrichteten, die bei einem indischen Yogaübenden vielleicht ungefragt blieben. Es tauchen möglicherweise Schwierigkeiten, Konflikte oder Zweifel auf, deren Lösung immer wieder von jedem Einzelnen neu erarbeitet werden muß, weil der Yoga aus sich selbst heraus keine fertigen Antworten anbietet. Es folgt vielleicht eine Veränderung des Yoga selbst (und dessen, was wir unter 'Yogatradition' verstehen) in dem Bemühen, den besonderen Erfordernissen der westlichen Kultur gerecht zu werden. Mitunter werden warnende Stimmen laut vor einer 'Schwächung' oder 'Aufweichung' des Yoga. Will der Yoga aber nicht im Dogmatismus erstarren (wofür er sich denkbar schlecht eignet), bedarf es u.E. einer guten Mischung aus 'Tradition und Erfahrung'.[2] Und die echte Erfahrung - will sie nicht Pseudoerfahrung sein, die vorher schon sagt, was *sein soll*, und dabei gerne übersieht, *was ist* - findet immer im einzelnen Übenden, in der Gegenwart seiner Kultur und seines Zeitgeistes statt, wobei dem Alten ein Aspekt des Neuen hinzugefügt wird.

Apropos 'Erfahrung': Vieles, was uns am Herzen liegt und was wir in diesem Buch ausdrücken möchten, liegt jenseits der Sprache. Es liegt in jedem, der Yoga übt oder weitervermittelt. Es ist das *Wie* des Yoga. Insofern sind die Worte über Yoga in diesem Buch wie der Versuch, auf etwas zu verweisen, was hinter oder zwischen ihnen liegt.[3]

Die Yogatradition ist reich an Übungswegen, Übungsformen, Auslegungen und 'Schulen'. Sie ist alles andere als ein in sich geschlossenes System. Für viele Übende und Lehrende, die mit dieser Vielfalt von Anschauungen und Stilen konfrontiert werden, stellt sich die Frage: Aber wie ist es am besten? Welche Form der Übung oder des Unterrichtes ist die bewährteste? Darauf kann es natürlich keine allgemein gültige Antwort geben - oder so viele Antworten, wie es Übende und Lehrende im Geist des Yoga gibt. Es gibt keine Rezepte, kein richtig und falsch von vornherein. Vieles von dem angeblich 'Richtigen' kann - falsch verstan-

---

[2] So der Untertitel des Buches von Desikachar (1991): Yoga - Tradition und Erfahrung.

[3] Auf das Thema der Sprache und ihre Grenzen geht z.B. auch Distelbarth ein (1985), so u.a. S. 31: „Worte haben nicht 'recht'“.

den - ungünstig wirken, während einiges von dem scheinbar 'Falschen' - mit der passenden inneren Haltung ausgeführt - wunderbare Ergebnisse hervorbringen kann. Andererseits soll dies auch nicht zu einer *Beliebigkeit* des Übungsweges führen, wie er in zahlreichen esoterischen Modeströmungen zu finden ist. Aus unserer Sicht ist der Yoga auch ein Weg des konsequenten In-Frage-Stellens und des Bildens von inneren Maßstäben (sowie deren Transformation) aufgrund von Selbststudium. In diesem Sinne möchten wir einladen, das Buch als Hilfsmittel und Anregung zu verstehen, seine Aussagen anhand der eigenen Erfahrung zu überprüfen, zu ergänzen oder zu verwerfen.

Als eine Art 'Gebrauchsanweisung' sei erwähnt, daß einzelne Kapitel, wie z.B. das Kap. 2 zur Yogapsychologie oder Kap. 9 über die psychologischen Theorien zu den Forschungsergebnissen, zunächst übersprungen werden können, ohne daß damit das inhaltliche Verständnis des Buches beeinträchtigt wird. Verwendete Sanskrit-Begriffe können jeweils in ‚Kurzfassung' im Glossar (Anhang) nachgeschlagen werden.
Wenn wir den Begriff 'Yoga' ohne nähere Differenzierung verwenden, meinen wir damit grundsätzlich die Gesamtheit des Raja-Yoga, wie er im achtgliedrigen Pfad der Yoga-*Sūtras* von Patañjali beschrieben wird, also mit ausdrücklicher Einbeziehung der *yamas* und *niyamas* und der Meditationsübung.
Noch eine letzte Bemerkung in eigener Sache: Als *Autorenpaar* haben wir es uns nicht leicht gemacht mit der Entscheidung, in der männlichen oder weiblichen Form zu schreiben. Wenn die Autorin/der Autor die/den Yogalehrer/in und den/die Yoga-Übende/n grundsätzlich in beiden Formen im Text ansprechen würden, könnte dies bei der/dem geneigte/n LeserIn zur Verwirrung führen. Was tun? Die Geschlechterverteilung im Yogabereich hätte durchaus die alleinige Verwendung der weiblichen Form gerechtfertigt. Um jedoch die männliche Minderheit zu stärken, lehnen wir uns - wenn auch widerwillig - an den immer noch üblichen Sprachgebrauch an und wählen die männliche, bzw. wo möglich, die neutrale Form.

Wir möchten an dieser Stelle all denen danken, ohne die dieses Buch nicht hätte entstehen können: Unseren Lehrern, die die Tradition des Yoga weitergegeben haben, besonders Sri Swami Rama und Swami Veda Bharati. Weiterhin danken wir Wolfgang und Susanne Bischoff, Gerda und Walter Hofmann, Heinrich Jaenecke, Helga Simon-Wagenbach, Dr. Christian Fuchs, Dr. Rose Miram-Gatz, Ilse und Dr. Michael Windisch, Dr. Edith Ulmer, Prof. Dr. Roderich Wahsner, Elisabeth und Christoph Kühne, Heidi Albrecht-Rusch, Christiane Rebmann und Dr. Uwe Speckenbach für Unterstützung, Ermutigung und Anregungen.

1

Yoga und die Psychologie des Westens

☛ Dieses Kapitel gibt eine Einführung:
- ❍ In welchem Verhältnis stehen Yoga und westliche Psychologie zueinander?
- ❍ Yoga ist eine Wissenschaft des Geistes.
- ❍ Jede Philosophie ist ein Modell. Ein Modell ist eine 'Landkarte'.

Wie erforschen wir den Geist? Wir können nicht in ihn hineinsehen, und er kann auch nicht direkt untersucht werden. Angesichts dieser Tatsache müssen wir uns einer Theorie bedienen um herauszufinden, was der Geist ist und wie er arbeitet.

Donald O. Hebb

Seitdem die Menschheit sich ihrer selbst und der umgebenden Welt bewußt wurde, versucht sie u.a. durch Religion, Philosophie und Psychologie über sich und die Welt Kenntnis zu erlangen. Der Mensch erlebt sich in dem Staunen über das Wunder seiner bewußten Existenz - und in dem Schauder, damit herausgefallen zu sein aus dem Schoß der sich vollziehenden Natur. Durch die Möglichkeit bewußter Erkenntnis erfolgte immer wieder eine Trennung von dem Urgrund - in der christlichen Religion symbolisiert durch die Vertreibung aus dem Paradies. Es erwachte aber auch die Sehnsucht, wieder einen Zugang zu finden zu der Einbettung in etwas Umfassenderes, etwas, das über die eigene Person hinausweist. Die spirituellen Wege aller Kulturen haben zwei Ziele: Erfahrung und Auseinandersetzung mit der eigenen Persönlichkeit einerseits - und Kontakt zur Quelle, zum Mysterium des Lebens, zum Göttlichen andererseits. Das eine kann aber ohne das andere nicht sein. *Es gibt keine spirituelle Erfahrung, die über mich hinausweist, wenn es keine innere Auseinandersetzung gibt, die auf mich zurückweist.*

Einer dieser Wege ist der Yoga. Yoga ist eine Wissenschaft des Geistes. Die Übungen des Yoga sind so verstanden Hilfsmittel, um den Geist zu klären, zu transformieren, zu verändern. Auf dieser Forschungsreise durch unsere innere Welt, in dem Navigieren um die Klippen unseres Ich, in dem Versuch, den Horizont zu erreichen, zu überschreiten - auf diesem spirituellen Weg machen wir Erfahrungen: spannende, großartige und begeisternde, zarte und berührende, schmerzliche und verunsichernde. Manchmal sind Stürme zu meistern, jedoch gottseidank selten in gefährlicher Windstärke. Horizonte verschieben sich, alte Wirklichkeiten werden durch neue Möglichkeiten abgelöst - und ab und an durchqueren wir Wegabschnitte, Meeresengen, ozeanische Weiten, in denen recht wenige Leuchttürme und Richtfeuer zu finden sind - dann fällt uns die Navigation etwas schwer. Manchmal auch verlieren wir unsere Richtung aus den Augen.

Eigentlich ist die abendländische Psychologie ein natürlicher 'Gesprächspartner' für den Yoga, denn sie versteht sich als eine Wissenschaft des Erlebens und Verhaltens, also der inneren Welt von Menschen. In einem Vergleich von östlichen und westlichen psychologischen Modellen haben wir aber mit ganz erheblichen Problemen der Unvereinbarkeit der Grundbegriffe zu tun, die sich aus der Unterschiedlichkeit der Welt- und Menschenbilder ergeben. Nur zu oft enden entsprechende Gesprächsversuche in Sprachlosigkeit.

Wie zunächst in der Sprachwissenschaft und später in der Medizin, ist daher nun auch für einen Dialog zwischen dem Yoga und der Psychologie einiges an Übersetzungsarbeit zu leisten. Wir glauben, daß dadurch viel zum Verständnis des Yoga im Rahmen der westlichen Psychologie beigetragen werden kann. Den Erfolg solcher Bemühungen sehen wir im Bereich der Medizin: Über Jahre hinweg konnte der Yoga durch medizinische und physiologische Forschung und durch praktische Anwendung in diesem Feld eine zunehmende Akzeptanz finden.[4] Gleiches - nämlich eine Dialogfähigkeit des Yoga - wünschen wir uns für den psychologischen Bereich. Leider macht der uneinheitliche Zustand der westlichen Psychologie dieses Unternehmen nicht gerade leichter.

---

[4] Diese Entwicklung wurde in den 60-er Jahren gefördert durch Standardwerke wie etwa: Mukerji, G.S. & Spiegelhoff, W.; Yoga und unsere Medizin (1963); oder Lindenberg, W.; Yoga mit den Augen eines Arztes (1960). Beide Titel erschienen mittlerweile in der vierten Auflage.

1.1 Yoga als eine Wissenschaft des Geistes

Wenn wir nun aber eine psychologische Dimension des Yoga in Anspruch nehmen, erhebt sich doch zunächst die Frage, ob es überhaupt Hinweise auf eine Wirksamkeit im psychischen Bereich gibt, oder nochmals in anderen Worten: Führt die Beschäftigung mit dem Yoga, das yogische Üben, zu Veränderungen im Verhalten und Erleben von Menschen? Aus der Eigenerfahrung von Yoga-Praktizierenden heraus wird diese Frage oft spontan mit einem „Ja, natürlich" beantwortet. So erklärt auch Desikachar[5]: „Es gibt hunderte Yoga-Definitionen, aber die wichtigste ist die, die sagt: Yoga bewirkt eine Veränderung der Eigenschaften unseres Geistes." Auch Patañjali[6] formuliert in den Sutras den Yoga explizit als eine Wissenschaft des Geistes, die sowohl dessen Analyse wie auch Transformation umfaßt. Obwohl im Westen die Yogalehrenden den Yoga zum größten Teil durchaus in den Patañjali Sutras verwurzelt sehen und sich häufig auf diesen Quellentext beziehen, wird die Übungs- und Unterrichtspraxis doch bislang häufig durch körperliche Aspekte bestimmt.

Es gibt daher bei Yoga-Übenden, aber auch bei den Yoga-Lehrenden wenig Reflektion über die Art der Auswirkungen im psychischen Bereich. Der Übende hat oft zu wenig Anhaltspunkte über die körperlich wohltuenden Wirkungen hinaus, 'was bei einem selbst eigentlich durch den Yoga passiert'. Dadurch kann es mitunter schwierig sein, die aufgetretenen Veränderungen einzuschätzen und zu verstehen. Das geringe Wissen über diese Zusammenhänge beim Yoga-Lehrenden kann zu der Konsequenz führen, daß er die Wirkungen seiner Lehrtätigkeit auf der psychologischen Ebene nicht angemessen reflektieren kann - und daß ihm möglicherweise wenig Handwerkszeug zur Verfügung steht, konstruktive Prozesse zu fördern bzw. hinderliche Auswirkungen im psychischen Bereich zu vermeiden.

In den letzten Jahren ist im Bereich der körperlich-medizinischen Auswirkungen, Nebenwirkungen und der Indikationsfrage 'Welche Übung für wen?' sehr viel und differenziert nachgedacht worden[7]- entsprechendes fehlt weitgehend noch für die psychologischen Aspekte des Yoga.

---

[5] Desikachar (1991), S. 117

[6] Ihm wird die Niederlegung eines der wesentlichen Quellentexte des Yoga, die Yoga-*Sūtras*, zugeschrieben (in den ersten Jahrhunderten n.Chr.).

[7] Siehe z.B. die Beiträge von Imogen Dalmann und Martin Soder (u.a. in der Zeitschrift ‚Viveka').

Wir möchten jedoch betonen, daß wohl der verantwortliche Yoga-Lehrende, nicht jedoch der Yoga-Übende notwendigerweise seinen Übungsweg psychologisch verstehen oder reflektieren muß - es ist ein Weg der Erfahrung und weniger des Nachdenkens. Dennoch wird vieles, was früher gleichsam unbewußt im Glauben an die Richtigkeit des Tuns vollzogen wurde (z.B. die religiöse Praxis), heute reflektiert und ohne ein bewußtes Verstehen des Handelns und seiner Auswirkungen als unbefriedigend erlebt oder sogar abgelehnt. Die Psychologie kann uns aus unserem eigenen kulturellen und wissenschaftlichen Hintergrund heraus helfen, sozusagen in unserer 'Muttersprache', den Yoga in seinem Anliegen zu verstehen und anderen gegenüber verständlich zu machen. Natürlich *braucht* der Yoga die Psychologie nicht - und auch umgekehrt ist das sicherlich so: Also gute Voraussetzungen für einen partnerschaftlichen Dialog zweier 'Fremder', die recht verschiedene Sprachen beherrschen.[8]

Uns liegen gegenwärtig viele tausend bibliographische Nachweise von wissenschaftlichen Arbeiten über den Yoga vor, wovon sich etwa 1300 auf den psychotherapeutischen und psychologischen Bereich beziehen.[9] Man könnte vieles und besonders auch Kritisches zur Methodik der Untersuchungen anmerken. Die psychologische Yoga-Forschung befindet sich in dem Dilemma, sich einerseits um Standardisierbarkeit und Kontrollierbarkeit der Untersuchungsmethoden bemühen zu müssen, andererseits dabei jedoch Gefahr zu laufen, den Yoga in diesem Bemühen möglicherweise um wichtige Faktoren seiner psychischen und spirituellen Wirksamkeit zu entkleiden. So gibt es Studien, in denen die psychotherapeutische Wirksamkeit der Meditation untersucht wird, indem diese schriftlich oder per Tonband völlig unvorbereiteten Versuchspersonen wenige Wochen bis Monate vermittelt wird und daran anschließend durch Persönlichkeitsfragebogen versucht wird, die Effekte zu messen. In einem anderen Fall durften die Teilnehmer einer Untersuchung sich ein *mantra* von einer Liste aussuchen. Dieses Vorge-

---

[8] Ein solches Unternehmen bietet überdies Chancen für beide Seiten. So plädieren z.B. Varela & Thompson (1992) in ihrem Buch 'Der mittlere Weg' für eine Synthese von westlichen und östlichen wissenschaftlichen Ansätzen. Sie betonen, daß „in unserer heutigen Welt eine tiefe Spannung zwischen Wissenschaft und Erfahrung herrscht. ... Wo finden wir eine Tradition, in der die menschliche Erfahrung sowohl in ihren reflexiven als auch in ihren unmittelbar gelebten Aspekten untersucht wird?" (S. 30; 41)

[9] Bibliographien zum Yoga siehe Literaturverzeichnis, Abschnitt B.

hen fand in einer anderen Studie seine Steigerung, indem als *mantra* das Wort 'eins' täglich 20 Minuten im Geist wiederholt werden sollte. Uns tritt hier wie so häufig das westliche reduktionistische Forschungsprogramm entgegen, welches leicht an seine Grenzen stößt, wenn viele verschiedene Ebenen in komplexer Wechselwirkung stehen.
Gleichwohl gibt es nach einigen Jahrzehnten intensiver psychologischer Yoga-Forschung im Westen eine Reihe gut abgesicherter und vielfach bestätigter Ergebnisse zu der Frage, ob der yogische Übungsweg im psychischen Bereich verändernd wirkt. Auch deshalb ist es sinnvoll (und war für uns eine weitere Motivation, dieses Buch zu schreiben), auf den Yoga gleichsam mit der Brille eines westlichen Psychologen zu schauen. Bei dem gesamten Unternehmen des Dialoges zwischen östlicher und westlicher Psychologie wollen wir jedoch im Auge haben, daß z.B. die Frage nach psychischen, psychotherapeutischen oder medizinischen Effekten des Yoga Übens in genau die Fallen tappen könnte, die westliche Philosophie und Wissenschaftsgeschichte aufgestellt haben, wie etwa das Trennen von Körper und Geist und das daraus resultierende Leib-Seele-Problem. Wenn auch wir uns in den folgenden Kapiteln immer wieder in der Spaltung von psychologischer und medizinischer Wissenschaft bewegen, entspricht dies zwar unserer Tradition, nicht jedoch dem Yoga. Dennoch wollen wir das westliche 'Wissenschaftswerkzeug' der Psychologie anwenden, allerdings im Bewußtsein der dadurch bedingten Einschränkungen.
Bei dem Versuch eines Dialoges zwischen verschiedenen psychologischen Theorien und philosophischen Entwürfen liegt die Frage nahe, was denn nun richtig sei, welche Ansicht der Wahrheit am ehesten entspricht. Wir wollen Modelle und Theorien, sei es auch 'hohe Yoga-Philosophie', gleichsam als Landkarten verstehen, die auf etwas hinter ihnen Liegendes *verweisen*, es aber selbst nicht *sind.* Es ist ein gleiches Verhältnis wie zwischen einem Namen und dem damit bezeichneten Menschen; zwischen einem Begriff und dem damit benannten Objekt. Man könnte denken, man müsse eine psychologische Theorie oder ein philosophisches Modell nur genau genug machen, damit es wahr sei. Aber auch nicht die genaueste Landkarte, nicht einmal ein Stadtplan, wird jemals der Landschaft oder der Stadt gleichen. Mehr noch: Niemals wird in meinem tatsächlichen Erleben der Landschaft etwas identisch sein mit der Abbildung auf der Karte. Dort auf dem Papier befinden sich nur Symbole. Sie sind für sich weder wahr noch falsch, sondern

bekommen erst durch den Betrachter eine *Bedeutung* zugewiesen, die dann mit der konkreten Erfahrung verglichen werden kann.
Um bei den Landkarten zu bleiben: Im Auto von Hamburg nach München benötigen wir zunächst eine Deutschlandkarte im großen Maßstab, sodann eine Umgebungskarte von München und letztlich den Stadtplan. Es wäre doch ganz unsinnig, wenn auf einer Autobahnraststätte in der Nähe von Würzburg ein dortiger Anwohner uns davon überzeugen wollte, den Würzburger Stadtplan zu benutzen, weil der viel genauer und 'wahrer' sei als unsere Deutschlandkarte. Der Würzburger Stadtplan ist für *diese Reise* nicht passend, weil er einen Ausschnitt abbildet, der für uns nicht nützlich ist. Man kann auch sagen, daß der nach Wahrheit suchende Würzburger einen Beobachterstandpunkt hat, der gegenwärtig mit unserem nicht übereinstimmt.
Wir sehen aber auch: Je nach Reise und Standpunkt ergänzen sich die verschiedensten Landkarten komplementär und bilden aus verschiedener Perspektive die Landschaft ab. Für den Reisenden ist alleine wichtig, ob die Karte passend, also nützlich ist.
So verstehen wir auch die vielen psychologischen Ansätze aus Ost und West, die wir in den folgenden Kapiteln darstellen und diskutieren wollen. Wir können sie lediglich daraufhin prüfen, ob sie passend und nützlich erscheinen. Unsere lebendigen Erfahrungen befinden sich stets jenseits der Sprache. Die Wahrheit und Wirklichkeit entsteht im Erleben, in uns. Der Streit um die Wahrheit von philosophischen und psychologischen Theorien ist wie Urlaub machen auf der Landkarte von Italien - und wer will das schon?

2

Grundlagen der Yogapsychologie

☛ Dieses Kapitel beschäftigt sich mit folgenden Fragen:

❍ Welches Weltbild ist die Grundlage der Yogapsychologie?
❍ Gibt es ein östliches 'Modell des menschlichen Geistes' und seiner Funktionsweise?
❍ Wodurch wird menschliches Leiden erklärt?
❍ Wodurch kann Leiden beseitigt werden?
❍ Falls dem Leser dieses Kapitel zu schwer ‚verdaulich' erscheint, kann es zunächst übersprungen werden, ohne daß dadurch das weitere Verständnis wesentlich beeinträchtigt wird. Die Sanskrit-Begriffe in den folgenden Kapiteln können jederzeit im Glossar (Anhang) nachgeschlagen werden.

Wir sind das, was wir denken. Alles, was wir sind, entsteht in unseren Gedanken. Mit unseren Gedanken gestalten wir die Welt. Sprichst oder handelst du mit reinem Geist, wird Glück die Folge sein, so wie dein Schatten dir folgt, unerschütterlich.

Buddha (zitiert nach Kornfield, 1995)

Zunächst wollen wir einige grundlegende östliche psychologische Theorien betrachten, damit wir sie in den folgenden Kapiteln mit westlichen psychologischen Modellen in Beziehung setzen und deren Bedeutung für den Yoga-Übungsweg diskutieren können. In der Geistesgeschichte des Westens gab es über lange Zeit keine deutliche Trennung zwischen Philosophie, Naturwissenschaft und Psychologie. Diese Verbindung ist im Osten in den großen Traditionen bis heute erhalten geblieben. Eine davon ist die *Sāṃkhya*-Philosophie, die u.a. Aussagen zu folgenden so unterschiedlichen Aspekten macht:

- Wie ist die Welt entstanden?
- Woraus setzt sich die Welt zusammen?

- Wie ist die Funktionsweise des Individuums, seines Erlebens und Verhaltens in der Welt?
- In welcher Beziehung steht das Individuum mit einer höheren (göttlichen) Instanz?

Für unsere Absichten wollen wir pragmatisch vorgehen (also unser psychologisches Interesse als Yoga-Übende stets im Auge halten) und die für den Yoga wichtigen philosophischen Ansätze nur so knapp darstellen, daß sie gewissermaßen als 'Handwerkszeug' dienen können, ohne dabei zu tief in die indische Philosophie hineinzugeraten.

Die Psychologie und Psychotherapie des Westens ist bekanntermaßen traditionell zersplittert in verschiedene Schulen. Zur Erleichterung des Dialogs zwischen diesen oft unvereinbaren Ansätzen hat sich eine einheitliche Struktur der Darstellung bewährt:

- Welt- und Menschenbild (Kosmologie und Anthropologie);
- Störungskonzept: Wodurch entsteht (psychisches) Leiden? (Pathologie);
- Behandlungsansatz: Wodurch wird Leiden beseitigt? (Therapie).

Diese Gliederung erleichtert, die inhaltliche Verflechtung der einzelnen Ebenen zu durchschauen. Nehme ich etwa an, die Welt funktioniere letztlich wie eine große Maschine (Weltbild), werde ich dazu neigen, auch den Menschen selbst in seinen körperlichen und psychischen Zuständen eher mechanistisch zu erklären (Menschenbild). Bei einem psychischen Problem (z.B. Depressivität) werden Störungskonzepte entsprechend der im Menschenbild angenommenen Ursache-Wirkungs-Zusammenhänge angewandt (z.B. organische Grundlagen wie neurophysiologische oder hormonelle Einflüsse), woraus sich unmittelbar die Behandlungsmöglichkeiten ableiten (z.B. pharmakologische Therapie). Nun wird deutlich: Ein Streit über verschiedene Ansätze, Leiden zu beseitigen, ist sehr oft ein verhüllter und damit höchst unproduktiver Konflikt über die dahinterliegenden Welt- und Menschenbilder.

Wir wollen obige Struktur auch auf die Darstellung der Yogapsychologie anwenden. Dabei werden wir sehen, daß auch die Aussagen des Yoga zur 'Behandlung' von Leiden ohne die Hintergründe des Weltentwurfes der zugrundeliegenden Philosophie unverständlich erscheinen. Dieser wollen wir uns jetzt zuwenden.

2.1 Das Weltbild

Yoga und die *Sāṃkhya*-Philosophie stehen historisch und inhaltlich in enger Verbindung. Oft wird auch gesagt, daß der Yoga ein Übungsweg

ist, um die (theoretischen) Aussagen der *Sāṃkhya* Philosophie zu überprüfen und die von ihr postulierte Befreiungsmöglichkeit aktiv herbeizuführen. Grundlegende Quellentexte sind die *Sāṃkhya Kārikā* (*Iśvara Kṛṣṇa*, ca. 5. Jh. n. Chr.) und die *Tattva-Samasa-Sūtras*, die von der Tradition selbst Kapila zugeschrieben werden, der jedoch (nach Zimmer, 1988) etwa 1000 Jahre früher (nämlich ca. 6. Jh. v. Chr.) als die schriftliche Abfassung der *Sūtras* gelebt haben soll. Fest steht, daß *Sāṃkhya* seit Jahrtausenden besteht und einer der ersten umfassenden philosophischen Entwürfe der Menschheit ist.
Sāṃkhya postuliert zwei grundlegende und unüberwindlich voneinander getrennte Prinzipien: *prakṛti* und *puruṣa*.
Prakṛti: Die Ur-Natur, das latente Prinzip der Materie, die letzte Ursache der Welt. *Prakṛti* ist unbewußt und für sich und aus sich selbst heraus nicht bewußtseinsfähig. Dieses Prinzip ist nicht Materie an sich, z.B. Atome im westlichen Sinne, sondern als letzte Ursache feiner als alles, was aus ihm stofflich entsteht (wie auch der menschliche Geist). *Prakṛti* besteht aus drei Qualitäten, den *guṇas*:

- *Tamas*: schwer, unbeweglich, träge, dunkel, fest.
- *Rajas*: bewegt, aktiv, veränderlich, leidenschaftlich, feurig.
- *Sattva*: ausgeglichen, rein, glücklich, zufrieden, lichtvoll.

Die Erscheinungen der Welt entstehen aus unterschiedlichen Mischungsverhältnissen der *guṇas*, während diese stets untrennbar miteinander verbunden bleiben und nicht einzeln wahrnehmbar sind. Alle Objekte der Welt, bestehend aus den *guṇas*, führen entweder zu Genuß, zu Leiden oder sind neutral. Dabei ist es wichtig zu verstehen, daß es keine positiven und negativen *guṇas* gibt, sondern nur ein Überwiegen des einen oder anderen. Ohne *tamas* keine Festigkeit und Beständigkeit - zuviel *tamas* führt zu Erstarrung und Dumpfheit. Ohne *rajas* keine Veränderung, keine Evolution - zuviel *rajas* führt zu Chaos und Verwirrung. Ohne *sattva* keine Harmonie und friedvolle Ausgeglichenheit - zuviel führt zum 'Abheben', zu Verlust von Stabilität und Kontakt zur materiellen Welt.
Schon jetzt deutet sich an, daß die *guṇas* eine objektive Seite in der äußeren Welt sowie einen subjektiven Aspekt in der inneren Welt haben. Nicht nur äußere Objekte, sondern auch Erlebniszustände und Handlungen können entsprechend den *guṇas* eingeordnet werden mit der Frage,

welcher Mischungszustand vorliegt bzw. welches *guṇa* dominiert (zur psychologischen Dimension der *guṇas* s. Bhagavad Gita, 17; 2 ff).[10]
Puruṣa: Dies ist das zweite Prinzip der dualistischen Philosophie, nämlich das reine Bewußtsein, das spirituelle Selbst. Es ist unveränderlich, ewig, ungebunden, unberührt und unberührbar. Was auch immer aus etwas anderem hervorgeht oder Veränderung und Tod unterworfen ist, ist **nicht** *puruṣa*. Das Prinzip des Bewußtseins (*puruṣa*) durchdringt alles, was aus *prakṛti* entsteht. Je feinstofflicher die materiellen Evolute (die aus *prakṛti* hervorgegangen sind) sich formen, desto eher vermag *puruṣa* sich darin zu zeigen. Alles Bewußtsein in der Welt (also auch des Menschen) ist gleichsam ein Tropfen aus dem unendlichen Ozean des *puruṣa*, der selbst unberührt und unverändert davon bleibt. Die *Sāṃkhya*-Philosophie postuliert daher viele 'kleine *puruṣas*', die individuellen Seelen (*ātman*). Die Seelen drücken sich in den Objekten der manifesten Welt aus (dazu gehört auch der Geist des Menschen), die dadurch zu Instrumenten des reinen Bewußtseins werden (des *puruṣa*).

2.1.1 Die Evolution der Welt

Die Welt der Erscheinungen kann weder allein von *prakṛti* noch von *puruṣa* hervorgebracht werden. Ersteres ist unbewußt (könnte sich also nicht gezielt und 'intelligent' formen) und ruht ursprünglich in vollständiger Ausgeglichenheit der drei *guṇas*. *Puruṣa* mangelt es an Aktivität und an der Möglichkeit, sich zu verändern und zu verstofflichen. Durch die Nähe des reinen, unberührten Bewußtseins (*puruṣa*) wird über die Qualität *rajas* (Bewegung, Aktivität) das Gleichgewicht in *prakṛti* gestört. Damit ist der Evolutionsprozeß vom Unmanifesten zum Manifesten ausgelöst. Es formen sich folgende Evolute[11], nämlich
Mahat oder ***buddhi***: Die intuitive Weisheit, die unterscheidende Intelligenz. Dies ist der erste und feinstofflichste Zustand, in welchem sich das reine Bewußtsein, das Licht von *puruṣa*, in der sich entwickelnden Welt ausdrücken kann. *Mahat* bezieht sich dabei auf die Entwicklung des

---

[10] So z.B. die Beschreibung der inneren Haltung gegenüber dem eigenen Übungsweg: „Rajasisch sind die asketischen Übungen, die mit dem Ziel, Respekt, Ruhm und Verehrung zu gewinnen, praktiziert werden und aus Eitelkeit unregelmäßig und unbeständig ausgeführt werden." (BG 17; 18). „Asketische Übungen, die mit törichter Einstellung und selbstquälerisch oder um andere zu benachteiligen ausgeübt werden, nennt man tamasisch." (BG 17; 19)

[11] Evolut heißt frei übersetzt: 'Das, was sich aus etwas anderem heraus entwikkelt.'

Universums, *buddhi* auf die Entwicklung des individuellen Geistes. Als nächstes Evolut entsteht

Ahaṃkāra: Der Ich-Macher, das Identifikationsvermögen. Auf der universellen Ebene ermöglicht dieses Evolut die nachfolgende Entstehung von Entitäten (getrennten Seins-Zuständen), die voneinander abgegrenzt sind. Dazu gehören z.B. die fein- und grobstofflichen Elemente. Psychisch entsteht aus *ahaṃkāra* das Gefühl der Trennung von Ich und Du und die Identifikation mit dem, was mich (scheinbar) individuell ausmacht. Aus überwiegend sattvischen (lichtvollen, reinen) Anteilen von *ahaṃkāra* entstehen (unter Anstoß von *rajas*) weiter

Manas: Der Geist;

Jñānendriyas: Die fünf kognitiven (wahrnehmenden) Sinne Hören, Berührungsempfinden, Sehen, Schmecken und Riechen;

Karmendriyas: Die fünf aktiven (handelnden) Sinne Sprechen, Greifen, Fortbewegung, Ausscheidung und Fortpflanzung.

Aus überwiegend tamasischen Anteilen von *ahaṃkāra* entstehen die

Tanmātras: Die fünf feinen Elemente Klang, Berührung, Form/Farbe, Geschmack und Geruch. Sie sind die Prinzipien, auf deren Basis die weiter entstehenden fünf groben Elemente wahrgenommen werden können, nämlich die

Mahābhūtas: Raum (Äther), Luft, Feuer, Wasser und Erde.

Abb. 1 gibt einen graphischen Überblick über das *Sāṃkhya* Modell der Evolution. Es zeichnet sich wie folgt aus:

1. Es gibt **ein** Modell sowohl für die Entstehung des Universums wie auch zur Erklärung der Funktionsweise des menschlichen Geistes. Einerseits wird damit betont, daß man durch Studium der Gesetzmäßigkeiten des Geistes die Strukturen der äußeren Welt erkennen kann. Andererseits wird implizit zum Ausdruck gebracht, daß Weltschau und Zustand des individuellen Geistes auf das Engste miteinander verflochten sind.

2. Die *Sāṃkhya*-Philosophie ist streng dualistisch und ist daher für das westliche Verständnis insofern recht gut zugänglich, als zumindest seit Descartes unser Denken gespalten ist in den unüberbrückbaren Gegensatz der materiellen vs. geistigen Welt ('Leib-Seele-Problem'). Es gibt aber auch große Unterschiede in den Konzeptionen, die wir hier nur kurz anreißen können. So gilt im *Sāṃkhya* der Geist als zwar feinstofflich, aber materiell. Dagegen ist er im Westen der Bewußtseinssphäre zugeordnet und damit immateriell.

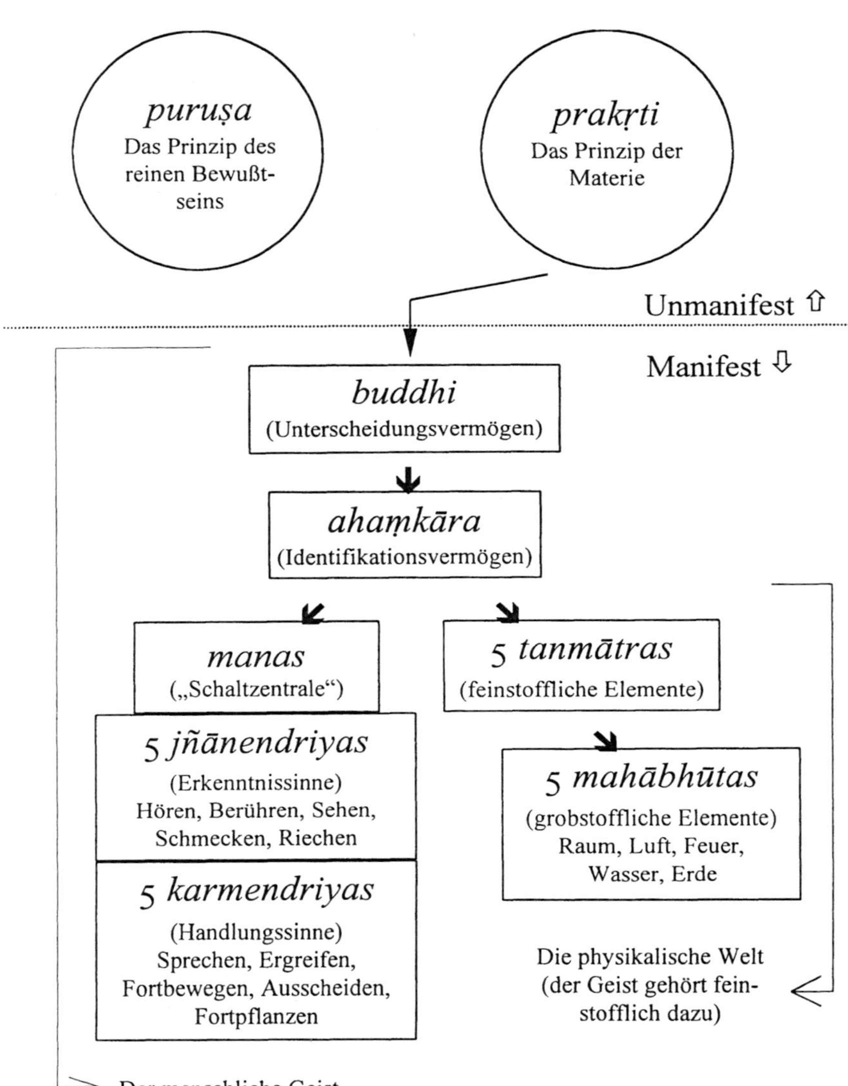

Abb. 1: Die Entstehung der Welt und des menschlichen Geistes entsprechend der *Sāṃkhya*-Philosophie

In der *Sāṃkhya*-Philosophie legen sich die Evolute *buddhi*, *ahaṃkāra* usw. (also Instanzen unseres Geistes) um das höhere Selbst (*puruṣa*) als materielle Schleier herum. Damit werden sie zu einem *Außen* relativ zum *Innen* des Selbst. Dahingegen besteht das *'westliche Innen'* aus der Psyche des Menschen und seinem Körper, während das Außen durch die Körpergrenze definiert wird ('Umweltschutz' beginnt also im Osten bei der Pflege des eigenen Geistes). [12]

3. Die *Sāṃkhya*-Philosophie enthält eine umfassende Theorie über Ursache und Wirkung (*satkāryavāda*). Danach wird angenommen, daß eine Wirkung schon *vor* ihrer Manifestation in ihrer Ursache vorhanden oder verborgen ist. Nichts wird neu geschaffen oder hervorgebracht, sondern es entfaltet sich das zuvor Verborgene. Aus psychologischer Perspektive führt uns dies zu dem Konzept, daß Bewegung und Aktivität auf einer groben Ebene stets auf eine Bewegung und damit Ursache von einer feineren Ebene verweisen. Zeigt eine Person ein bestimmtes äußeres Verhalten, sind diesem feine und feinste Bewegungen im Geist vorausgegangen. Der Yoga zielt mit seinen Übungen daher vornehmlich auf eine *Veränderung des Zustandes und der Eigenschaften des Geistes*. Die grundlegende Theorie über Ursache und Wirkung ist weiterhin maßgeblich für den Begriff des *karma* (das Gesetz von Ursache und Wirkung im Handeln). In diesem Zusammenhang wird immer wieder das Bild genannt von den verborgenen Saatkörnern (*saṃskāras*), die sich in ihrer Wirkung entfalten und damit das Handeln des Individuums beeinflussen.

2.2 Das Menschenbild - ein Modell des Geistes

Aus der *Sāṃkhya*-Philosophie ergibt sich unmittelbar ein Modell des menschlichen Geistes, welches mit dem Begriff *antaḥkaraṇa* (das innere Instrument) bezeichnet wird. Dabei handelt es sich entsprechend der Philosophie nicht um *unser* Instrument, sondern um das Instrument von *puruṣa*, um sich in der Welt auszudrücken.

> Die Verschmelzung der Kräfte der Objekte des Besitzers mit dem Besitzer (*puruṣa*) hat nur ein Ziel: das Erkennen der wahren Natur (PYS II; 23). (Ähnlich auch *Sāṃkhya Kārikā* SK 31, 36, 56 ff).

---

[12] Für den neurophysiologisch interessierten Leser: Die von Popper & Eccles in 'Das Ich und sein Gehirn' (1982) vorgestellte dualistische Interpretation des Gehirn-Bewußtsein-Problems hat einige Parallelen zur *Saṃkhya*-Konzeption.

> Die Selbstnatur der Wahrnehmungsobjekte existiert nur, um dem Zwecke des Sehenden (*puruṣa*) zu dienen (PYS II, 21).[13]

In der Vedanta-Philosophie[14] wird ebenfalls ein *antaḥkaraṇa* (inneres Instrument) mit den gleichen Bezeichnungen wie im *Sāṃkhya* beschrieben[15]. Neben den Instanzen *manas*, *ahaṃkāra*, *buddhi* wird hier das Modell erweitert um *citta* („Lagerhaus der vielen Eindrücke, die unsere Begierden im Wachzustand zurücklassen"; Shankara). Der Erklärungswert des 'Geistmodells' wird dadurch noch erhöht, so daß wir uns im folgenden darauf beziehen wollen (nicht zu verwechseln mit *citta* in den Patañjali Yoga-*Sūtras*, wo dieser Begriff den gesamten Geist bezeichnet).

Die Funktionsweise der Instanzen können wir uns etwa wie folgt vorstellen:

Manas: Auf dieser Ebene laufen alle Sinnesempfindungen ein, werden geordnet, zusammengefaßt und verarbeitet. *Manas* verhält sich wie ein Bildschirm, auf den unablässig die Empfindungen der Wahrnehmungsorgane projiziert werden. Dabei nimmt *manas* Form und Färbung der Wahrnehmungsobjekte an (dies ist ein klassischer 'Beweis' für die Feinstofflichkeit des Geistes) und es kommt dadurch zu bewußten Wahrnehmungen. Weiterhin ist es Aufgabe dieser Ebene, entsprechend der wahrgenommenen Situation Reaktionen (Handlung nach außen) herbeizuführen. Kommt es dabei nicht zu eindeutigen ‚Anweisungen' von *ahaṃkāra* oder *buddhi*, läuft die Reaktion entsprechend der Verhaltensgewohnheiten ab, die aus

citta aufsteigen. Dort sind alle ‚Erinnerungen' gespeichert, wobei jede Bewegung des Geistes eine Spur, ein Saatkorn hinterläßt (*saṃskāra*). Diese Eindrücke werden aus *citta* nach *manas* projiziert und führen quasi automatisch zu einer Wiederholung schon zuvor gezeigter Verhaltensweisen. Je ruhiger die Projektionsfläche *manas* wird, weil die Sinneswahrnehmungen von außen zur Ruhe kommen, desto stärker begin-

---

[13] Wir verwenden im gesamten Buch als Quellenverweis folgende Abkürzungen: BG = Bhagavad Gita; PYS = Patañjali Yoga-*Sūtras*; SK = *Sāṃkhya Kārikā*.

[14] Wir wollen im folgenden nicht immer so scharf zwischen *Sāṃkhya* und *Vedānta* trennen, wie dies aus philosophischer Sicht notwendig erscheinen würde, sondern uns auf die psychologische Relevanz der jeweiligen Konzepte konzentrieren.

[15] So z.B. bei Shankara: Das Kleinod der Unterscheidung; oder bei Sadananda: *Vedāntasāra* (nach Zimmer, 1988, ca. 15. Jh. entstanden).

nen Erinnerungen, Phantasien, Tagträume und Triebimpulse assoziativ aus *citta* emporzuquellen und den Geist zu verfärben.[16]

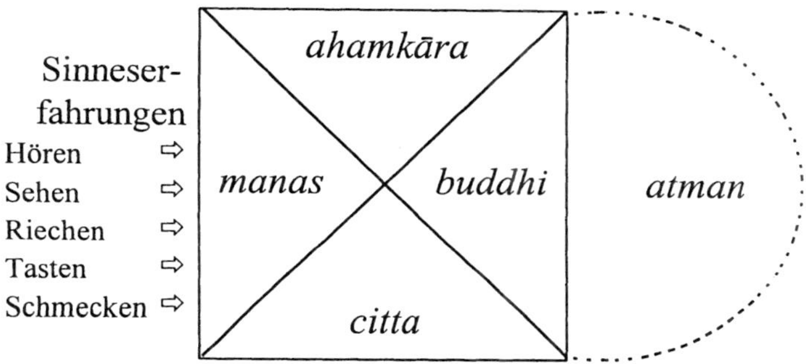

Abb. 2: Das Modell des Geistes (*antaḥkaraṇa*) entsprechend der Vedanta-Philosophie (in Anlehnung an Rama: Yoga and Psychotherapy; 1981)

Ahaṃkāra: Der Ich-Macher oder das Identifikationsvermögen ermöglicht das Erleben des Individuellen und Subjektiven, die Abgrenzung zum Du, allgemein zum Nicht-Ich. Oft wird *ahaṃkāra* mit 'Egozentrizität' übersetzt. Sowohl die negative Konnotation wie auch die damit verbundene Einschränkung werden der Bedeutung dieser Instanz nicht gerecht. Durch *ahaṃkāra* wird es uns in einer Welt der sich ständig verändernden *guṇas*, also in einer fortwährenden Konfrontation mit Genuß und Leiden, erst möglich, uns als Subjekt wahrzunehmen und unsere Selbsterhaltung zu sichern. Das Erleben der Individualität bringt andererseits (manchmal schmerzliche) Trennungsgefühle mit sich und die Ahnung, aus der Einheit gefallen zu sein.
Psychodynamisch setzt *ahaṃkāra* die in *manas* einlaufenden Wahrnehmungen in Beziehung zu den eigenen Zuständen und Bedürfnissen und

[16] Vergleiche hierzu auch die Experimente zur sensorischen Deprivation in der westlichen Forschung. Unter künstlichen Bedingungen wird versucht, die Reizaufnahme durch die Sinnesorgane zu minimieren: Die Versuchsperson schwebt im körperwarmen Salzwasser in einem völlig dunklen, schallisolierten Raum. Schon nach kurzer Zeit erleben die meisten Versuchspersonen intensive, mitunter auch unangenehme bis quälende Halluzinationen. Ähnliche Erfahrungsberichte gibt es aus Dunkelhaftbedingungen.

bewertet sie in Hinblick auf die Konsequenzen. Was tut mir gut, was schadet mir? Physiologische Zustände (z.B. Hunger) oder Emotionen (Angst) wie auch Wünsche (*Ich* will ein neues Auto) und Selbstbildanteile (*Ich* bin ein Yogi) bestehen als fluktuierende Identifikationen in *ahaṃkāra* und färben bzw. formen den Geist.

☛ *Ahaṃkāra* interpretiert die Bewegungen des Geistes entsprechend seiner Voreinstellungen, und zwar im Sinne maximaler Bedürfnisbefriedigung *und der Bestätigung der schon vorhandenen Identifikationen.*

Buddhi: Das Unterscheidungsvermögen oder die intuitive Weisheit. Nachdem eine Situation wahrgenommen und entsprechend den individuellen Bedürfnissen und Zuständen bewertet wurde, wird mitunter eine (Handlungs-) Entscheidung gefällt, die vom Unmittelbaren absieht, längerfristige Konsequenzen reflektiert oder eine ethische Stellungnahme beinhaltet. Dafür ist *buddhi* 'zuständig'. Insofern stellt *buddhi* eine integrierende, reflektierende und bewußtmachende Instanz dar, von der aus z.B. Willensentscheidungen entgegen ursprünglicher Verhaltensmuster oder momentaner innerer Zustände möglich sind. Je stärker diese Instanz entwickelt und geschult ist, desto häufiger kommt es zu einem bewußten Wahrnehmen der eigenen Zustände, Gedankentätigkeit ('innerer Dialog') und Gefühle, die dann reflektiert werden können (Lösen der zuvor bestandenen Identifikationen). Je weniger *buddhi* geschult ist, desto mehr sind die inneren Abläufe des Geistes und die gezeigten Verhaltensweisen bestimmt durch schon bestehende Gewohnheiten und gegenwärtige Befindlichkeiten und Bedürfnisimpulse, die durch Außenreize stets wiederkehrend ausgelöst werden (Zustand der Identifikation, Kontrolle durch äußere Reize und 'Unfreiheit' des Verhaltens). Die Schulung von *buddhi*, die zunehmend die Bewegungen des Geistes beobachten lernt, ohne sich in ihnen zu verlieren, ist ein zentrales Anliegen des Yoga-Übungsweges.
Die hier genannten Instanzen des Geistes *buddhi*, *ahaṃkāra*, *manas* und *citta* wirken natürlich als ein Ganzes und nicht wie voneinander getrennte Persönlichkeiten, genauso wie wir uns trotz innerer Konflikte und 'verschiedener Seelen ach in meiner Brust' als einheitlich erleben.

2.2.1 Erkenntnistheorie

Puruṣa, das reine Bewußtsein und spirituelle Selbst, durchdringt alle Bereiche des Geistes und alle anderen Evolute aus *prakṛti* bis hin zu den grobstofflichsten Objekten, so wie Gold in verschiedensten Konzentrationen Schmuckstücke durchdringt und sich mit ihnen vermischt, jedoch

als Gold davon unberührt bleibt. Der Geist des Menschen an sich ist unbewußte und unbelebte feinstofflichste Materie, und erst die Durchdringung mit dem spirituellen Selbst verleiht ihm Bewußtsein.
Traditionell wird dieser Zusammenhang wie folgt belegt: Gedanken und Gefühle sind beobachtbar. Das Beobachtete kann nicht der Beobachter sein, der Seher nicht das Gesehene. „Denn es ist ein methodischer Grundsatz des *Sāṃkhya*, daß ein und dasselbe Ding nicht zugleich Subjekt und Objekt sein kann. Die Organe, die Freude, Schmerz u. dgl. als Affektionen besitzen, können nicht zugleich empfindendes Subjekt sein" (Abegg 1945, S. 51).[17]
Deshalb gibt es ein wahrnehmendes und bewußtes Prinzip jenseits des individuellen Geistes – das ist *puruṣa. Buddhi* hat die feinste und reinste materielle Struktur und steht *puruṣa* am nächsten. Hierdurch wird das höhere Selbst am wenigsten verschleiert und kann seine Reinheit und Weisheit am ehesten in *buddhi* ausdrücken. Mit zunehmender Vergrobstofflichung der Instanzen des Geistes wie auch durch seine ständigen Bewegungen und Färbungen wird das reine Licht des *puruṣa* mehr und mehr verschleiert und verdunkelt. Es wird hier von einer Verunreinigung der Instrumente gesprochen und von dem Yoga als einem Weg der Reinigung (körperlich und geistig). Ohne die materiellen Manifestationen von *prakṛti* könnte *puruṣa* jedoch andererseits überhaupt nicht in Erscheinung treten. Dies ist einer der Gründe, warum der Yoga und die *Sāṃkhya*-Philosophie nicht pauschal der Welt gegenüber eine abgewandte oder gar ablehnende Haltung einnehmen (obwohl historisch auch diese Strömungen immer wieder bis in die Gegenwart zu beobachten sind).
Gleichermaßen sind alle Evolute von *prakṛti* Werkzeuge für das höhere Selbst, Kenntnis über die Welt zu erlangen. Nur über den Geist, der wiederum über Sinnesorgane verfügt, kann *puruṣa* zu Erkenntnis kommen. Wie oben erwähnt bedeutet Wahrnehmung, daß der Geist sich entsprechend der wahrgenommenen Objekte verfärbt und verformt. Wahrnehmung ist insofern aktive Bewegung des feinstofflichen Geistes, also Handeln, welches daher auch Spuren (*saṃskāras*) hinterläßt. Der menschliche Geist ist kein reiner und stiller See (oder Spiegel), in dem sich das Licht von *puruṣa* ungebrochen zeigen und in die Welt strahlen

[17] Vergleiche hierzu aber das Descartsche Paradigma „Ich denke, also bin ich", in welchem das Subjekt über die Denkbewegungen, also die *Inhalte* des Bewußtseins, sich seiner eigenen Existenz vergewissert, sich darüber definiert und sich mit diesen identifiziert.

kann. Ebensowenig ist dieser Geist wegen seiner beständigen Bewegungen, Färbungen und Identifikationen in der Lage, durch die Sinnesorgane sowie durch *manas*, *ahaṃkāra* und *buddhi* unverfälschte Kenntnis über die Welt an *puruṣa* zu vermitteln. *Puruṣa* als 'der Seher' kann nur entsprechend der Wellen und Verschmutzungen der Oberfläche des Sees wahrnehmen. *Die an puruṣa gespiegelte Erkenntnis der äußeren Welt ist daher eine Reflektion des Zustandes der Instrumente.* Der Wahrnehmungsprozeß durch *puruṣa* wird insoweit zu einer verzerrten Konstruktion entsprechend des Zustandes des Geistes.[18]

Diese Erkenntnistheorie stellt die Haltung des naiven Realismus (die Welt ist so, wie ich sie wahrnehme) nachhaltig in Frage. Von einem Erkennen der 'Wirklichkeit', von 'wahrer Erkenntnis', ist bei einem normalen, d.h. bewegten, ungereinigten und verfärbten Zustand des Geistes nicht die Rede, *sondern das scheinbare Erkennen der Wirklichkeit basiert auf einer Reflektion des inneren Zustandes.*[19]

> Der Wahrnehmende ist reiner Geist (*puruṣa*), und obgleich er rein ist, wird seine Schau durch die Färbung des Verstandes (*buddhi*) bestimmt (PYS, II;20).

Anders als ein Teil des *Vedānta* vertritt *Sāṃkhya* und damit auch der Yoga (trotz des erkenntnistheoretischen Skeptizismus) die Auffassung: Es gibt eine äußere Welt, die nicht nur scheinbar, sondern tatsächlich vielgestaltig und verschieden von dem inneren Instrument (*antaḥkaraṇa*) und dessen Bewegungen (*vṛttis*) ist. Dies wird ebenfalls in dem folgenden Quellentextzitat ausgedrückt:

> Die Existenz eines Objektes hängt nicht nur von einem Geist ab, denn wenn das so wäre: was würde aus dem Objekt zu einem Zeitpunkt, wo es von diesem Geist nicht wahrgenommen wird und es also keinen Beweis für es gäbe? (PYS, IV; 16)

---

[18] Es gibt erstaunliche Parallelen zu dem im Westen in letzter Zeit von Psychologie und Soziologie ausgearbeiteten Konstruktivismus (s. Kap. 5).

[19] Oscar A.H. Schmitz umschreibt 1923 in 'Psychoanalyse und Yoga' diesen Zusammenhang wie folgt: „Die höheren Yogamethoden sind nun nichts anderes als ein Mittel, ... frei von der Welt, einschließlich ihrer Götter und noch so erhabenen Satzungen und Ideale, zu werden, ohne aber darum der Verzweiflung einer entgötterten Welt zu verfallen. Alles, was die Menschen draußen suchen, findet der Yogi innen, *denn alles Äußere ist ja nur vom Inneren aus gespiegelt* durch das Mittel des Ichs" (S. 40, hervorgehoben durch die Verf.).

2.2.2 Das Modell der *kośas*

Die verschiedenen aus *prakṛti* entstehenden Manifestationen lassen sich auch als konzentrische Kreise darstellen, die sich Schicht um Schicht um das höhere Selbst, den *puruṣa*, herumlegen.[20] Hierdurch wird einerseits die Vergrobstofflichung und andererseits die zunehmende Einhüllung des Lichtes und der Klarheit des *puruṣa* veranschaulicht wie auch die Tatsache, daß jede Manifestation der *prakṛti* (und damit auch die verschiedenenen Instanzen des Geistes) 'verschieden weit' von *puruṣa* entfernt sind. Auch wird deutlich, daß eine Annäherung an den *puruṣa* im Sinne einer Erfahrung des reinen Bewußtseins ein Weg von außen nach innen, vom Groben zum Feinen sein muß.

Diese Aspekte sind ebenfalls in dem vedantischen System der *kośas* (Hüllen, Schichten) enthalten, das in Abb. 3 dargestellt ist. Dabei bedeutet:

Annamaya kośa: Die aus Nahrung (*anna*) gemachte (*maya*) Hülle ist die 'grobe' Schicht und beinhaltet unseren Körper mit allen organischen Komponenten. In dem Konzept der drei Körper ist dies der grobstoffliche Körper.

Prānamaya kośa: Energiehülle mit den zehn Arten der prana. Eine eher grobe Manifestation dieser Energien ist beim Menschen die Atmung.

Manomaya kośa: Die Hülle des Geistes mit den oben genannten Instanzen *manas* und *ahaṃkāra*.

Vijñānamaya kośa: Die Hülle der unterscheidenden Weisheit und intuitiven Erkenntnis. In einigen Texten wird diese Schicht mit *buddhi* identifiziert, in anderen wird *buddhi* dem *manomaya kośa* zugeordnet. Diese Hülle bildet gemeinsam mit dem *prānayama* und dem *manomaya kośa* den feinstofflichen Körper.

Anandamaya kośa: Die Hülle der Glückseligkeit, die am feinsten ist und dem reinen transzendenten Selbst am nächsten; dennoch handelt es sich immer noch um eine Verschleierung des spirituellen Selbst. Diese Schicht wird auch als Ursachenkörper bezeichnet.

Der Weg des Yoga besteht darin, von der gröbsten Hülle ausgehend (vom Körper) die Identifikationen (s.u.) zu lösen und die reine, unberührte Natur des spirituellen Selbst gleichsam zu entschleiern und zu enthüllen. Aus psychologischer Sicht können wir die *kośas* auch als Konzept sehen, das uns hilft zu verstehen, auf welcher Ebene eine Per-

---

[20] Vergleiche BDY (Hrsg.): Der Weg des Yoga, S. 35

son hauptsächlich ihre Identität definiert und ihre Handlungsimpulse erhält.

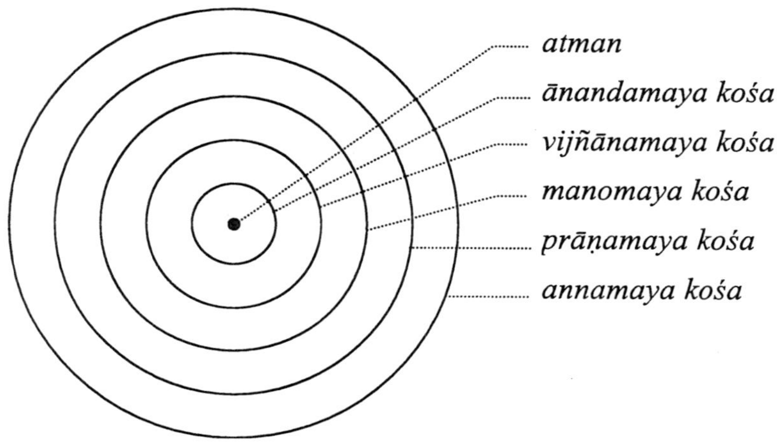

Abb. 3: Das Modell der Hüllen um das Selbst

2.2.3 Die vier Grundbedürfnisse

In der Yogapsychologie wird von vier instinkthaften Antrieben ausgegangen, nämlich Ernährung, Schlaf, Sexualität und Selbsterhaltung (d.h. Schutz vor Bedrohung, Verletzung und Tod). Diese mächtigen Antriebe erzeugen aus sich selbst heraus Bewegungen des Geistes, die subjektiv als Emotionen und Handlungsimpulse erlebt werden. Die Grundbedürfnisse sind also ebenfalls eine Quelle für die Verfärbung, Verschleierung und damit für die wechselnden Identifikationen des Geistes. Um den Yoga zu verwirklichen (entsprechend PYS I; 2), wird daher empfohlen, diese Grundbedürfnisse ebenfalls zu beruhigen, zu harmonisieren und zu kontrollieren. Damit soll ihr Störpotential, welches den Geist stets erneut in Bewegung und Unausgeglichenheit bringt, gemildert und letztlich zur Ruhe gebracht werden. In diesem Sinne einer Regulierung der triebhaften Strebungen ist auch der *yama brahmacarya* zu verstehen, wenn wir den Yoga im Kontext einer westlichen Kultur üben. *Brahmacarya* wird oft mißverstanden als Forderung nach Unterdrückung von Antrieben und Emotionen. Harmonisierung und Beruhigung von Trieb-

bedürfnissen bedeutet, ihren verformenden Einfluß auf den Geist zu verringern und seine sattvischen Qualitäten zu fördern. Im Verlauf des Übunsweges mag sodann ein natürliches Abnehmen des Interesses an Bedürfnisbefriedigungen zu beobachten sein. Eine rigide Unterdrückung von Triebimpulsen andererseits hätte das Gegenteil zur Folge, nämlich das Anwachsen einer Bedürfnisspannung, die den Geist entweder ständig mit ihrer Verdrängung oder Kontrolle beschäftigt (und insofern gerade Bewegung erzeugt), oder ihn aber irgendwann wie aufgestautes Wasser überflutet.
Im Rahmen des Yoga-Übungsweges wird daher empfohlen, einen Lebensrhythmus zu wählen und insgesamt Lebensverhältnisse herzustellen (auch im partnerschaftlichen Bereich), die nicht eine ständige innere Beschäftigung mit den Grundbedürfnissen provozieren und damit den Geist in seiner Konzentrationsfähigkeit nicht zu stark binden.[21]

2.2.4 Zustände des Geistes

Aus psychologischer Sicht erscheint die Einteilung der Entwicklungszustände des Geistes interessant, die Vyāsa in seinem Kommentar zum ersten Sutra von Patañjali (PYS I;1) vornimmt:
Kṣipta: Unruhig, verwirrt, in vollständiger Bewegung, von einem Inhalt oder Objekt zum nächsten springend, dominiert von dem *guṇa rajas* (zu den *guṇas* s. Kap. 2.1). Dies ist einer der üblichen Wachzustände normalen Alltagsbewußtseins.
Mūḍha: Träge, dumpf, verdunkelt, inaktiv, dominiert von *tamas*. Hierdurch sind Schlaf, Ohnmacht, aber auch Zustände von Müdigkeit oder 'geistiger Vernebelung' (etwa durch Medikamente, Alkohol oder Drogen) gekennzeichnet.
Vikṣipta: Ein Wechsel zwischen den Zuständen von *kṣipta* und *mūḍha*, ergänzt um kurze Phasen der Konzentrationsfähigkeit (*sattva* beginnt zu wirken), die immer wieder durch den Einfluß von *rajas* oder *tamas* unterbrochen werden. Diese Ablenkungen werden *vikṣepas* genannt und in PYS I;30 und 31 aufgelistet.

---

[21] Vor dem Hintergrund der alltäglichen Existenzbedrohung eines großen Teils der Weltbevölkerung durch Hunger, Krankheit und Krieg denken wir an die Hierarchie der Bedürfnisse, wie sie von Maslow formuliert wurde: Erst wenn die grundlegenden Überlebensbedürfnisse erfüllt sind, besteht die Möglichkeit, sich intensiv mit der persönlichen und spirituellen Weiterentwicklung zu beschäftigen. Aus diesem Grunde ist im Yoga auch immer traditionell der Aspekt des Dienens, d.h. des sozialen Engagements für Schwächere, betont worden.

Ekāgra: Fähigkeit zur einpunktigen Konzentration ohne Ablenkungen, d.h. die Bewegungen des Geistes sind kontrolliert. Vyasa identifiziert *ekāgra* mit einer Form des *samādhi* (*samprajñāta samādhi*).
Nirodha: Vollständige Kontrolle und Stillung der Bewegungen des Geistes ohne Objekt, Befreiung (*asamprajñāta samādhi*).
Diese Einteilungen sind einerseits als zeitlich überdauernde Entwicklungsstufen einer Person wie auch als zeitvariable Zustände des Geistes aufzufassen. Ähnlich wie bei den *guṇas* oder den *kośas* helfen die Kategorien, das eigene Erleben, die Gedanken und Gefühle (in der therapeutischen Situation auch die von anderen Menschen) zu reflektieren und Veränderungen der Zustände zu beobachten. In den Patañjali Yoga-*Sūtras* wie auch im Kommentar von Vyasa wird auf die ersten beiden Zustände *kṣipta* und *mūdha* nicht mehr ausführlicher eingegangen, weil sie mit dem Zustand des Yoga unvereinbar sind und von diesem weit entfernt. Es hilft jedoch in Erinnerung zu behalten, daß es sich um unsere häufigsten geistigen Alltagszustände handelt.

2.3 Das Störungskonzept: Wodurch entsteht Leiden?

2.3.1 Der Grundirrtum

Das höhere Selbst (*puruṣa*) wirft sein reines Licht auf die Manifestation von *prakṛti*, die am feinstofflichsten ist und ihm am 'nächsten' liegt, der *buddhi*. Von dort wird es wie in einem Spiegel (oder einer Seeoberfläche) reflektiert und von *puruṣa* wahrgenommen. Dieser erkennt nun jedoch nicht mehr seine reine, unberührte Natur, sondern die durch den Zustand von *buddhi* verzerrte Reflektion.

> Wenn es uns so erscheint, als würde die Kraft des Bewußtseins mit den Instrumenten des Bewußtseins verschmelzen, so nennt man das Ich-haftigkeit (*asmitā*) (PYS, II; 6).
> Die Ursache der Verschmelzung ist Unwissenheit (*avidyā*) (PYS II; 24).
> Die Ursache des Schmerzes, der vermieden und ausgelöscht werden soll, ist die Vereinigung des Sehers mit den Objekten seines Sehens (PYS II; 17). (s.u. zur 'Identifikation').

Auf der anderen Seite erhalten *buddhi* und die anderen Instanzen des Geistes Bewußtsein allein durch *puruṣa*. Wie ein Spiegel, der ohne Licht aus sich selbst heraus nur dunkel bleibt, beginnt *buddhi* erst durch die Durchdringung von *puruṣa* zu leuchten, d.h. bewußt zu werden.

> Der Geist leuchtet nicht aus sich selbst heraus, da er vom Bewußtseinsprinzip wahrgenommen wird (PYS, IV; 19).

Auf diese Weise beginnt der an sich unbewußte Geist vom Bewußtsein des höheren Selbst durchstrahlt zu werden. Durch die Fähigkeit zur Identifikation (Einfärbung) hält der Geist sich selbst für bewußt, indem er die ihn erleuchtende Quelle nicht mehr wahrnimmt.
Dem reinen, sattvischen *buddhi* werden die Qualitäten *dharma* (Tugend), *jñāna* (Wissen), *vairāgya* (Leidenschaftslosigkeit) und *aiśvarya* (Kraft) zugeschrieben. Ein verfärbter, verzerrter Zustand von *buddhi* voller Identifikationen (von *tamas* dominiert) zeichnet sich durch die gegenteiligen Qualitäten aus. Außer dem Wissen (*jñana*) verstricken aber alle Attribute von *buddhi* den *puruṣa* in weltliche Polaritäten und Leiden. Sie führen zu der 'falschen Identifikation' des höheren Selbst, wie in Kap. 2.2.1 (PYS II, 20) beschrieben, so auch in dem folgenden *Sūtra*:

> Zu anderen Zeiten (außerhalb des Zustandes des Yoga) besteht Identifikation mit den Bewegungen des Geistes (PYS, I, 4).

Durch die Stärkung und Reinigung von *buddhi* vermag sich *puruṣa* immer feiner darin zu reflektieren (wie in einem verschmutzten Spiegel, der allmählich gereinigt wird). So kann er seine reine, unberührte und transzendente Natur wieder wahrnehmen, die nie verloren, sondern nur verschleiert war.

> Dann ruht der Sehende in seiner eigenen, wahren Natur (PYS, I; 3)

Diese im *Sāṃkhya* angenommene reziproke Spiegelung kann leicht als eine tatsächliche Berührung und gegenseitige Beeinflussung der Grundprinzipien *puruṣa* und *prakṛti* mißverstanden werden. Durch die Durchdringung mit Bewußtsein verändert sich der Geist jedoch nicht in seinen Abläufen (alles, was sich bewegt, sind die *guṇas* entsprechend ihrer Gesetzmäßigkeiten). Genausowenig zeigt sich *puruṣa* berührt oder verändert, wenn es durch die Instrumente des Geistes wahrnimmt.

> Wegen der Verbindung oder Nähe der Urmaterie und dem reinen Bewußtsein *erscheint* das Manifeste als durch das Bewußtsein charakterisiert, und in gleicher Weise, obwohl alle Tätigkeit und Aktivität nur in den Konstituenten (d.h. *guṇas*) geschieht, *erscheint* das Bewußtsein als charakterisiert durch Tätigkeit und Aktivität (SK, 20).

☛ Leiden entsteht also stets im individuellen Geist, während das reine Bewußtsein (*puruṣa*) davon unberührt bleibt.

2.3.2 Die Folgen des Grundirrtums

Wir haben bislang erfahren: Leiden entsteht aus den Eigenschaften des menschlichen Geistes. Der Zustand des inneren Instrumentes verhindert, daß *puruṣa* sich in ihm spiegeln und sich somit selbst erkennen kann. Dadurch wird es dem Menschen erschwert, seine wahre Natur, nämlich Freiheit, Weisheit und Glückseligkeit, zu erkennen. Es bedarf daher einer Wissenschaft des Geistes, um die Grundlagen des Leidens zu studieren und zu verändern. Das ist der Yoga, wie er von Patañjali formuliert wird.

Nach Patañjali gibt es zwei grundlegende Zustände: den des Yoga (mit den verschiedenen Ebenen der Befreiung, des *samādhi*) und den Zustand der Identifikation mit den Bewegungen des Geistes (PYS I; 2-4).

Die Bewegungen des Geistes (*vṛttis*) werden in fünf Arten unterschieden, nämlich in

(1) überprüfbares Wissen (*pramāṇa*), hergestellt aus überprüfbarer, unmittelbarer Wahrnehmung, logischer Schlußfolgerung oder zuverlässigem Ausspruch einer Autorität der Tradition; (2) irrtümliche Wahrnehmung oder mangelnde Unterscheidung (*viparyaya*); (3) Vorstellung (*vikalpa*); (4) Schlafbewußtsein (*nidrā*) sowie (5) die Erinnerung (*smṛti*) (PYS I; 5-11).

Jede *vṛtti* kann entweder Leiden erzeugend, schmerzhaft und unrein sein (*kliṣṭā*) oder aber nicht Leiden erzeugend, nicht schmerzhaft und rein (*akliṣṭā*) (PYS I; 5). Dies hängt davon ab, inwieweit die *vṛttis* von *kleśas* durchdrungen sind und von ihnen herrühren, wie auch vice versa die unreinen *vṛttis* zur Verstärkung der *kleśas* beitragen.

> „Die getrübten, schmerzhaften und unreinen *vṛttis* werden durch die *kleśas* verursacht, wie sie auch Ursachen für die *kleśas* sind" (Vyasa Kommentar zu PYS I; 5).

Die *kleśas* (Schleier, Leiden) werden erst im zweiten Kapitel der Yoga Sutras von Patañjali benannt und definiert (PYS, II; 3-9), nämlich Unwissenheit, Ich-haftigkeit, Anziehung, Ablehnung und die Angst vor dem Tod. Dabei ist die Unwissenheit (*avidyā*) die Wurzel aller nachfolgenden.

> „Unwissenheit hält das Ewige, Reine, Angenehme und das Selbst für das Nicht-Ewige, Unreine, Unangenehme und Nicht-Selbst (PYS, II;5).

Hier finden wir wieder den ‘Grundirrtum’, der in dem *Sāṃkhya*-Modell beschrieben wird, nämlich die Verwechslung von Selbst und Nicht-

Selbst, *puruṣa* und *prakṛti*. Deshalb entstehen 'falsche Identifikationen' (2. *kleśa asmitā;* d.h. Ich-haftigkeit), die bestimmt sind durch die Färbung und Unreinheit der Instrumente (s.o. PYS II; 6). Daraus entstehen Verhaltensmuster (Gewohnheiten des Geistes), die konditioniert sind durch das Erreichen von Bedürfnisbefriedigung (*rāga*; Anziehung) und das Vermeiden von unangenehmen Situationen (*dveṣa*; Ablehnung). Weil vom Menschen die ihm innewohnende unsterbliche, unberührbare Natur nicht erkannt wird, entsteht zudem der letzte und mächtigste *kleśa*, nämlich *abhiniveśa*: Ängste in jeder Form, verwurzelt in der Angst vor dem Tod.

> „Die Angst vor dem Tode (dieses 'möge ich doch nicht aufhören zu sein') ist sogar in einem Gelehrten genauso stark wie in einem gewöhnlichen Menschen" (PYS II; 9).

Die *kleśas* führen zu schmerzhaften und leidvollen *vṛttis*, die wiederum Eindrücke im Geist (*saṃskāras*) hinterlassen, die als *karma* den Menschen in den Kreislauf der Wirkungen seiner Handlungen verstricken.

> „Der Bereich des *karma* ist in den *kleśas* verwurzelt und wird im gegenwärtigen Leben oder in zukünftigen Leben erfahren" (PYS II; 12).

Zwar werden auch glückvolle, positive Erfahrungen für möglich gehalten, die durch die Ursachenkette *vṛtti-kleśa-vṛtti-saṃskāra* hervorgerufen werden (PYS II; 14), aber:

> „Dem Unterscheidenden ist alles gleichsam leidvoll, weil alles Leid verursacht, entweder als Folge oder als Vorgefühl des Glücksverlustes, oder als neue Sehnsucht, die unter dem Eindrucke des Glücks entsteht, und auch als Gegeneinanderwirken der inneren Qualitäten" (PYS, II; 15; zit. nach Vivekananda).

Diese radikale und pessimistische Leidensauffassung hat immer wieder auch eine rigide und weltnegierende Haltung gefördert bzw. ist zur Legitimation einer solchen herangezogen worden. Dagegen ermöglichen andere Quellentexte des Yoga wie z.B. die Bhagavad Gita durchaus eine weltbejahende Interpretation, nach der die Verhaftung an die Welt auch innerhalb der Welt gelöst werden kann.

2.3.3 Das Konzept der Identifikation

Den häufig genannten Begriff der *Identifikation* wollen wir jetzt noch etwas näher auf seine psychologische Relevanz untersuchen, weil er ein Kernelement des konkreten Yoga-Übens ist. Unter Identifikationen werden Färbungen und Verformungen des Geistes verstanden, gewisserma-

ßen *Voreinstellungen*. Zwar hat der Mensch im Alltagsbewußtsein den naiven Glauben, er nehme die äußere Welt so wahr, wie sie sei (als Abbild). Er kann aber nur entsprechend der Verformung und Verfärbung seiner Instrumente wahrnehmen, wodurch das Ergebnis der Wahrnehmung ganz erheblich beeinflußt wird, nämlich gemäß des inneren Zustandes des Geistes. Die schon vorhandenen Voreinstellungen (Identifikationen) sind gleichsam die gefärbte Brille, mit der ich hinausschaue, das Gesehene für *wirklich* halte und damit die Voreinstellungen *bestätige*. Hierzu folgendes Beispiel:
Person A: Identifikation (Voreinstellung als momentaner Gefühlszustand): Ich bin ‚geladen' und wütend.
Subjektive Wahrnehmung auf der Autofahrt ins Büro: „Die anderen drängen mich ab oder provozieren mich durch besonders langsames Fahren. Im Büro versuchen mich die Mitarbeiter durch aufgesetzte und lautstarke Fröhlichkeit zu provozieren, um auf diese Weise Streit mit mir zu suchen."
Person B: Identifikation (Voreinstellung): Ich bin in gelassener und ausgeglichener Stimmung.
Subjektive Wahrnehmung in der gleichen Situation wie Person A: „Der Verkehr fließt normal und ohne Auffälligkeiten. Im Büro herrscht eine ausgelassene Fröhlichkeit. Ich freue mich darüber, wie ich von den anderen gleich einbezogen werde. Wir sind wirklich ein gutes Team!"

Das Konzept der Identifikation ist noch umfassender, denn üblicherweise identifizieren wir uns mit unseren Gedanken, Gefühlen und Wünschen, als ob wir diese seien.[22] Unser Geist hält sich für das, was in jedem Moment in ihm geschieht. Dies bezeichnet Patañjali in den Yoga-*Sūtra* als die Identifikation mit den Bewegungen des Geistes. *Ich bin* hungrig, traurig, freudig, müde usw. *Ich will* ein Auto, ein Haus, ein Kind - und dann wird es zu *meinem* Auto, *meinem* Haus und *meinem* Kind. Über diese Art von Identifikationen verlängere und vergrößere ich mein Ich, meine Identität, in die äußere Welt (durch Anhäufung von Besitz) oder als gesellschaftliche Rolle (durch die Anhäufung von

---

[22] Hier wird das Descartsche „Ich denke, also bin ich" nicht nur zu einer Beschreibungskategorie des normalen Alltagsbewußtseins, sondern vor dem Hintergrund von Patañjalis Aussagen zu einer diagnostischen Feststellung des Leidens: *Ich* denke, also leide ich. Nach der *Sāṃkhya*-Philosophie führen meine Denkbewegungen gerade nicht zur Erkenntnis meines (wahren) Seins, sondern verschleiern dieses und führen zu Leiden.

Macht und 'Bedeutsamkeit': *Ich bin* Psychologin, Ärztin, Politikerin, spirituell Suchende usw.). Diese Vergrößerung und Ausdehnung der Identität ist jedoch entsprechend der oben beschriebenen Philosophie eine Illusion. Ich suche unentwegt etwas im Außen (nämlich Ganzheit, Erfüllung, Zufriedenheit), was ich im Kern schon vollständig (wenn auch verhüllt) in mir trage.
Identifikationen geben mir einerseits Sicherheit, einen Platz in der Gesellschaft und eine notwendige Abgrenzung. Ohne Identifikationen kann ich in dieser Welt der Polaritäten nicht (über-) leben. Je stärker und rigider (enger) jedoch meine Identifikationen sind, desto mehr Bereiche muß ich ausschließen als Nicht-Ich, und um so stärker wird das Gefühl der Trennung und Isolation.

☛ Sofern ich völlig in meinen Identifikationen gefangen bin, werde ich durch sie bestimmt, ich *bin* sie, ohne die Einschränkung dieser (von meinem Geist hervorgebrachten) Wirklichkeit zu erkennen, weil sie sich rekursiv bestätigt: Ich nehme automatisiert das Außen entsprechend des Zustandes meines Innen wahr. Weil Wahrnehmen Handeln ist, verzerre ich das Außen gemäß meiner inneren Identifikationen, die hierdurch erneut eine Bestätigung erfahren. Subjektiv erlebe ich: Die Welt entspricht meinen Vorannahmen. Diese entsprechen daher der *Wahrheit.*

☛ Identifikation heißt, meine Wahrnehmungen und Annahmen über die Welt mit der Welt selbst zu verwechseln. Und weiter: Die ständig wechselnden Färbungen meines Geistes, d.h. die *Inhalte* meines Bewußtseins mit dem Bewußtsein selbst, dem *Wahrnehmenden*, zu verwechseln.

Erst ein Bezugspunkt außerhalb der Identifikation läßt diese in ihrer Begrenzung bewußt werden, indem die Bewegung meines Geistes *beobachtet* wird. Im Moment der inneren Achtsamkeit ist die Bewegung des Geistes zum Objekt der Betrachtung geworden. In der Beobachtung des Kommens und Gehens wechselnder, fluktuierender Gedanken, Gefühle und Wünsche (in denen ich mich immer wieder zwischenzeitig identifizierend 'verliere'), nehme ich die wechselnden Konstruktionen meines Geistes wahr; mehr noch:

☛ *Ich erkenne meine Persönlichkeit als Konstruktion.*

Dadurch ist es schrittweise möglich, zuvor eingeengte Wirklichkeitsmodelle in umfassendere zu integrieren. Die zuvor einzig mögliche Sicht wird zu einem Aspekt neben anderen in einer übergreifenden Perspektive. Es geht hier also nicht um Zerstörung des Ego oder der Identität (wie oft mißverstanden dem Yoga vorgeworfen), sondern um eine *Ausdehnung* der Grenzen meiner Persönlichkeit. Dadurch wachsen nicht nur meine Wahrnehmungs- und Handlungsmöglichkeiten, sondern auch die Bereiche meiner Verantwortung. In der vollständigen Erleuchtung, in der Erfahrung der Einheit in der Vielgestaltigkeit, sind diese Grenzen gewissermaßen in das Unendliche erweitert und deshalb nicht mehr vorhanden. In jeder Psychotherapie ist dieser Prozeß des Lösens bzw. Erweiterns von Identifikationen der Motor für die Selbstveränderung. Auch ergeben sich gesellschaftliche Konsequenzen, etwa bei der Ausbildung eines ökologischen Bewußtseins (wie eng sind meine Grenzen zwischen Ich und Nicht-Ich gesteckt und in welchem Bereich des Handelns von mir oder anderen spüre ich eine unmittelbare Verletzung?).

2.4 Der Behandlungsansatz: Wodurch wird Leiden beseitigt?

Aus der obigen Erklärung der Entstehung des Leidens ergibt sich nun unmittelbar der Weg, dieses zu beseitigen: Es bedarf eines Verfahrens, welches die Eigenschaften des Geistes, d.h. seine *vṛttis* und die damit eng verflochtenen Auswirkungen der *kleśas*, so verändert, daß er zu einem angemessenen Instrument für *puruṣa* wird. Dann vermag sich das spirituelle Selbst durch das gereinigte innere Instrument *antaḥkaraṇa* in der Welt auszudrücken, wie es auch durch die Klarheit und Stille des Geistes unverfälschte Erkenntnis sammeln kann. Das heißt insbesondere: sich selbst in seiner eigenen Natur zu erkennen.[23] Die Prägnanz, mit der sich das höhere Bewußtsein in der Welt zeigen kann, wie auch die Reinheit, mit der Erkenntnis von der Welt und von der wahren Natur des höheren Selbst möglich ist, hängen ab von der Beschaffenheit des dafür notwendigen Instrumentes – unseres Geistes. Das verhält sich genauso,

---

[23] Vom Standpunkt eines westlichen Naturwissenschaftlers schreibt Hoimar v. Ditfurth (1984): „Daß Evolution folglich als ein Entwicklungsprozeß beschrieben werden könnte, in dessen Verlauf der Kosmos mit jenem geistigen Prinzip zu veschmelzen begonnen hat, das die Voraussetzung für seine Entstehung gewesen ist und für die Ordnung, die sich im Ablauf seiner Geschichte entfaltet. ... Das läßt uns an die Möglichkeit denken, daß diese von uns Evolution genannte Geschichte dann ein natürliches Ende finden könnte, wenn sie schließlich ein Bewußtsein hervorgebracht haben wird, das groß genug ist für die Wahrheit des ganzen Kosmos." (in: Wir sind nicht nur von dieser Welt, S. 288 f.).

wie die Qualität der Möbel eines Tischlers abhängig ist von der Beschaffenheit seiner Werkzeuge. Weist sein Hobel viele Scharten auf, tragen alle Möbel die Spuren des Werkzeuges, so daß sich die zugrundeliegende (vollkommene) Idee des Möbelstücks nur unvollkommen manifestieren kann. Auch das Instrument unseres Geistes muß also gleichsam vorbereitet, gereinigt und beruhigt werden. Jede Tätigkeit, die mit ihm durchgeführt wird (denken, fühlen), trägt die Spuren seines Zustandes. Die *kleśas* müssen also entsprechend der Philosophie in ihrer Wirkung gemindert und die *vṛttis* beruhigt und unter Kontrolle gebracht werden.
Welche 'Behandlung' des Leidens wird nun im Yoga vorgeschlagen? In den Yoga-*Sūtras* finden wir folgende 'Verschreibungen':

1. Verschreibung:

> „Die Kontrolle der Bewegungen des Geistes erlangt man durch Übung (*abhyāsa*) und Leidenschaftslosigkeit (*vairāgya*)" (PYS I; 12).

In den Sutras I; 13 und 14 wird sodann Übung, in den Sutras I; 15 und 16 Leidenschaftslosigkeit definiert, nämlich Lösen der Identifikation mit den Sinneserfahrungen. Auf eine zentrale Form der Übung, die Meditation, geht Patañjali später ein, nämlich in I; 23.

2. Verschreibung:

> „Oder der *samādhi* kann schnell erreicht werden durch das Üben der Anwesenheit von Gott" (PYS I; 23).
> „Das Wort OM ist sein Ausdruck. Diese Wiederholung seines Namens und dessen Bedeutung zu pflegen und aufzunehmen, wird die Anwesenheit Gottes zu üben genannt" (PYS I; 27 + 28).

Die **3. Verschreibung** erweitert die Übungsanweisungen zur Definition des *kriyā yoga*:

> „Asketische Regeln (*tapas*), Selbststudium und stille Rezitation (*svādhyāya*) sowie die Hingabe aller Handlungen an Gott (*īśvara praṇidhāna*) wird der Yoga der Übungen genannt" (PYS II; 1).[24]

Die **4. Verschreibung** nennt grundsätzliche Strategien zur Beendigung des Leidens, nennt erneut wie in 2. und 3. die Meditation und erweitert

---

[24] Helga Simon-Wagenbach gibt folgenden Hinweis: Der *kriyā yoga* erhält als leidlösender Ansatz große Bedeutung gerade durch die Integration der *īśvara*-Instanz, die im *Sāṃkhya* so nicht benannt wird. Vielen christlich orientierten Yoga-Übenden ist dadurch eine Akzeptanz der östlichen Tradition erleichtert worden.

sodann die Übungen zum achtstufigen Raja-Yoga. Es wird ergänzend ausgeführt:

> „Diese allmählich verfeinerten *kleśas* sollten durch einen Prozeß, der ihrer Entstehung entgegengesetzt ist, ausgeschaltet, d.h. allmählich in ihren Ursprung aufgelöst werden“ (PYS II; 10).
> „Ihre *vṛttis* werden durch die Meditation aufgelöst“ (PYS II; 11).
> „Die Erleuchtung der unterscheidenden Weisheit, die durch nichts mehr berührt werden kann, ist das Mittel der Verhütung von Leiden“ (PYS II; 26).
> „Das noch nicht eingetretene Leiden kann und soll vermieden werden“ (PYS II; 16; nach Taimni)
> „Sobald die Unreinheiten durch das Üben der Schritte im Yoga beseitigt sind, geschieht ein allmähliches Erwachen der Erkenntnis bis hin zur vollen Erleuchtung der unterscheidenden Weisheit (*viveka*)“ (PYS II; 28).
> „Im Falle einer Störung und sorgenvoller Gedanken sollte man seine Aufmerksamkeit fest auf ihr Gegenteil richten“ (PYS II; 33).[25]

Sodann kann sich *puruṣa* durch das gereinigte Instrument des Geistes selbst erkennen, sich in der Welt ausdrücken und über den Geist ungefärbt Kenntnis von der Welt erlangen. Zudem hat der individuelle Geist die zuvor aus den *kleśas* erzeugten *vṛttis*, d.h. seine Identifikationen, gelöst (‘gereinigt’). Damit ist er in der Lage, seine eigene spirituelle Natur reinen Bewußtseins zu erkennen. Weiterhin werden keine neuen *saṃskāras* erzeugt und letztlich der Kreislauf der Wiedergeburten überwunden.

> Dann ruht der Sehende in seiner eigenen wahren Natur (PYS I; 3).
> Die Befreiung (*kaivalya*) ist erreicht, wenn gleiche Reinheit zwischen dem *puruṣa* und *sattva* (d.h. der gereinigten *buddhi*) herrscht (PYS III; 56; nach Taimni).

---

[25] Coster (1954) weist mit Nachdruck aus der Sicht der Psychoanalyse darauf hin (S. 192 ff), daß diese Methode die Gefahr der Verdrängung und Unterdrückung in sich trage (s. Kap. 10) und den Versuch fördern könne, nach „einem festgelegten Vorbild zu leben.“ Zudem sei es für den Übenden mitunter schwierig, das wirkliche Gegenteil für eine Verhaltens- oder Denkgewohnheit zu finden. „Deshalb hängen Wert und Erfolg dieser Methode von einer Einsicht und Selbsterkenntnis ab, die nur selten vorhanden sind.“ Andererseits werde der Yogi, der durch seinen Lehrer geführt werde, wie auch der Patient mit Hilfe seines Analytikers, diese Methode mit großem Erfolg anwenden.

> Für einen, der diesen Unterschied (zwischen dem Geist und dem Bewußtseinsprinzip) erkannt hat, hört alles Suchen und Fragen auf (PYS IV; 25).
>
> Die Auflösung der *guṇas* in ihren ursprünglichen Grund, weil sie nicht länger gebraucht werden, um dem Bewußtsein zu irgendeinem Zweck zu dienen, wird der Zustand der Isolation (*kaivaḷya*) genannt. Dann ruht die Kraft des Bewußtseins in ihrer eigenen Natur. Das ist es (PYS IV; 34).

Wir haben in diesem Kapitel Welt- und Menschenbild, Störungskonzept und den Weg des Yoga, Leiden zu beseitigen, dargestellt. Dabei haben wir die wichtigsten östlichen 'psychologischen Modelle' und Vorstellungen zusammengetragen. In den folgenden Kapiteln soll versucht werden, den Yoga Übungsweg mehr vom Standpunkt der westlichen Psychologie zu betrachten.

3

Yoga als Veränderung von Gewohnheiten

☛ Dieses Kapitel versucht folgende Fragen zu klären:
❍ Was hat Yoga-Üben und Yoga-Lehren mit Gewohnheiten zu tun?
❍ Was versteht man unter einer Gewohnheit?
❍ Wie entstehen Verhaltensmuster?
❍ Wie kann man Gewohnheiten innerhalb eines Yoga-Übungsweges verändern?

„Welches ist die Beschreibung eines Menschen von beständiger Innenschau, der in samadhi verweilt, oh Krishna? Wie spricht ein Mensch mit gegründeter Weisheit? Wie sitzt er? Wie geht er?"

Bhagavad Gita, II; 54

In dem vorangestellten Zitat aus der Bhagavad Gita fragt Arjuna seinen spirituellen Lehrer Krishna nach äußerlich erkennbaren Gewohnheiten eines Menschen, der die Erleuchtung erlangt hat. Er fragt dies aus dem Wissen heraus, daß äußere Verhaltensmuster den inneren, geistigen Zustand eines Menschen wie seine Gedanken, Gefühle und auch den Zustand seines vegetativen Nervensystems widerspiegeln können. Östliche Lehrer der Yoga-Tradition betonen immer wieder, daß nicht nur das übliche Verhalten eines Menschen, sondern auch seine Persönlichkeit zum größten Teil in dem quasi automatisierten Abspulen von Verhaltensmustern bestehen. Der Weg des Yoga kann insofern als eine Dekonditionierung oder Ent-Automatisierung verstanden werden. Auch die oft genannte Veränderung oder ‚Transformation' der Persönlichkeit durch den Yoga ist zunächst eine Konfrontation mit den eigenen Verhaltensmustern. *Yoga-Üben heißt, sich mit seinen Gewohnheiten auseinanderzusetzen.* Schon bei einer einfachen Körperübung (z.B. dem Heben eines Beines) oder bei dem Versuch, nur einige Minuten aufrecht zu sitzen, spürt der Yoga-Übende die über Jahrzehnte erworbenen Gewohnheiten des Körpers bzw. bestimmter Muskelgruppen. Für den Yoga-Lehrenden ergibt sich eine besondere Relevanz des Themas auch dadurch, daß viele Teilnehmer den Weg in die Kurse finden aufgrund eines Wunsches, sich auf irgendeine Weise zu verändern, was häufig bedeutet: alte Verhaltensmuster aufgeben und neue erlernen.

3.1 Was sind Gewohnheiten?

Zunächst wollen wir uns einige Charakteristika von Gewohnheiten deutlich machen. Eine Verhaltensweise, die wir als Gewohnheit bezeichnen, muß wiederholt ausgeführt werden. Diese Tatsache der Wiederholung führt uns zu dem Aspekt der Automatisierung. Ein häufig wiederholtes Verhalten wird nicht mehr stets erneut vor seiner Ausführung bewußt geplant, sondern ein gespeichertes sog. Verhaltensprogramm wird bei Bedarf als komplettes Verhaltensmuster abgerufen, welches dann quasi automatisiert abläuft. Bei motorischen Fertigkeiten ist dies besonders gut nachvollziehbar (Autofahren; mit Besteck essen). Es soll deshalb explizit festgehalten werden, daß Gewohnheiten zu einem weit überwiegenden Teil eine ökonomische Verhaltenssteuerung bewirken. Stets wiederkehrende Anforderungen können wir mit stets gleichen Verhaltensprogrammen bewältigen, indem wir auf Altbewährtes zurückgreifen und geistige Kapazität für die Konzentration auf Wesentliches oder Neues zur Verfügung bleibt. Das Verhaltensmuster wird durch Wiederholung und Automatisierung zunehmend konsolidiert, wie ein Fußpfad im Gelände, der durch häufigere Nutzung um so deutlicher hervortritt. Dieses Bild führt uns zu einer weiteren psychologischen Dimension von Gewohnheiten. Genau wie ein sich bildender Pfad im Unterholz die Schritte des Wanderers um so häufiger auf sich lenkt, je stärker er schon zuvor belaufen wurde, genauso scheinen viele Verhaltensmuster aus sich selbst heraus ein Bedürfnis nach erneuter Ausführung zu erzeugen. Besonders prägnant wird dies, wenn ein Verhaltensmuster behindert wird (die tägliche Zeitung fehlt im Briefkasten; die morgendliche Tasse Kaffee fällt aus; der Fernseher ist defekt usw.). Es können sich dann heftige emotionale Reaktionen einstellen (depressive oder aggressive Stimmungen), die auf eine innere Anhaftung an das Verhaltensmuster schließen lassen. Wir müssen deshalb annehmen, daß viele Gewohnheiten, auf die es uns schwer fällt zu verzichten, unmittelbar zu einer *Bedürfnisbefriedigung* im weitesten Sinne führen und daher einen *Belohnungswert* für uns haben.

Nach all dem bleibt der wichtigste Aspekt noch herauszuheben: *Gewohnheiten sind gelernt*. Selbst in dem umgangssprachlichen Satz: „Das finde ich eine ganz dumme Angewohnheit von dir“, in dem häufig die Kritik mitschwingt, „wenn du nur wolltest, dann könntest du auch anders“, ist die Ansicht enthalten, daß Gewohnheiten irgendwann erworben wurden und daher auch wieder veränderbar und nichts Festgelegtes sind. In der Psychologie sprechen wir dann von ‘Lernen’, wenn äußeres oder inneres Verhalten sich aufgrund von Erfahrungen verändert. Genau dieses trifft auf Verhaltensmuster zu.

☛ ***Woran erkenne ich eine Gewohnheit (Verhaltensmuster)?***

- ❍ Häufige identische oder sehr ähnliche Wiederholung;
- ❍ Unbewußter, fast automatisierter Ablauf;
- ❍ ‘Anhaftung’: Bei Unterbrechung oder Verhinderung des Verhaltensmusters emotionale Reaktion (allgemein ‘Unlustgefühle’);
- ❍ Viele Gewohnheiten geben mir etwas (Belohnungswert; Bedürfnisbefriedigung; Vermeidung von unangenehmen Zuständen);
- ❍ Verhaltensmuster sind erworben (‘gelernt’) und somit auch ‘verlernbar’.

Es wurde schon erwähnt, daß Verhaltensmuster weit überwiegend als hilfreich erlebt werden und uns einen angemessenen und erprobten Umgang mit Anforderungen ermöglichen. Unter diesem Aspekt handelt es sich um *Fähigkeiten*, die wir gelernt haben. Einige Verhaltensmuster können subjektiv jedoch als hinderlich erlebt werden und zu Leiden führen, ohne daß der einzelne Möglichkeiten sieht, sich aus diesen Verhaltensmustern zu lösen. Hierauf sollen sich insbesondere die folgenden Betrachtungen beziehen. Dabei gibt es keine allgemein gültige Bewertung oder Moral eines „man sollte nicht ...“ oder „es ist schädlich, daß...“. Wenn es sich um Verhaltensmuster handelt, die Mitmenschen nicht schädigen, muß der Einzelne für sich selbst entscheiden, welche Gewohnheiten er für seine eigene Entwicklung als günstig oder ungünstig beurteilt und in welchen Bereichen er sich in seinem eigenen Wachstumstempo zu einem individuell „richtigen“ Zeitpunkt verändern möchte. Eine solche Entscheidung jenseits einer von Schuldgefühlen und geringem Selbstwertgefühl belasteten moralischen Bewertung kann schon ein wesentlicher Teil des Wachstumsprozesses sein.

Eine sehr populäre Methode, eine Gewohnheit zu verändern, besteht in dem Versuch, sie mit großer Willensanstrengung zu unterdrücken. Das führt in den meisten Fällen zu einer Konfliktspannung, die immer mehr zunimmt und letztlich in das Versagenserlebnis einmündet, zu 'schwach' gewesen zu sein, der Gewohnheit zu widerstehen. Dann stellen sich Selbstvorwürfe ein sowie die Überzeugung, daß es ohnehin keinen Sinn hat, sich selbst zu verändern, und insgesamt bleibt eine unerfreuliche Erfahrung zurück. Eine solche Vorgehensweise ist selten erfolgreich und somit keine sinnvolle Strategie, sich seinen Gewohnheiten zuzuwenden. Wir wollen daher im folgenden versuchen, das Wesen von Gewohnheiten sowie die Funktionsweise unseres Geistes etwas mehr zu verstehen. Dabei soll als wesentliches Zwischenergebnis festgehalten werden, daß Gewohnheiten in aller Regel nicht „von alleine" entstehen, sondern irgendwann im Leben des einzelnen erworben wurden, weil sie einen Sinn hatten, etwa um eine Problemsituation zu erleichtern oder zu beenden oder eine angenehme Situation für den Organismus herzustellen. Den meisten Gewohnheiten, die wir als hinderlich für uns selbst empfinden und von denen wir uns nur schwer lösen können, liegt, wie schon erwähnt, ein Sinn oder ein Bedürfnis zugrunde. In dem Versuch, ein Verhaltensmuster lediglich zu unterdrücken, vernachlässigen wir diesen Aspekt und kämpfen mithin gegen einen Teil von uns selbst. Enttäuschtes Zurückfallen in das Verhaltensmuster oder rigide Verdrängung und Unterjochung eines Bedürfnisses kann die Folge sein.

3.2 Verschiedene Ebenen von Gewohnheiten

Östliche Lehrer erwähnen oft, daß unser gesamtes Sein, von den groben bis zu den feinen Aspekten, von Gewohnheiten geprägt ist. Diese provozierende These, daß unsere ganze Persönlichkeit, einschließlich unserer Gedanken und Gefühle, zum allergrößten Teil aus Gewohnheiten besteht, wollen wir mit der folgenden Auflistung erhärten. Dabei wird deutlich, daß sich Verhaltensmuster auf allen Ebenen unseres Seins bilden und dadurch unseren Eindruck prägen, *daß wir einfach so sind.*

Verhaltensmuster des Körpers:
Zum Beispiel: Muskuläre Verspannung bestimmter Muskelgruppen als Streßreaktion (z. B. Stirn-, Nacken- und Schultermuskeln); Verkürzung von Bändern und Sehnen (z. B. hintere Beinsehnen); Haltung des Körpers im Raum; Bewegungsmuster; physiologische Muster (z.B. bestimmte für jeden individuell typische Streßreaktionen oder chronische vegetative Funktionsstörungen).

Manchmal fällt es schwer, in einem verhärteten Muskel oder einer verkürzten Sehne bzw. versteiften Gelenk ein Verhaltensmuster zu sehen. Vielfach ist jedoch gerade in diesem Bereich besonders deutlich, wie sich jahre- oder jahrzehntelange Lebensgewohnheiten im grobstofflichen Körper manifestieren und damit erworben (psychologisch: gelernt) sind. Körperliche Verhaltensmuster entwickeln sich natürlich häufig auf der Basis konstitutioneller (d.h. angeborener) Schwächen. Eine angeborene Herz-Kreislaufschwäche wird ggf. die Entstehung eines bestimmten physiologischen Musters 'erleichtern', so wie eine Wirbelsäulenverkrümmung möglicherweise eine asymmetrische Körperhaltung und Veränderung des Tonus einzelner Muskelpartien begünstigen kann. Gerade für den Yoga zeigt sich jedoch, daß kontinuierliches Üben (d. h. gezielte Lernerfahrungen) die Auswirkungen von konstitutionellen Vorbelastungen mildern kann.

Gewohnheiten der Atmung:
Zum Beispiel: Atemfrequenz; Atemvolumen; Atempausen; bevorzugte Atemräume und Atemhilfsmuskulatur; Mund- vs. Nasenatmung.
Jeder Mensch prägt ein individuelles Atemmuster mit situationsspezifischen Variationen aus. Dieses bildet sich auf der Grundlage kultureller Lebensgewohnheiten (z.B. eingefallene Sitzhaltung) und Schönheitsideale ('Bauch rein, Brust raus') wie auch durch die persönliche Erfahrungsgeschichte (z.B. ängstliche Grundhaltung).

Gewohnheiten des Geistes:
Zum Beispiel: Tendenz zu Gedankenketten; ständiges Grübeln über vergangene Erfahrungen bzw. Planung des Verhaltens in der Zukunft; pessimistische vs. optimistische Tendenz in der subjektiven Bewertung von Situationen (das Glas ist halbvoll oder halbleer); Tendenz, Verantwortung für das eigene Handeln bei sich selbst zu suchen vs. Tendenz, die Verantwortung anderen Menschen oder äußeren Ursachen zuzuschreiben (interne vs. externe Kausalattribuierung); emotionale Verhaltensmuster (Tendenz, auf eine Frustration aggressiv vs. depressiv/verzweifelt zu reagieren). Welche Rolle nehme ich ‚gewohnheitsmäßig' in aufgabenbezogenen Gruppen ein: Bin ich eher ein *Visionär*, der Lösungsideen kreativ generiert? Oder eher der *Realist*, der die Pläne pragmatisch auf Umsetzbarkeit überprüft? Oder aber ein *Kritiker*, der ‚advocatus diaboli', dem sofort die Schwächen und Risiken ins Auge fallen?
Woraus entsteht bevorzugt meine Handlungsmotivation: Strebe ich etwas an (‚hin zu') oder versuche ich etwas zu vermeiden (‚weg von')?

Bin ich ein Detail- oder eher ein Globaldenker – d.h. orientiere ich mich eher an den Einzelheiten oder an dem Gesamtbild eines Themas oder einer Aufgabe?[26]

Gewohnheiten der Lebensführung:
Zum Beispiel: Ernährungsgewohnheiten (hier auch der Umgang mit Nikotin, Alkohol, Koffein, Medikamenten, Süßigkeiten usw.); Verhaltensmuster zur Regelung des Schlafbedürfnisses; sexuelle Verhaltensmuster; Gestaltung des Tagesrhythmus und der Freizeit.

Soziale Gewohnheiten oder Interaktionsmuster:
Zum Beispiel: Nonverbale Kommunikationsaspekte wie Stimmlage, Betonung, Sprechgeschwindigkeit, Mimik, Gestik; 'typische' Kommunikationsebene (spricht viel von sich selbst und gefühlsbetont vs. spricht sachlich und distanziert); partnerschaftliche Beziehungsmuster (z. B. Nähe-Distanz-Regulation, Machtverteilung).

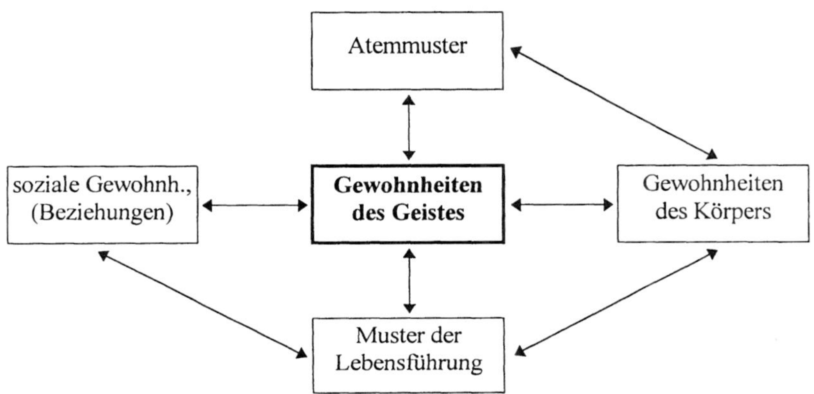

Abb. 4: Vernetzte Ebenen der Gewohnheitsbildung

Die Stichworte sind nur Beispiele und ließen sich beliebig fortsetzen. Offenkundig wird, daß ein sehr großer Teil unseres menschlichen Seins in der Tat durch Verhaltensmuster stark geprägt ist. Die Trennung der einzelnen Ebenen ist dabei (wie auch beim *koṣa*-Modell der Yoga-Tradition; s. Kap. 2.2.2) keinesfalls absolut zu verstehen, da die Berei-

[26] Solche grundlegenden Muster und Filter von Wahrnehmung und Informationsverarbeitung sind im NLP (Neuro-Linguistisches-Programmieren) als ‚Meta-Programme' bekannt.

che sich gegenseitig durchdringen und miteinander wechselwirken. Abb. 4 versucht diese Verflechtung der Gewohnheitsbildung beispielhaft zu veranschaulichen. Eine solche ganzheitliche Betrachtungsweise legt nahe, daß ein konstruktiver Impuls auf einer der Ebenen sich verändernd auf das Gesamtsystem auswirken kann. Irgendwann und an irgendeiner Stelle eines komplexen wechselwirkenden Systems muß jedoch *etwas Neues* geschehen, damit eine solche Veränderung sich allmählich auf alle Ebenen erstrecken kann. Eine zentrale Rolle nimmt dabei unser Geist ein.

☛ *Es ist eine Gewohnheit unseres Geistes und unseres Körpers, Gewohnheiten zu entwickeln. Wir können diese Neigung nutzen, konstruktive Gewohnheiten auszubilden.*

☛ Übung:

Nimm eine aufrechte und bequeme Haltung ein. Schließe sanft die Augen und gehe in die innere Achtsamkeit. Spüre das Fließen deiner Atmung in den Nasenflügeln. Laß deinen Atem fließen, wie es angenehm für dich ist und entspanne dich immer mehr. In dieser ruhigen und achtsamen Haltung richte an dich folgende Fragen:

❍ Welche Gewohnheit, die ich als Einschränkung oder Begrenzung empfinde, drängt oft in mein Bewußtsein, an der ich arbeiten möchte?
❍ Habe ich schon versucht, an dieser Gewohnheit zu arbeiten und wenn ja: auf welche Weise und mit welchem Erfolg?
❍ Warum ist meiner Meinung nach diese Gewohnheit so beständig und warum fällt es mir schwer, sie zu verändern?

3.3 Wie entstehen Gewohnheiten?

Wir haben Verhaltensmuster als erworben oder gelernt gekennzeichnet. Lernen im Sinne der Psychologie bedeutet nicht lediglich das willentliche Aneignen von Wissen, sondern letztlich alle Erfahrungen, die zu einer Veränderung des Verhaltens oder Erlebens beitragen. Der Begriff Verhalten umfaßt nicht nur das nach außen sichtbare Handeln, wie unsere Körpermotorik oder das Sprechen, sondern auch Gefühle, Gedanken und physiologische Funktionen. Die Lernpsychologie als Teilgebiet der Psychologie hat sich intensiv mit den Gesetzmäßigkeiten beschäftigt, die zum Aufbau, d. h. zum Lernen bestimmter Verhaltensweisen führen. In unserer Untersuchung der Gewohnheiten wollen wir auf einige dieser Ergebnisse zurückgreifen und die wichtigsten Lerngesetze in möglichst knapper Form darstellen.

1. Lerngesetz: Reiz-Reaktionskopplung oder Signallernen

Wir wollen uns vorstellen, daß ein Mitglied der letzten Eingeborenenstämme sich erstmalig in einer Stadt aufhält und dort ebenfalls zum ersten Mal in seinem Leben einen Zahnarzt besucht. Sowohl auf dem Weg zur Praxis wie auch während des langen Sitzens im Wartezimmer und auch zum Zeitpunkt, wo er Platz nimmt auf dem Behandlungsstuhl des Arztes, befindet er sich in einer ausgeglichenen und entspannten Verfassung. Erst als der Bohrer des Zahnarztes den Zahnnerv trifft, entfaltet sich eine vehemente Schmerzreaktion mit Muskelanspannung, Schwitzen in den Händen, Erhöhung der Pulsfrequenz usw. Zur Nachbehandlung eine Woche später ergibt sich nun folgende Beobachtung: Schon auf dem Weg zur Praxis und beim Klingeln an der Tür des Zahnarztes fühlt sich der Eingeborene zunehmend angespannt und bemerkt leicht schwitzige Hände. Im Wartezimmer lösen die Behandlungsgeräusche eine immer deutlichere Streßreaktion aus, so daß beim Platznehmen auf dem Behandlungsstuhl (beim Anblick der verschiedenen Gerätschaften) im Grunde die gesamte vegetative Schmerzreaktion vorhanden ist, ohne daß ein Schmerzreiz bislang aufgetreten wäre.
Aus der Sicht der Psychologie würden wir hier von einem Lernvorgang sprechen oder von einem erworbenen Verhaltensmuster. Beim ersten Zahnarztbesuch wurde die gesamte Schmerzreaktion mit ihren motorischen, vegetativen und psychischen Begleiterscheinungen durch das Schmerzereignis selbst ausgelöst. Offenbar ist dann aber in einem Lernvorgang diese Schmerzreaktion durch raum-zeitliche Nähe an die Umgebungsbedingungen gekoppelt worden. Diese sind nun beim zweiten Zahnarztbesuch in der Lage, als Signal zu wirken und das komplexe Verhaltensmuster auch ohne den natürlichen Auslösereiz ‚Schmerz' entstehen zu lassen. Das Ergebnis erscheint um so überraschender, weil zu keinem Zeitpunkt eine bewußte Anstrengung erfolgte, etwas zu lernen oder sich zu verändern. Es wird deutlich, daß derartige Lernprozesse aufgrund von Reiz-Reaktionskopplungen besonders häufig im Bereich unserer physiologischen und emotionalen Reaktionen auftreten und diese quasi per Kopplung an bestimmte Auslösebedingungen automatisieren. Insbesondere Phänomene von Streß oder auch Angst, also das komplexe Miteinander von vegetativen, gefühlsmäßigen, gedankli-

chen und motorischen Reaktionen, lassen sich recht häufig im Sinne eines solchen Lernzusammenhanges interpretieren.

2. Lerngesetz: Lernen durch Konsequenzen

Durch Reiz-Reaktionskopplungen entstehen meist Verhaltensmuster, die kein zielgerichtetes oder lösungsorientiertes Verhalten ermöglichen. In der Regel erlebt der Mensch sich jedoch als aktiv handelnd und einwirkend auf seine Welt. Dieses aktive Handeln führt zu Konsequenzen, die in der individuellen Bewertung des Subjektes als negativ, positiv oder neutral gelten können. Ein von mir positiv bewertetes Gesamtergebnis, das auf eine bestimmte Verhaltensweise folgt, wird dazu führen, daß dieses Verhalten in Zukunft von mir häufiger ausgeübt wird (wir sprechen hier von *Verstärkung*). Ein neutrales, indifferentes Ergebnis oder gar eine negative Konsequenz (*Bestrafung*) wird dazu führen, daß ein bestimmtes Verhalten in der Zukunft weniger oder gar nicht mehr ausgeführt wird. Dieses allgemeine Lernprinzip wird auch als *Lernen am Erfolg* bezeichnet. Einen sehr großen Teil unserer Fähigkeiten und Fertigkeiten (so auch im motorischem Bereich) haben wir über diese Lernprozesse erlangt. Unbewußt bewerten wir ständig die Auswirkungen unserer eigenen Aktivitäten und entwickeln so die Grundlagen für zukünftige Verhaltensweisen. Insofern vollzieht sich durch diese zweite Lerngesetzmäßigkeit eine beständige Verhaltensformung durch Wahrnehmung und Bewerten der Konsequenzen des eigenen Handelns. In Bezug auf die Veränderung von Gewohnheiten erscheint vor diesem Hintergrund plausibel, daß ein Verhaltensmuster, welches subjektiv als belohnend erlebt wird, nur äußerst schwer verändert werden kann, weil es den Organismus in einen als angenehm erlebten Zustand versetzt.

Eine spezielle Form der Belohnung besteht in der Vermeidung von unangenehmen Situationen und Zuständen (*Vermeidungslernen*). Jeder Mensch neigt dazu, zahlreiche Verhaltensmuster aus diesem Verstärkungszusammenhang heraus zu entwickeln.

Beispiel: Eine Frau hat in erster Ehe eine schwere Enttäuschung ihres Vertrauens und daraus folgend eine tiefgreifende Verletzung ihres Selbstwertgefühles davongetragen. Jede Kontaktaufnahme eines Mannes, sei sie auch noch so freundschaftlich gedacht, wird durch Unnahbarkeit und Unfreundlichkeit abgewiesen. Die so entwickelten Verhaltensmuster in der Interaktion mit Männern haben die Funktion (also gewissermaßen die ‘Belohnung’), jede Nähe und Intimität zu *vermeiden*, um sich nicht erneut der Möglichkeit einer nicht zu ertragenden Verletzung und Zurückweisung auszusetzen.

Das in gewisser Weise tragische an den Ergebnissen des Vermeidungslernens ist, daß gerade den Lebenszusammenhängen ausgewichen wird, die nicht nur die Möglichkeit einer erneuten Verletzung, sondern auch die Chance einer gegenteiligen Erfahrung in sich tragen (in unserem Beispiel Vertrauen und Wertschätzung). Das Vermeidungslernen kann daher zu einer Beschneidung von Erfahrungsmöglichkeiten und dem Rückzug aus ganzen Lebensbereichen führen, ohne daß erlebt werden kann, daß alte Verletzungen und Ängste nicht bestätigt werden, sondern u.U. auch relativiert oder aufgegeben werden können. Insofern wird der *Lösungsversuch zum Problem* oder:

☛ *Wer sich nicht in Gefahr begibt, kommt darin um.*

In geradezu tragischer Weise kann es durch die Schutzstrategie des Vermeidungslernens zu einer selbsterfüllenden Prophezeiung kommen: Ich glaube über mich zu wissen, in einer bestimmten Situation ‚zu versagen'. Ich mache einen großen Bogen um jede Erfahrungsmöglichkeit, die auch nur entfernt mit der Versagensangst zu tun hat (Generalisierung). Dadurch entsteht gerade in dem Lebensbereich, wo ich glaube besonders schwach zu sein, ein eklatanter Erfahrungsmangel und damit Lernrückstand, der nun wiederum in selbsterfüllender Weise zu den anfangs befürchteten mangelnden Fähigkeiten führt.
Ein Beispiel: Eine übergewichtige Person glaubt im Alter von 18 Jahren, unsportlich zu sein und körperlich ‚keine Leistung zu bringen' – zudem möchte sie sich nicht blamieren. Dies führt über Jahrzehnte zu einem erheblichem Bewegungsmangel mit zunehmender Degeneration des Herz-Kreislaufsystems, so daß schon mit 40 Jahren jedes Treppensteigen zur Anstrengung wird und erhebliche Risikofaktoren bestehen. Der anfängliche ‚Glaubenssatz' „Ich bin unsportlich" hat sich somit letztlich selbst bestätigt und erfüllt.

3. Lerngesetz: Lernen am Modell
Viele unserer typischen Verhaltensmuster sind jedoch zu komplex, als daß sie durch die ersten zwei Lerngesetze erklärt werden könnten. Wie erwerben wir zum Beispiel Verhaltensweisen zur sozialen Durchsetzung oder für das Einfühlungsvermögen gegenüber anderen? Erwachsene und besonders Kinder haben die Fähigkeit, komplexe Verhaltensweisen als Gesamtheit allein durch Beobachtung zu erfassen und zu lernen, indem sie Modelle in ihrer Umgebung (Eltern, Lehrer, Spielkameraden) wählen und als Verhaltensvorbild annehmen. Viele Eltern sind immer wieder erneut davon überrascht, daß ihre Kinder schon sehr früh allein durch

Beobachtung in der Lage sind, plötzlich ein komplexes Verhalten ihrer Eltern (und nicht nur das erwünschte) zu imitieren. Die Kinder halten uns gewissermaßen einen Spiegel vor - oft Anlaß für die Eltern, eigene Verhaltensmuster zu erkennen und zu überdenken. Lernen durch Modelle findet um so eher statt, je besser die emotionale Beziehung zwischen dem Lernenden und dem Modell ist, und wenn das Modell in Bezug auf die zu übernehmende Verhaltensweise als positiv oder erfolgreich wahrgenommen wird. Wichtig ist ebenfalls, daß der Lernende zwischen sich und dem Modell noch eine gewisse Ähnlichkeit feststellen kann. Diese Zusammenhänge haben erhebliche Auswirkung für die Gestaltung des Yoga-Unterrichts (siehe Kap. 6 und 7). Wir wollen hier vorweg nehmen: Je weiter sich ein Yoga-Lehrender von den Unterrichtenden entfernt, je ‚abgehobener' er sich gibt, desto weniger wird Lernen in diesem Sinne stattfinden.

4. Lerngesetz: Selbstverstärkung
Bei näherem Nachdenken erscheinen diese Lerngesetzmäßigkeiten noch unvollständig. Besonders Erwachsene sind in der Lage, über lange Zeit mit erheblicher Anstrengung tätig zu sein (zum Beispiel über mehrere Jahre eine Fortbildung zu besuchen), ohne daß unmittelbar eine Belohnung erfolgt. Eine konkrete äußere Belohnung findet in der Regel erst sehr viel später statt (z. B. höherer Verdienst durch zusätzliche Qualifikation) oder auch gar nicht, während das eigentliche Lernen, die vielen kleinen Schritte von Minute zu Minute, Tag zu Tag, durchgeführt werden müssen, ohne daß eine Verstärkung von außen zu erzielen ist. Der Aufbau dieser Verhaltensweisen wird durch *Selbstverstärkung* erklärt. Während in der Kindheit noch als äußere Verstärkung eine konkrete Belohnung (zumindest ein Lob) notwendig war, um ein erwünschtes und zielgerichtetes Verhalten zu lernen, wird diese Außensteuerung nun durch kontinuierliche Selbstverstärkung beim Erwachsenen in eine Innensteuerung überführt. Es ist gleichsam das eigene innere ‚Sich-auf-die Schulter-Klopfen', der Stolz auf die eigene Leistung und die empfundene Befriedigung nach dem Erreichen eines selbstgesetzten Zieles, welches die verstärkende Wirkung in sich trägt (intrinsische Motivation).

Die aufgezeigten vier Lerngesetze beginnen bei automatischen Reiz-Reaktionskopplungen, führen sodann über die externe Verhaltenskontrolle durch Verstärkung und Bestrafung zu dem Lernen von Verhaltensmodellen und letztlich zur innengesteuerten Verhaltensformung.

☛ In den folgenden Abschnitten werden wir noch mehrmals darauf hinweisen, daß die Auseinandersetzung mit dem Yoga auch verstanden werden kann als ein schrittweises Ersetzen der Außensteuerung durch selbstverantwortliche Innensteuerung im Sinne eines persönlichen Wachstums des Einzelnen.

Gerade bei komplexen Lernprozessen sollte in Erinnerung behalten werden, daß diese niemals nur nach einem Lerngesetz, etwa als „reines Lernen durch Konsequenzen", zustande kommen. Vielmehr sind in der Regel mehrere Lernarten ineinandergreifend beteiligt, wobei sich jeweils der eine oder andere Prozeß in den Vordergrund schiebt. Die Lerngesetze sollen uns lediglich als Instrumente dienen, die Entstehung von Verhaltensmustern besser zu verstehen und damit leichter Wege aufzeigen zu können, an Gewohnheiten konstruktiv zu arbeiten.

3.4 Gewohnheitsbildung und *antaḥkaraṇa*

Wir haben im vorherigen Kapitel das östliche Modell des Geistes *antaḥkaraṇa* beschrieben und wollen uns nun dessen Bedeutung für die Erklärung der Entstehung von Gewohnheiten ansehen, um so zu einem Nebeneinander von westlichem und östlichem Modell zu kommen.

Nehmen wir an, daß eine Person eine seit langem bestehende Gewohnheit entwickelt hat, süße Kuchen zu essen und dieses besonders tagsüber, wenn sie zufällig an einer Bäckerei vorübergeht (einer der Autoren hat es auf sich genommen, in einem heroischen Selbstversuch dieses Verhaltensmuster in den letzten 20 Jahren zu studieren). Wir haben es also mit einer schon bestehenden Verhaltensneigung zu tun und wollen nun die Funktionsweisen der verschiedenen Instanzen des Geistes entsprechend des Modells im Kap. 2.2 betrachten:

Jñānendriyas (Wahrnehmungsorgane): Die Instrumente, die in der Lage sind Außenreize aufzunehmen, nämlich die wundervolle Auslage im Schaufenster mit bunten Kuchen und Keksen und den betörenden Duft, der aus der Backstube strömt. Diese Reizkonstellation wird gemeldet an die Instanz

Manas (‚Schaltzentrale'): Die Wahrnehmungen werden ausgewertet, in Kategorien geordnet und benannt: Das ist ein Bäcker; dort gibt es Kuchen. Wir können auch von ‚Etikettierung' sprechen.

Ahaṃkāra (Identifikationsvermögen): Meldet an *manas*: Ich habe Hunger.

Manas: Hat die Aufgabe, durch Integration der verschiedenen Wahrnehmungen eine entsprechende Reaktion vorzubereiten und zur Ausführung zu bringen, indem auf schon vorhandene Verhaltensprogramme (=Gewohnheiten) zurückgegriffen wird, die einer von *manas* wahrgenommenen Situation zugeordnet werden. Dieser Prozeß der Sinneswahrnehmung und Reaktionsauswahl geschieht ohne bewußte Reflektion, sondern quasi automatisch, indem bewährte Verhaltensmuster, die in *citta* gespeichert sind, abgerufen und ausgeführt werden. Hier zeigt sich der schon erwähnte Aspekt, daß vorhandene Verhaltenstendenzen dazu neigen, stets erneut und ohne bewußte Verhaltensentscheidung ausgeführt zu werden. In unserem Fall: *Manas* lenkt die Schritte in den Eingang der Bäckerei.
Ahaṃkāra: Verstärkt die Identifikation mit dem Hunger, wählt beim Anstehen in der Käuferschlange einzelne Kuchenstücke aus, verlängert sich gleichsam ausstülpend in das Tortenstück hinein, faßt es schon jetzt als ‘meinen Kuchen’ auf und nimmt schon jetzt die Einverleibung dieses Objektes in das eigene ‘Ich bin’ genüßlich vorweg.

Versetzen wir uns selbst in diese Person im Bäckerladen stehend, in der Käuferschlange wartend, in Vorfreude auf den in Kürze beginnenden Genuß. Stellen wir uns weiter vor, wir hätten vor wenigen Tagen in Kenntnis unserer Verhaltenstendenz und in dem Willen, an dieser Gewohnheit zu arbeiten, die Entscheidung getroffen, in den nächsten vier Wochen unterwegs keine Bäckerei mehr aufzusuchen und keinen Kuchen mehr zu essen. Wie können wir uns die weiteren Abläufe in unserem inneren Instrument etwa vorstellen?

Buddhi (Unterscheidungsfähigkeit): Beobachtet die Bewegungen des Geistes in den Instanzen *manas* und *ahaṃkāra* und erkennt zudem: „Es gibt die Entscheidung, vier Wochen lang keinen Kuchen zu essen.“ Daraufhin werden die in *manas* vorgenommenen Vorbereitungen zur Ausführung der üblichen Verhaltenstendenz unterbrochen und damit der zuvor quasi automatisierte Prozeß des Ausführens von Verhaltensmustern bewußt reflektiert.
Manas: Verwirft das unmittelbar vor der Ausführung stehende Verhaltensmuster des Kuchenkaufens und lenkt die Schritte aus dem Bäckerladen. Währenddessen sieht
ahaṃkāra die Bedürfnisbefriedigung bedroht und fühlt sich geschädigt, verletzt und gemindert, weil das Objekt, mit welchem es sich per Identifikation schon fest verbunden hatte, ‘weggenommen wird’. Mit einer

mächtigen Identifikation versucht es die sofortige Bedürfnisbefriedigung dennoch herbeizuführen. Unser subjektives Erleben: Wir fühlen uns ganz elend und schwach, im Bereich unseres Magens tut sich ein gewaltiges ‚Vakuum' auf, welches in überraschender Genauigkeit genau der Form des zuvor geistig ‚einverleibten' Kuchenstückes entspricht, und der Appetit auf Kuchen nimmt überwältigende Ausmaße an. „Wie sollen wir den Tag überstehen, ohne jetzt sofort etwas zu essen?"
In *buddhi* entsteht folgender Gedanke (*vṛtti*): „Jetzt merkst du genau, wie schwer es dir fällt, vom Kuchen zu lassen. Und hinterher hast du wieder dieses klebrige vollgestopfte Gefühl. Tu doch nicht so, als wenn du verhungern würdest. Im übrigen ist es aus vielen Gründen sinnvoller, weniger Kuchen zu essen" (rekapituliert Argumente).
Ahaṃkāra versucht weiterhin, nun schon geschwächt, die unmittelbare Bedürfnisbefriedigung und damit die entsprechende Identifikation *Ich bin der Hunger* herbeizuführen: „Die Übung mit den vier Wochen ohne Kuchen ist ja auch gar nicht so schlecht, aber vielleicht sollte man langsam damit anfangen. Überhaupt hat mir meine Yoga-Lehrerin gesagt, daß eine *tapas*-Übung[27] niemals rigide werden darf."
Buddhi: „Die Übung tut dir im Grunde gut, und das weißt du auch. Aber du brauchst jetzt etwas zur Stärkung."
Manas führt alles Notwendige aus, um den Bäckerladen zu verlassen und zur angrenzenden Imbißbude zu gehen, um dort ein Käsebrötchen zu kaufen.
Wir wollen diesen Versuch einer Demonstration der Beteiligung der verschiedenen Instanzen von *antaḥkaraṇa* lediglich als Annäherung auffassen. Natürlich zerfallen die Instanzen nicht in verschiedene Personen, sondern der Geist handelt als ein Ganzes. Das Modell hilft uns aber, in der Innenschau unsere eigenen, mitunter konfliktträchtig wechselwirkenden Anteile wahrzunehmen und damit die Arbeitsweise unseres Geistes besser zu verstehen. Wir erkennen weiter: Je mehr auf dem Yoga-Übungsweg die Instanz von *buddhi* geschult und gestärkt wird, desto weniger können sich Verhaltensmuster quasi unbewußt und automatisiert entfalten und immer weiter verstärken. Allein die Instanz von *buddhi* ist in der Lage, seit Jahren oder Jahrzehnten ablaufende Wahrnehmungs- oder Verhaltensmuster zu beobachten und ggf. zu verändern.

---

[27] Der dritte der *niyamas* im achtgliedrigen Yoga-Weg des Patañjali: Selbstdisziplin; das innere Feuer entzünden. Eine mehr psychologische Annäherung versuchen wir im Kap. 3.6.3

Welche Hinweise gibt uns dieses östliche Modell hinsichtlich der Entstehung von Gewohnheiten? Jede Bewegung des Geistes (*vṛtti*) hinterläßt einen Eindruck, eine Spur, ein Saatkorn (*saṃskāra*) im Geist, namentlich in der Instanz *citta*. Jede erneute Bewegung des Geistes in gleicher Weise stärkt diesen Eindruck, läßt gleichsam dieses Saatkorn wachsen, wie auch aus den sich vertiefenden Spuren und Eindrücken des Geistes verstärkte Tendenzen hervorgehen, in Zukunft gleiche Bewegungen hervorzurufen, die erneut zur Stärkung der jeweils spezifischen *saṃskāras* beitragen (Abb. 5).
Hier liegt also ein positiv rückgekoppelter Kreislauf vor, durch den aus den Konsequenzen meiner früheren Verhaltensweisen zukünftige Verhaltensmuster erklärt werden. Dieser Ursache-Wirkungs-Zusammenhang in Bezug auf das eigene Handeln wird auch mit dem Begriff *karma* bezeichnet. Insofern erschließt uns das Modell des *antaḥkaraṇa* theoretisch und das Studium der Bewegungen unseres Geistes in der Innenschau auf praktische Weise den karmischen Zusammenhang, daß jede Person sich mit den Früchten früherer Handlungen auseinandersetzen muß, jedoch in jedem Hier und Jetzt über die Instanz *buddhi* Einfluß nehmen kann, welche Arten von neuen *saṃskāras* in der Zukunft gebildet werden. Dies geschieht über die Veränderung von Gewohnheiten auf allen Ebenen, insbesondere der des Geistes, d. h. dem Denken und Fühlen. Das Studium und die Veränderung von Verhaltensmustern führen daher auf dem Yoga-Übungsweg zu der Möglichkeit, nicht entsprechend der bestehenden Verhaltenstendenzen die alten Eindrücke meines Geistes weiter zu vertiefen und damit mein *karma* fortzuschreiben, sondern diesen Verhaltenstendenzen eine andere Richtung zu geben, damit neue Eindrücke (*saṃskāra*) in meinem Geist zu schaffen und somit zukünftige Konsequenzen meiner Handlungen (*karma*) bewußter mitzugestalten (dies ist übrigens eine gute Möglichkeit, *tapas* als dritten *niyama* zu umschreiben).

☛ Während im westlichen Verständnis lediglich das äußere (motorische) Agieren und ggf. noch das Sprechen als *Handeln* bezeichnet werden, sind damit aus der Sicht des Yoga in erster Linie die Bewegungen im Geist, also unser Denken und Fühlen gemeint. Aus diesen feinstofflichen Bewegungen folgt dann die Bewegung auf der grobstofflichen, körperlichen Ebene. Für die Veränderung meiner Handlungsmuster sind folglich die Gewohnheiten des Geistes und seine Schulung von zentraler Bedeutung.

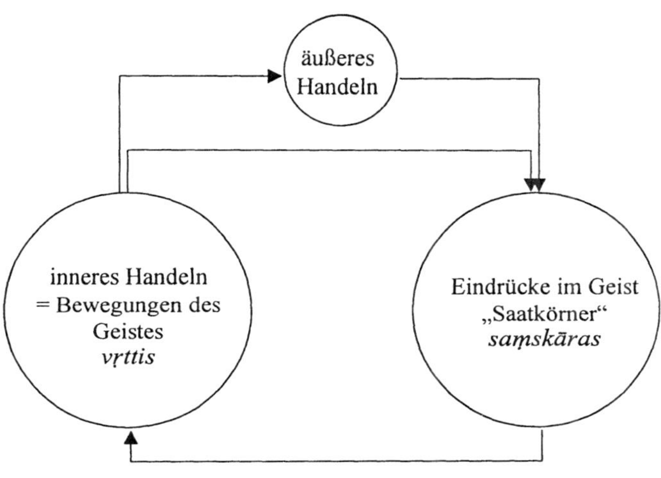

Abb. 5: Ein östliches Modell der Gewohnheitsbildung

3.5 Struktur von Gewohnheiten

Verhaltensmuster, die sich durch das zweite Lerngesetz (Lernen durch Verstärkung) entwickeln und eine hohe Änderungsresistenz aufweisen, haben häufig einen typischen Verlauf hinsichtlich der durch sie ausgelösten Konsequenzen. Tabelle 1 mag dies beispielhaft veranschaulichen.

Verhaltensmuster →	**Kurzzeitfolgen positiv/belohnend** →	**Langzeitfolgen negativ**
Rauchen	Entspannung Konzentration	Risikofaktoren Herz-Kreislauf/Krebs
Übermäßiges Essen	Genuß; Befriedigung	diverse Risikofaktoren
Sozialer Rückzug	Vermeidung von Unsicherheit	Vereinsamung Isolation

Tab. 1: Kurzzeit- vs. Langzeitfolgen bei Gewohnheiten

Die als positiv und belohnend bewerteten Kurzzeitfolgen unmittelbar nach Ausführung der Gewohnheit wirken verhaltenssteuernd und erhalten somit das Verhaltensmuster aufrecht. Demgegenüber können die als negativ bewerteten Langzeitfolgen nicht verhaltenssteuernd wirken (d.h. stärker wiegen als die kurzfristig auftretende Belohnung), weil sie in aller Regel lediglich kognitiv, d.h. gedanklich oder symbolisch repräsentiert sind und damit kein unmittelbares sinnliches Erleben gegeben ist. Zudem: Die belohnende Verstärkung wird von mir sofort und mit größter Sicherheit erlebt, während mich die negativen Langzeitfolgen irgendwann und auch nur vielleicht treffen. Hier spielen auch subjektive Verzerrungen der Risikowahrscheinlichkeit im Sinne eines Unverletzlichkeitsmythos eine Rolle, die in vielen psychologischen Untersuchungen gefunden werden konnten. Warum soll ich auf eine Belohnung, die ich sofort bekommen kann, verzichten, nur weil vielleicht später eine negative Konsequenz folgt, von der ich jetzt noch nichts spüre?
Die durchgezogene Linie in Abb. 6 versucht nochmals auf graphische Weise, den Zusammenhang zwischen positiven Kurzzeit- und negativen Langzeitkonsequenzen deutlich zu machen.

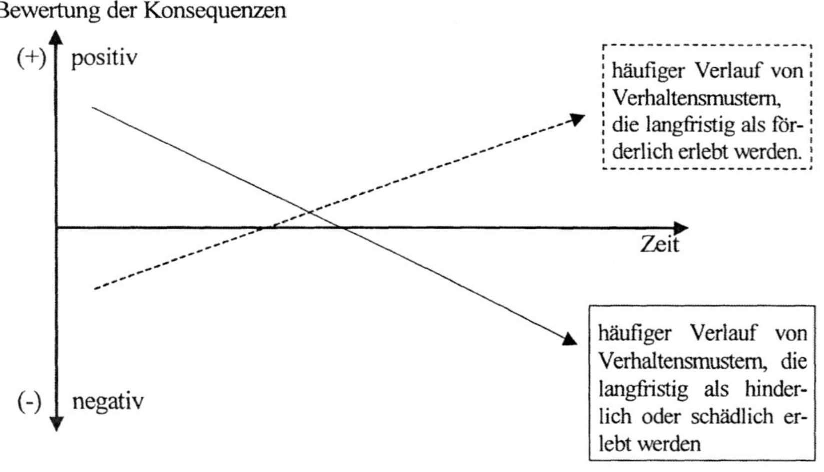

Abb. 6: Lang- und Kurzzeitkonsequenzen von Gewohnheiten

3.6 Sich selbst ändern

Es gibt vielfältige Programme für eine Selbstveränderung mit den unterschiedlichsten theoretischen Hintergründen. Wir wollen im folgenden einige Schritte aufzeigen, die besonders für diejenigen interessant sein können, die sich übend oder lehrend mit dem Yoga auseinandersetzen.

3.6.1 Innere Achtsamkeit

Alle Übungen des Yoga haben die Entwicklung dieser inneren Haltung sich selbst gegenüber zum Ziel; gleichzeitig stellt diese Haltung eine Voraussetzung dar, um überhaupt eine Übung als yogisch zu bezeichnen. Durch innere Achtsamkeit wird eine Zentrierung, eine deutlichere Wahrnehmung der inneren Welt erzeugt. Der Übende erfährt eine größere Nähe zu sich selbst, und es kommt zu einer feineren und differenzierten Wahrnehmung der eigenen Bedürfnisse (Wie geht es mir? Was brauche ich? Was tut mir gut bzw. was behindert mich?), der eigenen Gefühlswelt und Gedankentätigkeit (Selbstdialog). Dabei wird eine nicht bewertende zulassende Haltung sich selbst gegenüber eingenommen. Die in sämtlichen Übungen des Yoga immer wieder erprobte und geförderte Haltung dieser nicht bewertenden inneren Achtsamkeit kann schrittweise zu einer insgesamt stärkeren Selbstannahme führen, indem der Übende sich nicht nur differenzierter wahrnimmt, sondern auch zuvor als negativ beurteilte Gefühle, Gedanken oder Verhaltensweisen als zu sich selbst gehörig anerkennt (zu Details der Wirksamkeit des Yoga auf psychischer Ebene siehe Kap. 8).
Insgesamt findet schrittweise eine Verschiebung der Wahrnehmungsfähigkeit vom Groben zum Feinen, von außen nach innen statt, einhergehend mit einer Stärkung und Entwicklung der Beobachterinstanz *buddhi*. Durch diesen Entwicklungsschritt ist es leichter als zuvor möglich, bestehende Verhaltensmuster überhaupt bewußt wahrzunehmen und die eigene Anhaftung (d. h. Änderungsresistenz bestimmter Verhaltensweisen) zu erkennen und anzuerkennen. Hierdurch treten zuvor unbewußt und automatisiert wirkende Gewohnheitsmuster in das Bewußtsein, ohne daß freilich eine Änderung allein durch diese Bewußtmachung möglich wäre.

3.6.2 Entscheidungsphase

Der Übende beobachtet sich mehr oder weniger lange in der oben beschriebenen Weise, wobei ggf. das Beeinträchtigende und Anhaftende (in einigen Fällen wohl auch das Selbstdestruktive) einer bestimmten

Gewohnheit immer mehr in das Bewußtsein treten kann. Zu diesem Zeitpunkt tritt oft Erstaunen auf, daß nicht schon lange zuvor diese Verhaltensstrukturen so deutlich gesehen wurden. Gleichzeitig entwickelt sich eine Art Entscheidungsprozeß (der recht lange dauern und ambivalent verlaufen kann), welcher letztlich in der Entscheidung mündet, an einem Verhaltensmuster zu arbeiten und sich selbst zu verändern. Um die Ernsthaftigkeit einer solchen Entscheidung zu erhöhen, kann etwa mit der Yoga-Lehrerin oder einem guten Freund darüber gesprochen werden, wie es auch möglich ist, den Entschluß und darauf folgend das Änderungsprogramm für sich selbst schriftlich zu fixieren. Dies hat den Vorteil, unklare Vorstellungen konkretisieren und näher durchdenken zu müssen und sämtliche Schritte zu überprüfen, inwieweit sie realistisch den eigenen Möglichkeiten entsprechen.

Wohl aber sollen in diesem Schritt auch Fragen gestellt werden wie: „Möchte *ich* das wirklich ändern oder entspreche ich mit dem Veränderungswunsch lediglich den Erwartungen von anderen?“ Eine Schlüsselfrage zur Selbstklärung: „Was ändert sich in meinem Leben, wenn ich mein Ziel der Selbstveränderung erreicht habe?“ Kurzum: Man wiegt den Aufwand gegen den erwarteten Nutzen ab und versucht sich besonders darüber klar zu werden, ob nicht eine Veränderung meiner eigenen Haltung und Bewertung einem bestimmten Verhaltensmuster gegenüber eine viel größere und umfassendere Selbstveränderung bedeuten würde, als konkret an dieser Gewohnheit zu arbeiten. Ist es beispielsweise wirklich sinnvoll für mich, 30 Jahre lang ununterbrochen und mit großem psychischen Aufwand an dem Abbau von fünf Kilogramm Übergewicht zu arbeiten oder aber auf zufriedene Weise diese, wie auch viele andere Abweichungen von einer bestimmten Norm, zu akzeptieren?

Ohne klare Entscheidung, die von der gesamten Person getragen wird (*saṇkalpa śakti*)[28], werden die nachfolgenden Schritte nicht selbstverändernd wirken.

3.6.3 Selbststudium

Nachdem eine Entscheidung für die Veränderung eines Verhaltensmusters gefällt wurde, beginnt nun das genaue Studium, *svādhyāyā*, im Geist von *satya* und *ahiṃsā* (s. Kap. 4.4.1 bis 4.4.3).

---

[28] Näheres zur Entschlußkraft findet sich in: Rama, Swami (1993): Der Weg des Feuers und des Lichts, S. 133 ff

☛ Ich kann nur die Verhaltensmuster verändern, die ich studiere. Ich kann nur die Verhaltensweisen studieren, die ich als meine eigenen erkenne, für die ich Verantwortung übernehme und denen ich nicht ausweiche. *Jede* Eigenschaft von mir, *jedes* Verhalten, so negativ ich diese auch bewerten mag, stellt eine Lernmöglichkeit dar und damit ein Instrument auf dem Weg der eigenen Entwicklung.[29]
Eine erste Anleitung für die möglichst genaue Erforschung einer Gewohnheit findet sich in folgender Übersicht:

☛ Übung:

Checkliste für das Selbststudium meiner Verhaltensmuster

1. Um welche Gewohnheit handelt es sich? (Kurzbeschreibung)

2. Beobachtungen **vor** der Ausführung des Verhaltensmusters:
- Was denke ich?
- Welche Gefühle habe ich?
- Was spüre ich in meinem Körper?
- Welches äußere Verhalten zeige ich (auch Sprache, Mimik, Gestik)?
- In welcher Situation befinde ich mich bzw. wie nehme ich diese wahr (welche Bedeutung hat sie für mich)?

3. Beobachtungen **während** der Ausführung des Verhaltensmusters:
- In welchen einzelnen Schritten führe ich die Gewohnheit aus? Was genau tue ich?
- Welche Reaktionen treten im Denken, Fühlen, im Körper und im äußeren Verhalten auf (s.o. unter 2.)?

4. Beobachtungen **unmittelbar nach** Ausführen der Gewohnheit (kurzfristige Auswirkungen)
- in meinem Denken
- in meinem Fühlen
- in meinem Körper
- in meinem äußeren Verhalten.

5. Beobachtungen oder Erwartungen/Vorstellungen zu den **langfristigen** Auswirkungen des Verhaltensmusters im Denken, im Fühlen, im

[29] Christian Fuchs: Der Frosch wird erst erlöst und verwandelt, als er *geküßt* wird, d.h. als er angenommen und in seinem Wert erkannt und gewürdigt ist (Vortrag in Leipzig, November 1993).

Körper und im äußeren Verhalten. Was glaube ich, wohin mich das führen wird?

6. Meine eigenen Hypothesen (Vermutungen) darüber,
- was mir dieses Verhaltensmuster an Belohnung gibt bzw. wovor es mich schützt;
- welchen Sinn dieses Verhaltensmuster irgendwann einmal (und ggf. jetzt immer noch) für mich hat(te).

In dieser Phase des Selbststudiums sind Aufzeichnungen, wie etwa das Anfertigen von Häufigkeitslisten für den Übenden durchaus sinnvoll. Gerade in der Disziplin des Aufschreibens liegt die Notwendigkeit der genauen und bewußten Beobachtung. Dabei ist besonders folgendes interessant:

❍ Allein das detaillierte Aufzeichnen der Häufigkeit eines Verhaltensmusters (z. B. das Anfertigen von Strichlisten beim Rauchen) führt zu einer Verringerung der Häufigkeit der Verhaltensweise, inbesondere dann, wenn diese zuvor stark automatisiert abgelaufen ist. Wir sprechen hier von Beobachtungseffekten. Vor dem Hintergrund des östlichen Modells zeigen sich hier erste Anzeichen dafür, daß die zuvor unbewußte Verhaltenssteuerung auf der Ebene von *manas* und dem wiederholten Abrufen der bestehenden Verhaltenstendenz aus *citta* durch Aktivierung von *buddhi* unterbrochen wird.

❍ Durch eine zunehmende Verfeinerung der Wahrnehmung kann der Übende in die Lage versetzt werden, die zuvor überhaupt nicht wahrzunehmenden negativen Langzeitfolgen eines bestimmten Verhaltensmusters ansatzweise zu *empfinden*, wodurch diese stärker in das Erleben gerückt und mehr als zuvor verhaltenssteuernd werden können. Der Raucher spürt immer feiner, wie sich Rauch und Schadstoffe in den Bronchien und im Lungenraum ausbreiten; der übermäßige Fernsehkonsument nimmt feiner wahr, wie die Inhalte der wahllos konsumierten Filme im Geist nachschwingen und ihn gewissermaßen ‚verschmutzen'. Solche verfeinerte Wahrnehmung negativ bewerteter Konsequenzen (neben den nach wie vor bestehenden starken Belohnungseffekten) wird besonders begünstigt durch den Yoga-Übungsweg, da der Zustand des Körpers, der Atmung und des Geistes besonders intensiv im Hatha-Yoga, in den *prāṇāyāma*-Übungen oder während der Meditation wahrgenommen werden können.

Durch diese feine Selbstbeobachtung sollte ebenfalls geklärt werden, in welchen Situationen die Gewohnheit gezeigt wird, d. h. welche Auslösebedingungen vorhanden sind. Dies erscheint wesentlich, um in dem nächsten Schritt eine angemessene Veränderung der Umgebungsbedingungen so herbeizuführen, daß eine Veränderung der Gewohnheit erleichtert wird.

Zudem sollte das Selbststudium zu einer Klärung führen (primär bei Verhaltensmustern, die sich durch das zweite Lerngesetz gebildet haben), welche von mir als positiv bewertete Konsequenz auf das Verhaltensmuster folgt und somit die Gewohnheit aufrechterhält. Was gibt mir die Gewohnheit oder wovor schützt sie mich, so daß es mir derartig schwer fällt, sie zu verändern? Dabei ist wichtig zu wissen, daß viele Verhaltensmuster dazu dienen, unangenehmen Situationen auszuweichen oder einen unangenehmen Zustand zu beenden. Auch dieses wird von mir letztlich als Belohnung und damit als positiv bewertet und hat daher aufrechterhaltende Wirkung (Vermeidungslernen).

Ein typisch yogisches Vorgehen in dieser Phase des Selbststudiums besteht darin, nach einer Veränderungsentscheidung eine Gewohnheit nicht mit ganzer Willensanstrengung zu unterdrücken, sondern diese zunächst weiter auszuführen, nun aber mit größter Achtsamkeit, um die inneren Gesetzmäßigkeiten zu erkunden, die zur Entstehung und Aufrechterhaltung eines Verhaltensmusters beitragen.

Eine weitere typische innere Haltung eines Yoga-Übenden besteht in *tapas*, dem dritten *niyama* in den Yoga-*Sūtras* von Patanjali (II; 32). Dies wird üblicherweise mit Begriffen wie Askese, Selbstdisziplin und dem Entfachen von innerer Hitze umschrieben. Aus psychologischer Sicht bedeutet *tapas*, einem bestehenden Verhaltensimpuls nicht nachzugeben, sondern ihm eine etwas andere Richtung zu geben und die dadurch ausgelösten inneren Zustände zu studieren. Die innere Hitze, das 'Feuer anzünden', entsteht bei der Unterbrechung des Gewohnheitsmusters durch *buddhi*, während *ahaṃkāra* weiterhin versucht, die unmittelbare Bedürfnisbefriedigung umzusetzen (siehe das Beispiel des 'Kuchenessers' im Bäckerladen). Dieser innere Konflikt, diese 'Reibung', wirkt sich einerseits als innere Spannung, als 'Hitze' aus, die sehr unangenehm sein kann, aber sie wird auch empfunden als Lebendigkeit, äußerste Konzentration und Bewußtheit im Umgang mit sich selbst. Weil *tapas* darin besteht, einer bisherigen Neigung und Bewegung des Geistes eine andere Richtung zu geben, wird durch *tapas karma* ‚verbrannt'. Aus der Sicht der östlichen Philosophie ist dies der Fall, weil durch *tapas* die Auswirkungen früherer Verhaltensweisen, die als Saat-

körner (*saṃskāras*) zukünftige Handlungstendenzen prägen, in ihrer Wirksamkeit abgeschwächt werden (s. Kap. 5.5).
Psychologisch bedeutet das: Mit der Übung von *tapas* vermag ich einem intensiven inneren Zustand meines Geistes (meist sehr körperlich empfunden), z.B. einem Bedürfnis oder einer Emotion, in nicht wertender, beobachtender Weise zuzusehen, ohne ihm sogleich nachzugeben. Hierdurch läuft gleichsam diese Verhaltenstendenz des Geistes ins Leere, ohne zu einer sonst stets erreichten Befriedigung zu kommen. Die sofortige Verstärkung bleibt aus und die Löschung wird eingeleitet. Gleichzeitig erhält *buddhi* die Möglichkeit, alternative Verhaltensweisen zu wählen. *Tapas* wird damit zu einer grundlegenden Haltung der Selbsttransformation.

3.6.4 Aufbau konstruktiver Verhaltensalternativen

Um alte Gewohnheiten abzubauen und neue, von mir als günstiger empfundene aufzubauen, ist eine Übergangsphase der erhöhten Selbststeuerung notwendig, bis die Verhaltensalternativen eingeübt sind und zunehmend als selbstverständlich erlebt werden. Der Unterschied zwischen ungesteuerten und selbstgesteuerten Verhaltensmustern wird in Tab. 2 beschrieben.

Selbstgesteuerte Lernprozesse	**Ungesteuerte Lernprozesse**
Dauer: Wochen/Monate (seltener Jahre)	Dauer: Jahre oder Jahrzehnte
Beginn als Jugendlicher oder Erwachsener	Beginn meist im Kindesalter
systematische Beobachtung des Lernprozesses	unbewußter/unerkannter Ablauf
Beeinflussung ***der*** Umgebung	Beeinflussung ***durch die*** Umgebung
systematisch geplantes und durchgeführtes Lernprogramm	zufällige, unvollständige, teils widersprüchliche Lernschritte
konkrete, realistische Lernziele, untergliedert in Teilziele	keine ausdrücklich vorgegebenen Lernziele
bewußte Entscheidung für Ziele, die in erster Linie den eigenen Wertentscheidungen entsprechen.	häufig Übernahme der Ziele anderer, zum Teil im Widerspruch zu den eigenen Interessen

Tab. 2: Unterschiede zwischen ungesteuertem und selbstgesteuertem Lernen (leicht verändert aus: Juli & Engelbrecht-Greve, 1985)

Die auszuwählenden neuen Verhaltensweisen, die eingeübt werden, sollten besonders zwei Anforderungen genügen:

1. In der Phase des Selbststudiums habe ich bei Verhaltensmustern, die durch das zweite Lerngesetz ausgebildet wurden, die belohnende und damit verhaltenssteuernde Konsequenz beobachtet. Die Unterdrückung des Verhaltensmusters ohne Befriedigung (oder zumindest Befriedung) des dahinter liegenden Bedürfnisses wird selten gelingen. Wenn durch das Beenden der Gewohnheit eine wesentliche Verstärkung oder Belohnung für mich fortfällt, sollte das aufzubauende alternative Verhalten diesem Bedürfnis Rechnung tragen und zu entsprechenden verstärkenden Konsequenzen führen.

- Wenn das Rauchen der Konzentration diente: wodurch kann während der Arbeit auf konstruktivere Weise Konzentration hergestellt werden?
- Wenn das Fernsehen der Entspannung oder dem Abschalten dient: wodurch kann dies auf konstruktivere Weise erreicht werden?

2. Am wirksamsten sind alternative Verhaltensweisen, die *inkompatibel (unvereinbar) mit dem inneren Zustand sind*, der an das zu verändernde Verhaltensmuster gekoppelt ist, oder aber diesen inneren Zustand unterbrechen. Hierzu zwei Beispiele:

- Einer Angst- oder Streßreaktion ist der Zustand der körperlichen Entspannung und nicht bewertenden Aufmerksamkeit entgegengesetzt.
- Das Einüben der Technik des Gedankenstops unterbricht das Verhaltensmuster ständiger Grübeleien in der Vergangenheit bzw. unablässiger Zukunftsplanungen (z.B. ‚ersatzweise' Konzentration auf ein *mantra*, auf die Atmung oder auf Körperempfindungen).

Welche alternative Verhaltensweise von einer Person gewünscht und dann eingeübt und bekräftigt wird, hängt sicherlich ganz vom Einzelfall ab. Wir wollen beispielhaft einige Möglichkeiten nennen:

Normalisierung von vegetativen Funktionen

❍ Einüben von muskulärer Tiefenentspannung und vegetativer Stabilisierung

- Zwerchfellatmung
- Progressive Muskelrelaxation (z.B. Bewegen-Loslassen oder Anspannen-Entspannen)
- ‚Geistige' Entspannung der Muskeln durch gelenkte Konzentration (z.B. 31- oder 61-Punkte-Entspannung)[30]
- Atemkonzentration von den Nasenflügeln zu den einzelnen *cakra*

---

[30] Siehe auch: Verlag Ganzheitlich leben (Hrsg.): Übungen ohne Bewegung (im Druck)

❍ Kurzentspannungen im Alltag
- Zwischenzeitiges und wiederholtes Spüren des Spannungszustandes von Gesichts- oder Schultermuskeln und bewußtes Entspannen
- Bewußte Zwerchfellatmung
- Ein- und Ausatmung in den Nasenflügeln spüren
- Atemzüge zählen usw.

Durch diese kurzen Übungen wird immer wieder eine Zentrierung und eine Unterbrechung des ‚Außer-sich-Seins' erreicht, ohne daß hierfür spezielle Übungshaltungen oder Vorbedingungen erforderlich wären und diese von außen erkennbar würden.

Programme zur Veränderung des Erlebens[31]
❍ Veränderung des Selbstdialoges
❍ Konzentration auf ein *mantra*
❍ Üben der Aufmerksamkeit im Hier und Jetzt usw.

Erleichternde Maßnahmen zur Verhaltensänderung
❍ Das von mir angestrebte Zielverhalten wird in kleine Unterschritte (Teilziele) aufgeteilt.
❍ Ich sammle für mich persönlich wirksame Bekräftigungen (Belohnungen), ordne sie in ihrem Belohnungswert und verbinde das Erreichen eines jeden Teilzieles mit einer bestimmten (Zwischen-) Belohnung. Durch diese beiden Schritte wird das erwünschte und aufzubauende Verhalten angenehm gemacht und im Aufbau erleichtert.
❍ Das von mir als unerwünscht beurteilte Verhaltensmuster soll seltener werden. Aus der Selbstbeobachtungsphase sind mir typische Umgebungsbedingungen oder Auslösereize bekannt, in denen die Gewohnheit auftritt. Ich meide diese Situationen in der Phase der Selbststeuerung und versuche, die Auslösebedingungen möglichst nicht auftreten zu lassen (Reizkontrolle). So ist es bei einem Raucherentwöhnungsprogramm nicht sinnvoll, noch eine Schachtel Zigaretten in einer Schublade bei sich zu Hause liegen zu haben oder in einer Gaststätte mit Freunden ein Bier zu trinken, wenn Nikotingenuß besonders stark an solche Situationen gekoppelt ist. Mitunter kann die Ernsthaftigkeit des Änderungsbemühens daran erkannt werden, in welchem Ausmaß ich aktiv das Wiederauftreten der alten Verhaltensmuster erschwere.

---

[31] Es gibt zahlreiche auch für Laien geschriebene Selbstveränderungsprogramme für die verschiedensten Anwendungsbereiche (z.B. Raucherentwöhnung, Streßbewältigung), auf die wir hier verweisen.

Die Schritte dieses Selbstveränderungsprogramms folgen nicht zwangsläufig in der obigen Reihenfolge aufeinander, sondern können auch parallel stattfinden. Häufig sind Selbstveränderungen ein länger währendes Unternehmen nach dem Prinzip: 'Zwei-Schritte-vorwärts-und-einen-Schritt-zurück'.

☛ Überblick:

Mögliche Schritte eines Veränderungsprogramms

❍ Schulung von innerer Achtsamkeit ➪ Ich erkenne ein Verhaltensmuster und nehme ggf. eine Anhaftung wahr
❍ Entscheidung: Ich werde mich verändern
❍ Selbststudium: Ich lerne die Gewohnheit und die aufrechterhaltenden Bedingungen kennen ➪ Ich lerne mich selbst kennen
❍ Einüben von alternativen konstruktiven Verhaltensweisen
❍ Allmählicher Abbau der zu ändernden Gewohnheit und Ablösung durch die konstruktiven Verhaltensmuster.

3.7 Yoga-Psychologie

Die Abbildung 6 am Ende von Kap. 3.5 weist nicht nur darauf hin, daß spontan belohnende Verhaltensmuster langfristig oft destruktive Konsequenzen haben, sondern auch, daß gerade ein Umgang mit uns selbst, welcher langfristig als fördernd und positiv in seinen Konsequenzen erlebt wird, zum Zeitpunkt der Ausübung eine gewisse Anstrengung, eine Überwindung der Trägheit erfordert (punktierte Linie). Der Yoga-Übende erfährt jedoch auch in vielen Bereichen, daß im Laufe der Entwicklung solche subjektiven Bewertungsprozesse sich verändern. Was zuvor angenehm, selbstverständlich und befriedigend erschien, kann in der individuellen Bewertung durch einen Selbsttransformationsprozeß zunehmend unangenehm oder unbefriedigend werden. Genauso kann das anfangs anstrengende und gleichsam nur durch ‚Selbstüberwindung' mögliche Handeln allmählich zu einem geliebten Ritual des Alltags oder zu einem Bedürfnis werden. Diese Polarität von angenehm vs. unangenehm und die unterschiedliche Bewertung in den Kurzzeit- vs. Langzeitfolgen wird an verschiedenen Stellen in den Quellentexten des Yoga reflektiert:

> Unwissenheit hält das Ewige, Reine, **Angenehme** und das Selbst für das Nicht-Ewige, Unreine, **Unangenehme** und Nicht-Selbst (PYS II; 5).

> Was nach dem Angenehmen bleibt, ist die Anhaftung (PYS II; 7).
> Was nach dem Unangenehmen bleibt, ist die Ablehnung (PYS II; 8).

Hier werden also das zweite Lerngesetz und die Konditionierung der Persönlichkeit durch positive und negative Konsequenzen angesprochen.

> Das Glück, das anfangs wie Gift aussieht, aber letztlich wie ein Elixier wirkt, wird sattvisch genannt und aus der Freude eines klaren Unterscheidungsvermögens geboren.
> Jenes Glück, das durch die Vereinigung der Sinne mit ihren Objekten anfangs als Elixier erscheint, aber letztendlich wie Gift wirkt, betrachtet man als rajasisch (BG, 18; 37 u. 38).

Entsprechend Abbildung 6 vermag der Yoga-Übende mit Hilfe eines klaren Unterscheidungsvermögens (Schulung von *buddhi*) in seinem jeweiligen Handeln eine neue Richtung einzuschlagen, die der bisherigen Verhaltenstendenz seines Geistes entgegengesetzt ist und zunächst Mühe bedeutet. Damit verzichtet er auf sofortige (vordergründige) Belohnungen und geht langfristig einen konstruktiven Entwicklungsweg. Es gibt jedoch kein Ausweichen vor den Konsequenzen früherer Handlungen. Mit ihnen wird man sich so oder so auseinandersetzen müssen. Nur die zukünftigen Konsequenzen können neu gestaltet werden:

> Gebunden durch die aus deiner Natur geborenen Handlungen, o Sohn Kuntis, wirst du das, was du aus deiner Verwirrung heraus nicht tun willst, dennoch gleichsam hilflos tun. (BG 18; 60).
> Der Schmerz, der noch nicht entstanden ist, sollte vermieden und ausgelöscht werden. (PYS II; 16).
> Die Erleuchtung der unterscheidenden Weisheit, die durch nichts mehr berührt werden kann, ist das Mittel der Verhütung von Leiden (PYS II; 26).

Und abschließend für den Umgang mit sich selbst:

> Selbst ein wissender Mensch handelt seiner Natur gemäß. Lebewesen nehmen zu ihrer Natur Zuflucht. Was kann hier Selbstzwang ausrichten? (BG 3; 33).

Wir erhalten hier nochmals den Hinweis, daß die selbstgesteuerte Veränderung von Verhaltensmustern nur in einer Haltung des nicht bewertenden und annehmenden Umgangs mit sich selbst fruchtbar sein kann, will man nicht in einen rigiden und auf Unterdrückung basierenden Kampf gegen Anteile von sich selbst ziehen. Teilweise sind Verhaltensmuster in unserer frühen Biographie entstanden und eng mit wichtigen

Aspekten unserer Persönlichkeit verbunden. In solchen Fällen kann die Änderungsresistenz außerordentlich hoch sein und sich einer selbstgesteuerten Veränderung entziehen. Die Forschungsreise in die innere Welt kann dann mit einer therapeutischen Begleitung fortgesetzt werden. Neben der faszinierenden Möglichkeit, tatsächlich ein Verhalten selbstverantwortlich und aus eigenem Antrieb verändern zu können, ergibt sich noch ein weiterer, viel tiefergehender Aspekt der geschilderten Arbeit an sich selbst: das Ausmaß des bewußten Erlebens, die Lebensintensität, das Erstaunen über die Vielgestaltigkeit der inneren Welt nehmen zu und damit auch die Qualität meines Daseins. Gerade der Yoga-Übende strebt an, die Konditionierung durch automatisierte Gewohnheiten zu überwinden, sich selbst in den Abhängigkeiten und Anhaftungen immer besser kennenzulernen und allmählich den Anteil der freien und bewußten Verhaltensentscheidungen zu vergrößern. Insofern hat das Studium und die Veränderung von Gewohnheiten stets die *Vergrößerung der inneren Freiheit zum Ziel.* Auch *tapas* zu üben bedeutet ja nicht, alles geduldig auszuhalten, sondern *wählen zu können.* Je mehr Verhalten von mir selbst intern und je weniger von externen Reizen gesteuert wird, desto weniger bin ich manipulierbar, desto mehr entscheidungs- und handlungsfähig.

3.8 Jenseits der Lerngesetze

Warum unterscheiden sich Menschen in ihrem Bemühen und ihrer Fähigkeit, eigene Verhaltensmuster zu erkennen und verändern zu wollen? Unter vielen anderen Aspekten mag hier ein wichtiger Grund sein, daß viele Menschen gar nicht das Gefühl haben, selbständig und frei zu leben, sondern eher 'gelebt zu werden', gebunden an die nicht enden wollenden Notwendigkeiten des Alltags und ohne weiterführende Inhalte, Aufgaben und Zielsetzungen, auf die sie sich hinbewegen möchten. Es erscheint nachvollziehbar, daß eine Person, die einen Lebenssinn nicht unmittelbar erfährt, weniger Motivation und Interesse aufbringen kann, an einer Selbstveränderung zu arbeiten, als eine Person, deren Grundeinstellung zum Leben positiv ist und die erfüllt ist von Lebenszielen und -inhalten. Allein schon die innere Bewertung sich selbst gegenüber, ob ein Verhaltensmuster als förderlich oder hinderlich für die eigene Entwicklung angesehen wird, kann doch letztlich nur als Frage entstehen und beantwortet werden, wenn ein inneres Kriterium zur Verfügung steht, woran das Förderliche bzw. Hinderliche subjektiv gemessen werden kann. Dieses ist jedoch nur möglich, wenn Vorstellungen über die Entwicklung der eigenen Person und des Lebensweges, innere Zielsetzungen und Werte herangezogen werden können, so daß Verhaltensmuster dahingehend bewertet werden können, ob sie mich diesen Zielen und Idealen näherbringen oder mich eher davon entfernen. Der Yoga-Übungsweg kann hier wertvolle Impulse für die Auseinandersetzung mit Lebenszielen und Lebenssinn geben.

Viele Gewohnheiten, denen wir anhaften und mit denen sich unser Geist auf mächtige Weise identifiziert, teilen uns gleichsam mit: „Ich muß dieses oder jenes haben oder mir einverleiben, weil ich mich nicht vollständig fühle." Nicht vollständig ohne Zigarette, ohne ständiges Essen, ohne Alkohol oder Kaffee, aber auch unvollständig ohne Statussymbole, ohne Macht. Der Körper sagt: Ohne diese Droge bin ich unvollständig und ich kann ohne sie nicht sein. Der Geist erklärt: Ohne dieses Auto (diese HiFi-Anlage, dieses Mobiltelefon) werde ich im Leben nicht mehr zufrieden sein. Ständig muß ich etwas in mich aufnehmen, verschlingen, besitzen, mit mir vereinigen, mein Eigen nennen (auch einen Partner), um mich ganzer zu fühlen. Kaum ist ein Wunsch befriedigt, hält das Gefühl der Erfüllung, des Sattseins, der Einheit, nur für kurze Zeit an, bevor erneut der gesamte Kreislauf der Identifikationen, der Wünsche und Bedürfnisse beginnt.

Vom Standpunkt der Yoga-Philosophie erscheint dies als ein Symptom für ein tiefes spirituelles Verlangen: Ich bin getrennt von der Einheit, von der Harmonie zwischen mir und der Welt, von der Quelle meines Seins. Wie schon im Kapitel 2 angedeutet, gibt es nur zwei Möglichkeiten. Entweder ich befinde mich weiter in *avidyā*, der Unwissenheit, der Illusion, der Wirkung der *kleṣas* ausgesetzt (der fünf ‚Leiden'), in dem ständigen vergeblichen Bemühen, in der materiellen Welt dieses tiefe Bedürfnis zu befriedigen, was zu den beschriebenen Abhängigkeiten, Anhaftungen und Verhaltensmustern führt. Oder aber ich wende den Blick von außen nach innen und finde dort, was schon lange besteht, aber nicht wahrgenommen wurde: die Stille und die Einheit als transzendente Erfahrung. Das Ziel jeder spirituellen Entwicklung besteht insofern in einer offenen Lebenshaltung jenseits alter Verhaltensmuster und neuer Konditionierungen.

4

Der Yoga als Weg zu persönlichem Wachstum

> ☛ In diesem Kapitel
> - ❍ wird ein Konzept der humanistischen Psychologie, der personenzentrierte Ansatz von Carl Rogers, in seinem Menschenbild, Störungskonzept und Behandlungsansatz in Kürze dargestellt;
> - ❍ sollen Gemeinsamkeiten dieses westlichen Konzeptes mit dem yogischen Übungsweg aufgezeigt werden;
> - ❍ soll untersucht werden, welche Anregungen aus der humanistischen Psychologie mein Üben bereichern können; und
> - ❍ wie dieser psychologische Ansatz den persönlichen Wachstumsprozeß im Yoga fördern und verständlich machen kann.

'Ich wollte ja nichts als das zu leben versuchen, was von selber aus mir heraus wollte. Warum war das so schwer?'

(Hermann Hesse: Demian)

Die humanistische Psychologie ist eine der drei ursprünglichen Hauptströmungen der westlichen Psychologie neben der Psychoanalyse und dem Behaviorismus. Als 'dritte Kraft' war sie der Meinung, daß gerade komplexere und 'höhere menschliche Eigenschaften' (also eine gesunde und schöpferische Persönlichkeit) weder durch die Dynamik von Triebenergien (Psychoanalyse) noch durch lernpsychologische Gesetzmäßigkeiten (Streben nach Belohnung und Vermeiden von Bestrafung: Behaviorismus) ausreichend beschreibbar wären. Große Namen wie Abraham Maslow oder Erich Fromm sind mit der Begründung der humanistischen Psychologie verbunden.
Im vorherigen Kapitel haben wir uns mit dem Thema beschäftigt, wie der Yogaübende konkret an Verhaltensmustern und damit an seiner Lebensqualität arbeiten kann. Nun wollen wir uns der Frage zuwenden, wie persönliches Wachstum im allgemeinen, d.h. der Entwicklungspro-

zeß hin zu einer reifen Persönlichkeit, durch den Yoga gefördert werden kann und welche Beiträge zum Verständnis uns die humanistische Psychologie als Vertreterin eines westlichen Entwicklungskonzeptes dafür bereitzustellen vermag. Ein gutes 'Instrument' hierfür ist die personenzentrierte Psychotherapie von Carl Rogers (1902-1987). Schauen wir uns zunächst die Grundlagen, d. h. das Menschenbild, das Störungskonzept und den Behandlungsansatz dieser Schule westlicher Psychologie an.

4.1 Das Menschenbild.

Der von Carl Rogers seit 1938 begründete Ansatz wurde in den 60er und 70er Jahren auch bei uns in Europa zunehmend populär[32]. Er geht davon aus, daß der Mensch grundsätzlich nach Selbstverwirklichung strebt, daß in jedem Menschen ein tiefes Bedürfnis innewohnt nach Entwicklung, nach Wachstum, hin zu einer reifen, erfüllten und freien Persönlichkeit. Diese innere Dynamik wird in der humanistischen Psychologie als das Streben nach Selbstaktualisierung (Selbsterfüllung, Selbstverwirklichung) bezeichnet.[33]

Nach der humanistischen Psychologie entwickelt sich der Mensch, wenn er günstige Bedingungen zu seiner Entfaltung vorfindet, zu einem schöpferischen und sozialen Wesen, das Verantwortung für sich selbst und seine Mitmenschen übernimmt und sich konstruktiv, nicht jedoch notwendigerweise konventionell und konform verhält. Eine reife und aktualisierte Persönlichkeit sucht und findet Wege, sich selbst (d.h. ihre Individualität) in der Welt auszudrücken, sich zu verwirklichen, und dabei die Bedürfnisse und den Selbstverwirklichungswunsch von anderen Menschen in gleicher Weise anzuerkennen.

---

[32] So wurden die sog. Encountergruppen z.B. durch zahlreiche Publikationen und Fernsehsendungen des Psychotherapeuten-Ehepaares Tausch in Deutschland bekannt. In solchen Selbsterfahrungsgruppen wird häufig auch ohne Leitung eines professionellen Therapeuten so miteinander gesprochen und umgegangen, daß dem Einzelnen ein vertiefter Kontakt zu sich selbst und dadurch ein persönliches Wachstum ermöglicht wird.

[33] Hier ist das Selbst nicht im Sinne der Yoga-Philosophie = *ātman* zu verstehen, sondern könnte mit Ich-Persönlichkeit oder persönliches Ich in seiner vollen Entfaltung übersetzt werden.

4.2 Das Störungskonzept

In seinen wissenschaftlichen Untersuchungen von therapeutischen Prozessen gelangte Carl Rogers zu der Erkenntnis, daß im Laufe einer erfolgreichen Therapie die Klienten eine Veränderung der Wahrnehmung ihres Selbst durchmachen. Dies ließ ihn eine Theorie über das *Selbstkonzept* entwickeln: Jeder Mensch trägt in sich ein Bild von sich selbst, das sogenannte Selbstkonzept. Es enthält alle Meinungen und tiefen inneren Überzeugungen über sich selbst, über die Beziehungen zwischen sich selbst, den Mitmenschen und der äußeren Welt im allgemeinen, sowie die damit verbundenen Bewertungen (z. B. 'Ich kann gut Fußball spielen', 'Ich bin ein Versager', 'Niemand mag mich', 'Ich bin geschützt und geborgen im Kreise meiner Familie', 'Ich bin im Grunde allein', 'Ich bin ausgeglichen und friedfertig', 'Ich muß immer stark sein', 'Wenn ich nichts leiste, zähle ich nichts in der Gesellschaft'). Wir können in diesem Zusammenhang auch von *Glaubenssätzen* sprechen.

Wie kommen wir zu den Inhalten unseres Selbstkonzeptes? Es wird von Beginn der Kindheit durch zwei maßgebliche Prozesse aufgebaut:

❍ Direkte (nach Rogers sog. organismische, d.h. leibliche) Erfahrung: Vor allem Körperwahrnehmungen von Bedürfnisbefriedigungen (Lust und Unlust), Fähigkeiten, Macht ('Ergreifen' der Welt und ihre Veränderung), Erfolg und Mißerfolg. Hunderte solcher direkten kleinen Erfahrungen führen zu Niederschlägen im Selbstkonzept, zu 'Grundüberzeugungen', zu 'Sätzen über mich selbst' (Ich kann ...; es fühlt sich gut an, wenn ich ...).

❍ Introjektion: Übernahme von Wahrnehmungen, Einstellungen und Bewertungen über mich von außen, d.h. in der Regel von den Eltern oder anderen (existentiell) wichtigen Erziehungspersonen.

Direkte leibliche Erfahrungen und Introjektionen wirken seit der frühesten Kindheit parallel und führen beide zum Aufbau von Selbstkonzeptinhalten. In bestimmten Erfahrungsbereichen kann es dazu kommen, daß durch Introjektionen die direkten Erfahrungen überlagert werden, weil Widersprüchlichkeit und Unvereinbarkeit bestehen. Dies kann letztlich dazu führen, daß die direkten Erfahrungen durch die Introjekte ersetzt werden und erstere nicht mehr ohne weiteres zugänglich sind. Diesen Prozeß wollen wir in folgenden Beispielen näher betrachten.

Beispiel I: Entsprechend seiner direkten leiblichen Erfahrung spielt ein zweijähriger Junge beim Wickeln an seinen Genitalien und bezieht daraus eine Lusterfahrung. Die Mutter (wir nehmen bei ihr eine rigide Ein-

stellung zur Sexualität an) gibt ihrem Sohn einen kleinen Klaps auf die Finger und schimpft: Pfui, das ist aber nicht lieb! Die an das Kind herangetragene Außenbewertung steht im Widerspruch zu seiner direkten inneren Erfahrung.
In der ersten Phase (A) der Introjektion kann der Junge noch die körperliche Lusterfahrung spüren, unterläßt jedoch das Spielen an den Genitalien in Anwesenheit der Mutter wegen der antizipierten negativen Konsequenzen (Schimpfen der Mutter). Hier besteht also zunächst eine *äußere* Kontrolle des Verhaltens.
In der weiteren Entwicklung (Phase B) übernimmt das Kind die ursprünglich von außen kommende Bewertung ('Meine Geschlechtsorgane sind etwas Schmutziges') als eigene und fühlt sich selbst schmutzig und schlecht, wenn es sich lustvoll stimuliert. Damit ist eine *innere* Kontrolle des Verhaltens entstanden und gleichzeitig ein wichtiger Teil des eigenen Bildes von sich selbst (Selbstkonzeptinhalt).

Beispiel II: Ein Junge zeigt frei durch Weinen seine Traurigkeit und Verletzung. Direkte körperliche Erfahrung: Weinen erleichtert.
Der Vater kommt hinzu und zeigt seinem Sohn, daß er dessen Gefühle nicht ernst nimmt und ihn weinend nicht akzeptiert ('Sei doch keine Memme'; 'Indianer kennen keinen Schmerz').
Phase A: Der Junge unterdrückt im Beisein des Vaters den Impuls zu weinen und versucht, seine Gefühle von Traurigkeit und Verletzung nicht äußerlich zu zeigen.
Phase B: Nach vielen derartigen Einzelerfahrungen spürt das Kind selbst nicht mehr seine Gefühle der Schwäche und Verzweiflung, sondern wandelt diese um z.B. in Aggression nach außen oder gegen sich selbst. Es mag sich selbst nicht und wertet sich ab, wenn es Schwäche zeigt und weinen möchte. Die Introjektion ist vollständig abgeschlossen.

Beispiel III: Ein dreijähriges Mädchen bringt seiner Mutter, als diese sich müde nach der Arbeit auf das Sofa legt, ohne Aufforderung ein Glas Saft, Kekse und eine Wolldecke, wie sie es bei der Mutter in einer ähnlichen Situation gegenüber dem Vater gesehen hat. Die Mutter reagiert gerührt, umarmt ihre Tochter („Was bist du für ein liebes und braves Mädchen") und hebt von nun an Verwandten und Bekannten gegenüber auch im Beisein ihrer Tochter die Hilfsbereitschaft des Mädchens hervor.
Phase A: Das Kind nutzt in Zukunft weitere Gelegenheiten für solche Hilfs- und Liebesdienste in Erwartung der Zuwendung und des Lobes

der Mutter und erprobt dies zunehmend auch mit anderen Bezugspersonen.
Phase B: Das Mädchen hat die Überzeugung in sich aufgenommen, daß es ein liebenswerter Mensch ist, wenn es hilfsbereit und zuvorkommend ist. Die Introjektion ist abgeschlossen.

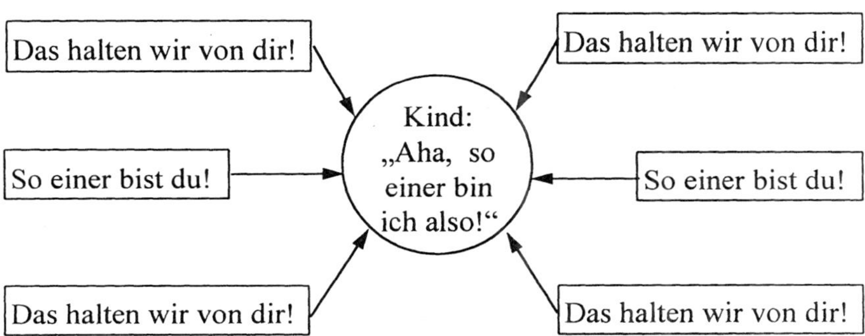

Abb. 7: Bildung von Selbstkonzeptinhalten per Introjektion durch wiederholte und ähnlich gerichtete Außenbewertungen (nach Schulz v. Thun, 1981, S. 188)

Durch die Wahl der Beispiele soll nicht der Eindruck entstehen, die Introjektion sei per se ein pathologischer Vorgang der Persönlichkeitsverformung. Es handelt sich um normale und erwünschte Erziehung, wenn Kinder lernen, ihre Bedürfnisbefriedigung entsprechend den sozialen Normen zu regulieren. Ziel jeder Erziehung ist es doch, daß zunächst noch notwendige äußere Kontrolle (durch Belohnung und Bestrafung) sich allmählich in eine innere, vom älteren Kind und späteren Erwachsenen selbst vertretene Werthaltung oder Ethik verwandelt. Dabei ist natürlich auch ein gewisses Maß von Triebkontrolle und Bedürfnisverzicht zu erlernen. Uns interessieren jedoch diejenigen Introjekte (d.h. Inhalte des Selbstkonzeptes), die wie im Beispiel I und II im heftigen Widerspruch zur eigenen inneren Erfahrung stehen und dadurch gewissermaßen zu einer Abspaltung von wichtigen Gefühlen und Bedürfnissen führen und die Person auch als Erwachsene darin behindern, sich in bestimmten Bereichen ihres Lebens frei in der Welt auszudrücken und zu einer erfüllten Lebensweise zu finden (Selbstverwirklichung).

Wodurch ist erklärbar, daß die äußeren Bewertungen überhaupt von dem Kind allmählich in das Selbstkonzept integriert werden, wenn sie doch dem inneren Erleben widersprechen? Dies wird um so häufiger der Fall sein, je stärker sie mit Zuwendung und Anerkennung bzw. Zurückweisung oder Liebesentzug verbunden sind - das kleine Kind ist auf die Liebe seiner Bindungspersonen existentiell angewiesen. *Es beginnt sich allmählich selbst so zu sehen, wie es von außen gesehen oder behandelt wurde* (Abb. 7).

☛ Übung:

Annäherung an meine Selbstkonzeptinhalte

Lege dir Papier und Stift zurecht. Setze dich aufrecht und bequem, schließe die Augen, entspanne deine Muskeln und atme so, wie es angenehm und natürlich für dich ist. Beobachte das Fließen deiner Atmung in den Nasenflügeln und gehe in die innere Achtsamkeit.

Sieh dich nun vor deinem inneren Auge als kleines Kind, im Alter von vielleicht vier oder fünf Jahren. Laß Bilder, Erinnerungen aus dieser Zeit auftauchen. Erinnere das Haus, in dem du gewohnt hast, deine Familie, dein Spielzeug. Kannst du noch eine Stimme hören, die dich beim Namen ruft? Gibt es einen Geruch von damals, an den du dich erinnerst?

Ich sehe mich als kleines Kind. Komme in Kontakt mit dem *Lebensgefühl* von damals. Versuche Sätze zu bilden, die dieses Lebensgefühl beschreiben könnten. Diese Sätze beginnen vielleicht mit *Ich bin ..., Ich fühle mich ..., Ich kann ... usw.* Nimm dir Zeit, in dich hineinzuschauen. Wenn sich Sätze bilden, laß sie deutlich werden. Öffne dann sanft die Augen ein wenig, ohne die innere Achtsamkeit zu unterbrechen, und notiere die Sätze. Schließe dann wieder die Augen.

Löse dich sodann aus diesen Bildern und aus dieser Zeit. Richte sanft deinen inneren Blick auf eine andere Zeit: Du bist 13, 14 oder 15 Jahre alt. Laß Bilder, Erinnerungen auftauchen, laß sie deutlicher werden. *Ich sehe mich als Jugendliche(r).* Komme in Kontakt mit dem *Lebensgefühl* von damals. Versuche Sätze zu bilden, die dieses Lebensgefühl beschreiben könnten. Diese Sätze beginnen vielleicht mit *Ich bin ..., Ich fühle mich ..., Ich kann ... usw.* Mache dir Notizen, ohne die innere Achtsamkeit zu unterbrechen.

Löse dich sodann aus diesen Bildern und aus dieser Zeit. Richte sanft deinen inneren Blick auf dein jetziges Alter. *Ich sehe mich vor meinem inneren Auge, wie ich jetzt bin.* Komme in Kontakt mit deinem *Lebensgefühl.* Bilde Sätze, die dieses Lebensgefühl beschreiben könnten. Wie-

der können die Sätze beginnen mit *Ich bin ..., Ich fühle mich ..., Ich kann ... usw.* Mache dir Notizen, ohne die innere Achtsamkeit zu unterbrechen.
Löse dich allmählich aus den Gedanken, Bildern und Gefühlen dieser Übung. Spüre das Fließen deiner Atmung. Fühle deine Körperhaltung und nimm die Umgebung um dich herum wahr. Öffne langsam die Augen und streiche sanft mit deinen Händen über Augen und Gesicht.

Manchmal führt diese Übung zu gar keinen 'handfesten Ergebnissen'. Das liegt daran, daß zwar unsere Selbstkonzeptinhalte grundsätzlich bewußtseinsfähig sind, der Zugang zu ihnen oft jedoch verstellt ist. Die Inhalte nehmen sehr stark Einfluß auf unser Verhalten und unsere Wahrnehmungen, also auch auf unsere *inneren* Wahrnehmungen. Wenn das Selbstkonzept gleichsam die Brille ist, mit der wir in uns und in die Welt schauen, dann entziehen sich seine Inhalte oft unserer Wahrnehmung wie die Brille bei einem Brillenträger. Vielleicht konnte die Übung aber doch einen Eindruck davon vermitteln, wie tiefe Grundüberzeugungen über uns und die Welt schon sehr früh angelegt werden, über die wir unsere Identität, unser Lebensgefühl, also uns selbst, bestimmen.
Das Selbstkonzept wird bei einer gesunden Entwicklung ständig ergänzt, verändert und erweitert, um neue Erfahrungen zu integrieren. Es wird diesen Erfahrungen (auch wenn es mitunter nicht leicht fällt und mit mancher Krise einhergeht) flexibel angepaßt und so ständig auf dem 'neuesten Stand' gehalten. Eine solche Person befindet sich im lebendigen Austausch mit ihren Erfahrungen und 'wächst' durch diese. *Das Selbstkonzept wird dadurch ein passendes Instrument, um mit sich selbst, der äußeren Welt und anderen Menschen zurechtzukommen.* Dabei werden auf der Grundlage des Selbstkonzeptes ständig (zumeist unbewußt) Hypothesen, also Vorannahmen über mich selbst, über die anderen Menschen und meine Beziehung zur äußeren Welt entwickelt. Entsprechen meine Erfahrungen diesen Vorannahmen (also den Grundaussagen meines Selbstkonzeptes), führt das zu einer Bekräftigung der Selbstkonzeptinhalte. Stehen meine Erfahrungen im Widerspruch zu den Vorannahmen, entsteht eine innere Dissonanz, eine Verunsicherung, die danach drängt, aufgelöst zu werden. Hierfür gibt es folgende Möglichkeiten:

❍ *Wachstumsorientiert*: Das Selbstkonzept wird den neuen Erfahrungen entsprechend angepaßt und erweitert, indem diese in die Struktur des Selbstkonzeptes integriert werden.

❍ *Selbstkonzept fixierend*: Das Selbstkonzept wird *nicht* den neuen Erfahrungen angepaßt, sondern diese dem unveränderten Selbstkonzept. Hierfür wird die Wahrnehmung der mit dem Selbstkonzept unvereinbaren Erfahrung *verzerrt* oder *verleugnet*.

Das Selbstkonzept ist gleichsam die Operationsbasis, von der aus ich der Welt begegne und meine Wahrnehmungen strukturiere und bewerte. Wenn wir es verstehen wie eine Brille, mit der ich in die Welt und auf mich selbst schaue, ist diese Brille jedoch gefärbt entsprechend der Voranmahmen meiner Selbstkonzeptinhalte. *Ich sehe die Welt und mich selbst so, wie es meinem Selbstkonzept entspricht, wodurch dieses erneut bestätigt wird.*[34]
Je nachdem, was für ein Konstrukt ich von mir selbst und meiner Beziehung zur Welt gebildet habe, werde ich auf neue Wahrnehmungen und Erfahrungen entsprechend reagieren. Wer sich selbst als Außenseiter und nicht liebenswert ansieht, wird zum Beispiel das spontane Lächeln eines Passanten frühmorgens auf der Straße vielleicht als abfällig oder mitleidig interpretieren und sich dadurch wieder einmal bestätigt sehen in seinem Selbstbild und den Tag in einer deprimierten Stimmung beginnen. Hingegen wird eine Person, die sich als sozial kompetent und liebenswert erlebt, in demselben Lächeln eine positive Rückmeldung sehen und diese kurze Begegnung als einen ermutigenden Auftakt eines vielversprechenden Tages verbuchen. So wird jede Erfahrung entsprechend ihrer Beziehung zum Selbstbild bewertet und verarbeitet - wir *machen* (d.h. erschaffen) unsere Erfahrungen (Abb. 8).
Greifen wir nochmals das obige Beispiel II von dem weinenden Jungen auf und führen es weiter:
Der Junge reift zum Mann heran und hat nun möglicherweise folgende Selbstkonzeptinhalte:
„Ich darf keine Schwäche zeigen." „Waschlappen und Schlappschwänze widern mich an." „Nur wenn ich Leistung bringe, bin ich etwas wert."
Nehmen wir an, ab dem 45. Lebensjahr mehren sich nach einem bis dahin erfolgreichen Berufsleben die Hinweise auf einen 'allgemeinen psychovegetativen Erschöpfungszustand' mit Herz-Kreislauf-Schwäche.

---

[34] Der Begriff 'selbsterfüllende Prophezeiung' ist in diesem Zusammenhang bekannt geworden. Im übrigen entsprechen die Erläuterungen im Kap. 2 zum Konzept der Identifikation im Rahmen der Yogaphilosophie in vielfacher Hinsicht den Gedanken zum Selbstkonzept nach Rogers.

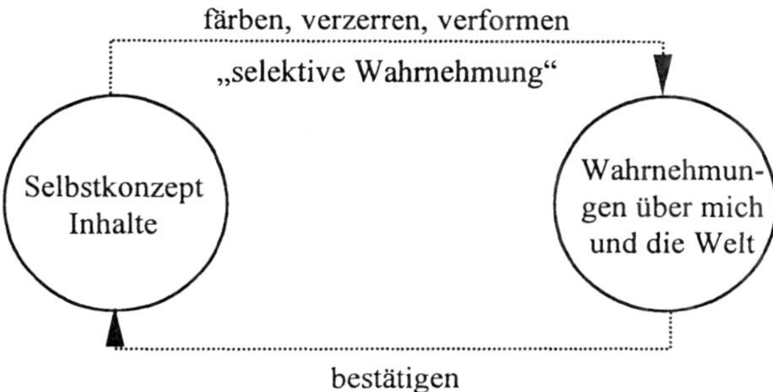

Abb. 8: Wechselwirkende Beziehungen zwischen Selbstkonzeptinhalten und Wirklichkeitserfahrung bei verfestigtem Selbstkonzept

Die Person ist jedoch nicht in der Lage, diese neuen, mit dem bisherigen erfolgreichen Selbstkonzept nicht übereinstimmenden, Erfahrungen anzuerkennen und daraus Konsequenzen zu ziehen (d.h. das Bild von sich selbst und den Umgang mit sich selbst zu verändern). Die zunächst seltenen und unbedeutend erscheinenden, im Laufe der Jahre jedoch zunehmenden und eigentlich unübersehbaren Empfindungen von Schwäche, Überforderung usw. werden verleugnet ('Mir geht es wie immer blendend, und ich bin in Top-Form') oder verzerrt ('Ein Jumbo-Jet fliegt auch noch gut, wenn mal ein Triebwerk ausfällt'; 'Eine vorübergehende Erschöpfung durch Schlafmangel').
Warum muß dieser bis dahin sehr erfolgreiche Mann an seinem überholten Selbstkonzept festhalten? Was hindert ihn daran, wichtige neue Erfahrungen über sich selbst anzuerkennen und das innere Bild von sich zu verändern, wo es doch so dringend notwendig erscheint? Nach dem Konzept von Rogers bestehen folgende Möglichkeiten:

❍ Bestimmte Selbstkonzeptinhalte (besonders die ganz früh gebildeten) sind gewissermaßen die wichtigsten Stützpfeiler seiner Persönlichkeit. Darüber definiert er sich, das macht ihn aus. Veränderungen in diesem Bereich sind mit einer großen inneren Krise und starker Verunsicherung verbunden. Das alte Bild von sich gilt nicht mehr, und ein neues gibt es noch nicht. 'Was bleibt von mir noch übrig?' An dem zwar ungünstigen, weil nicht mehr passenden Selbstkonzept wird festgehalten aus der Angst heraus, sich selbst zu verlieren und sich gleichsam aufzulösen.

❍ Es besteht zudem Angst davor, die Zuwendung und Anerkennung von anderen Menschen zu verlieren. Dabei hilft es oft wenig, wenn die nächsten Beziehungspersonen immer wieder versichern, man werde auch weiterhin oder auch gerade dann geliebt, wenn man sich schwach zeige oder weniger leisten könne. Weil sehr frühe Selbstkonzeptinhalte berührt sind, klingt hier die *existentielle Angst des kleinen Kindes* an, die Zuwendung und Liebe seiner Eltern zu verlieren (selbst wenn diese schon lange gestorben sind) und dadurch ins Bodenlose zu stürzen, einem Todesgefühl ähnlich.

❍ Entsprechend der vollständigen Verinnerlichung der Introjekte als eigene Haltung und eigenes Wertesystem besteht die Gefahr, bei einer Veränderung des Selbstkonzeptes die Achtung und Wertschätzung *vor sich selbst* zu verlieren ('Memmen und Schlappschwänze finde ich widerlich').

Welche Strategien 'eignen' sich, um an einem starren Selbstkonzept festzuhalten?

❍ *Vermeidung*: Ich mache einen großen Bogen um alle Erfahrungen, die mir ein Gefühl von Unsicherheit vermitteln. Dadurch kann es zu einer Beschränkung auf diejenigen Lebensbereiche kommen, in denen ich mich sicher fühle. Tragischerweise führt dies oft gerade in den Bereichen, wo ich Übung bräuchte, zu einem Erfahrungsrückstand (woraus zusätzlich Verunsicherung folgt), und damit zu einer *selbsterfüllenden Prophezeiung* (s. Kap. 3.3).

Beispiel: Mein Selbstkonzept ist geprägt von der Grundüberzeugung 'Niemand mag mich richtig'. Ich vermeide deshalb immer mehr soziale Kontakte aus der Befürchtung heraus, abgelehnt zu werden. Dadurch habe ich kein Übungsfeld für den Aufbau von sozialen Kompetenzen und die Überwindung meiner Unsicherheiten. Indem ich soziale Nähe vermeide und für meine Mitmenschen ablehnend und 'kauzig' erscheine, erfüllt sich subjektiv der oben genannte Selbstkonzeptinhalt.

❍ *Verzerren und Umdeuten von* ***äußeren*** *Erfahrungen*:

Beispiel: Mein Selbstkonzept ist geprägt von der Überzeugung eines geringen Selbstwertes und der Erwartung von Mißerfolgen. Lobt mich jemand, deute ich diese Erfahrung um in: „Das sagst du nur, um mich zu trösten." Bin ich (für mich unerwartet) erfolgreich, verbuche ich dies vielleicht als „ein blindes Huhn findet auch mal ein Korn." Auf diese

Weise 'verhindere' ich, daß die von außen kommenden Erfahrungen, die nicht zu meinem Selbstbild passen, wirklich 'bei mir ankommen' und zu einer Veränderung meines Selbstkonzeptes führen. (Gleiches gilt natürlich auch für den umgekehrten Fall eines Selbstkonzeptes, welches eher von Narzißmus und Grandiosität geprägt ist.)

❍ *Verzerren und Umdeuten von **inneren** Erfahrungen*:
Nicht 'linientreue Gefühle' werden sofort und für mich selbst unbemerkt entsprechend meines Selbstkonzeptes umgedeutet und 'passend gemacht'.
Beispiele: Ein häufig männlich geprägtes Selbstkonzept 'Ich darf nicht schwach sein' verhindert, daß Traurigkeit und Verletzung als solche wahrgenommen werden. Diese werden stattdessen spontan in Gefühle von Wut und Aggression verzerrt. Eine eher weibliche Variante besteht in dem Selbstkonzeptinhalt: 'Ich muß es erst allen anderen recht machen, bevor ich an mich selbst denken kann.' Die Erfahrung, ungerecht behandelt oder verletzt zu werden, führt vor diesem Hintergrund nicht zur Aggression und Selbstdurchsetzung, sondern vielmehr in die Depression oder Resignation.

Die beschriebenen Varianten des Vermeidens, Verzerrens und 'Nicht-wahr-haben-wollens' münden in dem Ergebnis: Ich *mache* Erfahrungen - und zwar so, wie sie mir 'in den Kram passen'(siehe auch Schulz von Thun, 1981).
Auf diese Weise wird das Selbstkonzept 'gerettet', also unverändert erhalten, und zwar zu dem Preis des Verlustes von Lebendigkeit, der Ausblendung möglicherweise ganzer Lebensbereiche und der Erstarrung des inneren Wachstumsimpulses. Dadurch wird es einer Person immer weniger möglich, sich selbst in der Welt kreativ auszudrücken, weil die Abwehr von Erfahrungen und der Schutz des immer unangemessener werdenden Selbstkonzeptes im Vordergrund der Anstrengung stehen. Die Selbsterfüllung und Selbstverwirklichung sind blockiert! (Abb. 9)
Woran wird man möglicherweise erkennen, daß Menschen nicht mehr im Austausch sind mit ihren Erfahrungen und rigide an ihrem erstarrten Selbstkonzept festhalten?

❍ Sie bauen eine Fassade auf, hinter der sie sich verstecken;
❍ Sie wirken unecht;
❍ Sie werden als ängstlich, überkontrolliert oder als rigide und verschlossen erlebt;

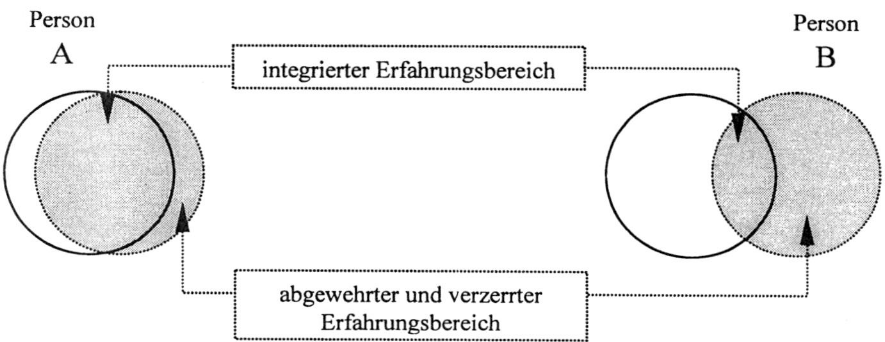

Person A: Wachstumsorientiertes Selbstkonzept (SK). Neue Erfahrungen werden in das SK integriert und verändern dieses laufend. Zwischen Erfahrungen und SK-Inhalten besteht weitgehende Kongruenz (hier: starke Überlappung der Kreise).
Person B: Rigide Persönlichkeitsstruktur. Hält an dem bestehendem SK fest, ohne es an neue Erfahrungen anzupassen. Ein großer Erfahrungsbereich muß ignoriert oder verzerrt werden. Erfahrungen und SK-Inhalte fallen weit auseinander (wenig Kongruenz).
Durchgezogener weißer Kreis: Selbstkonzept mit Inhalten.
Gestrichelter getönter Kreis: Bereich der Erfahrungen.

Abb. 9: Integration bzw. Abwehr von Erfahrungen als Ausmaß der Kongruenz oder 'Selbstverwirklichung' einer Person

- Sie können das Verhalten von anderen Menschen sich selbst gegenüber nicht angemessen wahrnehmen und reagieren aus der Sicht von anderen häufig überempfindlich oder unangemessen;
- Sie können weite Bereiche oder Schwächen ihrer Person nicht angemessen wahrnehmen und deshalb auch nicht verändern;
- Anregungen oder Kritik von anderen werden abgewehrt, weil sie als Vorwurf, Ablehnung oder Abwertung und damit als Bedrohung erlebt werden.

4.3 Der Behandlungsansatz

Ist eine solche Entwicklung eingetreten, bleibt festzustellen, daß der jedem Menschen innewohnende Wachstumsimpuls weitgehend oder zumindest in wichtigen Teilbereichen der Persönlichkeit zum Erliegen gekommen ist. Welche Bedingungen können nun helfen, daß eine solche Person wieder in einen lebendigen Austausch mit ihren Erfahrungen eintritt und mehr Anteile der Persönlichkeit als bisher gelebt werden können? Durch Aufzeichnungen und Beobachtungen vieler therapeutischer Prozesse kamen Rogers und seine Mitarbeiter zu dem Schluß, daß eine derart verunsicherte Person eine menschliche Atmosphäre benötigt, in der sie Sicherheit und Vertrauen gewinnen kann. Diese entsteht, wenn von dem Gesprächshelfer folgende *innere Haltungen* gelebt werden:

1. **Einfühlendes, nicht-bewertendes Verstehen**: Der Gesprächshelfer versucht eine Person so zu verstehen, wie sie sich im Augenblick selbst sieht. Dabei ist er der anderen Person in dem nahe, was sie selbst fühlt, denkt oder sagt. Der Gesprächshelfer versucht sich in die andere Person hineinzufühlen und vermeidet eine Bewertung der Erlebnisinhalte. „Äußerlich gesehen mag einfühlendes, nicht-wertendes Verstehen gegenüber einem Gesprächspartner leicht erscheinen. Aber es ist sehr schwer, wirklich in hohem Ausmaß in der inneren Welt eines anderen Menschen zentriert zu sein, sie zu verstehen und das Verstandene dem Partner zum Ausdruck zu bringen, ohne Bewertung, ohne Vorwurf, ohne Tadel" (Tausch & Tausch, 1981, S. 31).

2. **Achten, Wärme, Sorgen**: Der Gesprächshelfer begegnet einer Person mit Offenheit und emotionaler Wärme in einer Haltung des unterstützenden Sorgens. Er akzeptiert das, was bei dem anderen an Gedanken, Gefühlen, an innerem Erleben da ist und achtet dies. „Die Haltung von Achten-Wärme-Sorgen kann nicht 'trainiert' werden. Sie kann nicht durch eingelernte Redewendungen, durch eine freundliche Fassade ersetzt werden. Auch wenn ein Gesprächspartner diese Oberfläche nicht durchschauen sollte: Er wird keine starken unmittelbaren Empfindungen von Achtung, Wärme und Anteilnahme erfahren" (ebd., S. 66).

3. **Echtheit und Kongruenz**: Die beiden zuerst genannten Aspekte können nur dann konstruktiv wirken, wenn der Gesprächshelfer als echt, authentisch empfunden wird, das heißt, wenn seine Freundlichkeit und sein Bemühen nicht aufgesetzt erscheinen, sondern er wirklich er selbst und damit in seiner Persönlichkeit kongruent ist. Er macht transparent, was in ihm selbst vorgeht. Er ist aufrichtig, ohne Fassade und heuchelt nicht. Er gibt sich so, wie er wirklich ist. „Unechtheit, Fassadenhaftigkeit sowie mangelndes Übereinstimmen von Fühlen und Verhalten eines Helfers dagegen beeinträchtigen im allgemeinen das persönliche Lernen, die Selbstentwicklung und die seelischen Funktionen des Partners" (ebd., S. 84).

Welche inneren Prozesse werden durch diese gelebten Haltungen eines Gesprächshelfers in einer Person gefördert? Auf welche Weise kann dadurch inneres Wachstum und die Auseinandersetzung mit einem verhärteten, ungünstigen Selbstkonzept stattfinden?

❍ Es findet ein günstiges *Wahrnehmungslernen* (s. Kap. 3.3: 'Modell-Lernen') statt. Der Gesprächshelfer wird z.B. als echt und fassadenfrei erlebt und ermutigt dadurch, sich selbst so zu zeigen, wie man sich innerlich fühlt. Der Helfer wird in der Haltung des nicht-wertenden Interesses wahrgenommen und unterstützt dadurch, sich selbst in dieser Haltung zu betrachten.

❍ Die *Selbstachtung* einer Person nimmt zu, weil sie sich in allen Bereichen ihrer Persönlichkeit akzeptiert und unterstützt fühlt, gerade auch in den Anteilen, die sie selbst innerlich ablehnt und 'verstecken' möchte. Erst wenn diese als 'Teil von mir selbst' angenommen werden, kann an ihnen verändernd gearbeitet werden.

❍ Schließlich wird dadurch die Selbsterforschung und *Selbstauseinandersetzung* einer Person gefördert. Sie kann sich zunehmend zuvor verzerrten und abgewehrten Erfahrungen gegenüber öffnen und sich mit diesen auseinandersetzen.

In einer solchen Atmosphäre kann eine Person Erfahrungen zulassen und Persönlichkeitsanteile annehmen, die sie bisher ignorieren oder verleugnen mußte und abgewertet hat. Dies führt dazu, daß das starre Selbstkonzept sich schrittweise um eben diese Anteile erweitert, indem neue Erfahrungen integriert werden. Aus dem starren Konstrukt des Selbstbildes ist eine fließende Selbstgestalt geworden, die allmählich verändert werden kann, dem persönlichen Erleben angepaßt wird und die damit als Basis des Selbstwertgefühls dient. Rogers (1977) hat diese konstruktive Entwicklung des Selbstbildes in der Form eines Prozeßkontinuums beschrieben, an dessen oberen Ende als siebte und letzte Stufe der Skala ein Ziel steht, das nur selten wirklich erreicht wird. Das ist die Beschreibung des „voll sich entfaltenden Menschen: ... sie (die Person) akzeptiert sich selbst und vertraut auf ihren organismischen Prozeß, der weiser ist als ihr Verstand allein (oder ihr Körper allein). Das Selbst der Person ist ihr subjektives Bewußtsein von dem, was sie im Augenblick erfährt. Sie ist kongruent geworden, kann ihr Erleben in ihrem Bewußtsein angemessen symbolisieren[35] und vermag diese Einheit mitzuteilen" (S. 128).

4.4 Bedeutung für die eigene Übungspraxis

Wir haben schon zu Beginn dieses Buches erwähnt, daß der Yoga-Übungsweg oft ein steiniger und schwieriger ist mit vielen Hindernissen, aber (deshalb) auch Wachstumsmöglichkeiten. Wenn wir beginnen, in einer Meditationsübung in uns hineinzuschauen oder in den *āsana* uns mit unseren körperlichen Grenzen zu konfrontieren, ist das nicht immer angenehm, sondern häufig auch schmerzhaft: Was wir zunächst sehen, wenn wir uns in der Kunst der Selbstbeobachtung üben, ist oft genau das, was wir uns nie anschauen wollten oder konnten, und manches läßt uns vielleicht zurückschrecken: Körperliche Grenzen und Schwächen, finstere Gedanken, tiefe und unerfüllte Bedürfnisse, schmerzhafte Einstellungen, aggressive Gefühle, Einsamkeiten, graue Nebel und schwarze Löcher, Schimären der Vergangenheit, vielleicht aber auch ungeahnte Kräfte und Energien. Alles ist möglich, wenn wir in der Stille Zugang zu den Tiefen und Untiefen unseres Geistes finden. Doch wie kann ich es aushalten, mir diese Inhalte anzuschauen? Mich gleichsam im verschmutzten Spiegel meines Geistes als Zerrbild wahrzunehmen? Ihn so zu reinigen, daß mein Selbst sich darin in größerer Klarheit zeigen kann? Wie kann ich mich auch mit meinen Schwächen und Schattenseiten konfrontieren, ohne auszuweichen, zu verleugnen, wieder zuzudecken, wie ich es bisher vielleicht getan habe?

Yoga ist nicht Machen, sondern Sein. Dieser häufig zitierte Grundsatz gilt auch und besonders für den Umgang mit mir selbst in meiner Übungspraxis. Nicht nur *welche* Übungen, nicht nur das *Was* ist entscheidend, sondern in welcher inneren Haltung und mit welcher Einstellung ich sie ausführe, eben das *Wie*.

Die Forschungsergebnisse über die psychologischen Auswirkungen des Yoga-Übens (s. Kap. 8) können vor dem Hintergrund des Ansatzes von Rogers folgendermaßen interpretiert werden: Die drei Dimensionen, die als förderliche Einstellungen beschrieben werden innerhalb eines therapeutischen Prozesses zwischen einem Helfer und einem Gesprächspartner, werden in den Yoga-Übungen *intrapsychisch* realisiert. Das bedeutet: Der Yoga-Übende verhält sich selbst gegenüber quasi therapeutisch

---

[35] *Symbolisierte* Erfahrungen nennt Rogers solche, die in das Selbstkonzept integriert und nicht abgewehrt oder verzerrt worden sind.

begleitend und nimmt diese förderlichen inneren Haltungen zunehmend sich selbst gegenüber ein. Dies muß natürlich kein bewußtes Vorgehen sein; viele üben in einer solchen Haltung sich selbst gegenüber rein intuitiv oder weil es ihnen z.B. von ihrer Yoga-Lehrerin entsprechend vorgelebt oder vermittelt wurde. Ich kann mir dieses Geschehen aber auch ins Bewußtsein rücken. Zum einen, weil mir dies zu einem tieferen Verständnis meiner inneren Vorgänge verhilft. Zum anderen kann ich dann diese konstruktive Übungs-Haltung bewußt fördern auf meinem eigenen Übungsweg wie auch als YogalehrerIn bei den TeilnehmerInnen.

4.4.1 *Svādhyāya*, *vairāgya* und das einfühlende, nicht-wertende Verstehen nach Rogers

Die Haltung des einfühlenden Verstehens mir selbst gegenüber - also intrapsychisch - verwirklicht, bedeutet zunächst die Bereitschaft und das Bemühen, mich selbst besser und tiefer kennenzulernen. Und zwar ist dies ein Kennenlernen nicht nur auf der Ebene der Verhaltensstrategien und äußeren Gewohnheiten, sondern auch auf einer tieferen Ebene der inneren Motive, Impulse, Überzeugungen - also der Selbstkonzeptinhalte. Vielleicht lerne ich dann schrittweise meine verinnerlichten Selbstdefinitionen und Wertungen kennen, die mich an einem bestimmten Denk- oder Verhaltensmuster festhalten lassen, ungeachtet der ungünstigen oder gar destruktiven Auswirkungen. Damit ich es wagen kann, mir auch diese 'unangenehmen' Motive meines Handelns bewußt zu machen, ist die Haltung des einfühlenden Verstehens gekoppelt mit einer grundlegenden Akzeptanz: Ich bewerte mich nicht, verurteile mich nicht für das, was ich in mir wahrnehme, sondern nehme das Beobachtete an und lasse es so stehen, ohne den inneren Druck, über mich selbst zu richten, mich zu strafen oder anders sein zu müssen.
Entsprechend ist die wichtigste Voraussetzung für ein konstruktives Selbststudium im Yoga zunächst einmal die Grundhaltung der inneren Achtsamkeit, *svādhyāya*. Auch hier ist jedoch nicht eine Achtsamkeit gemeint, die verbissen und bewertend sich selbst belauert, die nach wunden Punkten sucht, um ihren Finger dort hinein zu bohren. *Svādhyāya* ist das innere Gewahrsein, das aus der Entspannung heraus erwächst und nicht bewertet, urteilt, verurteilt. Eine entspannte innere Achtsamkeit, die sich verbindet mit der Haltung der Leidenschaftslosigkeit (*vairāgya*) mehr in dem Sinne von Inter-esse: dazwischensein, zwischen zwei Ereignisse schauen. In unserem Alltagsbewußtsein spulen sich Wahrnehmungsvorgänge in großer Geschwindigkeit ab: Ich nehme

etwas in mir wahr, und sofort folgt eine innere Reaktion, eine Bewertung und damit die Anpassung des Wahrgenommenen an meine bestehenden Konstrukte (z. B. die Verzerrung des Beobachteten entsprechend meines Selbstkonzeptes). Dies geht so schnell, daß ich meine, die Wahrnehmung und die Reaktion (meine Deutung und Wertung) darauf seien *ein einziges Ereignis*. Ich kann mich jedoch bemühen, in meiner inneren Achtsamkeit die Wahrnehmung und die innere Reaktion voneinander zu trennen, indem ich hinschaue und mir zunächst bewußt werde, was ich wahrnehme, der Wahrnehmung Raum gebe, schaue was passiert und die Reaktion auf die Wahrnehmung beobachte. Dann gewinne ich die Freiheit zu sehen, was zwischen der Wahrnehmung und der Reaktion liegt: Das, was sich nicht mitbewegt, was unberührt bleibt von jeder Bewegung. Verschiedene Meditationslehrer haben die Auffassung vertreten, daß in den Zwischenräumen zwischen zwei Gedanken oder zwischen Ausatmung und Einatmung, wenn die Bewegungen des Körpers, der Atmung und des Geistes zur Ruhe kommen, das Bewußtsein in Verbindung treten kann mit dem höheren Selbst und dann Meditation überhaupt nur stattfinden kann.

In der folgenden Übung gehen wir den Weg der Wahrnehmung vom Groben zum Feinen, von Außen nach Innen. Wir können uns dabei vergegenwärtigen, wie wir die Haltung des nicht-wertenden Verstehens in unserer Übungspraxis verwirklichen durch eine leidenschaftslose innere Achtsamkeit, in der wir versuchen, uns nicht mit dem Wahrgenommenen zu identifizieren.

☛ Übung:

Sich selbst ein Zeuge sein

Wähle ein dir vertrautes *āsana* aus, das du mehrmals hintereinander für etwas längere Zeit halten kannst. Führe zunächst entsprechende vorbereitende Übungen aus.

Übe dann das *āsana* auf der Ebene des Bewegungsablaufes, d.h. übe in einer Haltung der inneren Achtsamkeit den Aufbau und das Halten und die Auflösung des *āsana* sowie das Nachspüren und evtl. eine Ausgleichsübung, so daß du über den Bewegungsablauf nicht mehr nachdenken mußt. Dann gehe im folgenden mehrmals nacheinander in dieses *āsana* hinein, indem du jedesmal deine innere Achtsamkeit auf eine bestimmte Beobachtungsebene in dir richtest:

1. Schaue dir an, welche Wirkungen dieser Haltung du auf deinen Körper und dein Körpergefühl wahrnimmst. Beobachte, welche Muskeln du

anspannst, wo du Spannung brauchst, um die Haltung einzunehmen und wo du auch wieder Spannung lösen kannst, die nicht notwendig ist. Nimm dein Körpergefühl in dieser Haltung wahr.
2. Beobachte deine Atmung, während du dieses *āsana* aufbaust, darin verweilst und es wieder auflöst. Nimm wahr, wo die Bewegungen deiner Atmung am deutlichsten sind in deinem Körper, wie dein Atem fließt, ob du vielleicht etwas verändern kannst an der Haltung, um den Atem noch feiner und ruhiger fließen zu lassen. Schau dir an, welcher Atemraum in diesem *āsana* angesprochen wird.
3. Die folgende Ebene soll dir bewußt machen, wie jede körperliche Bewegung ihren Ursprung im Geist hat. Dafür führe das *āsana* nicht körperlich aus, sondern sieh es zunächst in deiner Vorstellung. Sieh dich selbst vor deinem inneren Auge dieses *āsana* aufbauen, es halten, auflösen und nachspüren. Als nächsten Schritt stell dir wieder die Übung vor und beobachte, wie der Bewegungsimpuls aus deinem Geist in den Körper gelangt. Nimm wahr, wo das erste Zucken eines Muskels in deinem Körper entsteht.. Dort halte jeweils inne und löse dich wieder.
Wieder stelle dir die Übung geistig vor und gehe etwas weiter, indem du bewußt den Bewegungsimpuls aus dem Geist in den Körper gehen läßt und dabei beobachtest, wo die erste Spannung in deinem Körper entsteht, wie sich diese Spannung fortsetzt in deinem Körper, um die Bewegung vorzubereiten, die du gleich ausführen willst. Schau dir all die Vorbereitungen an, die du in deinem Körper triffst, um die Bewegung auszuführen. Und dann setze die Bewegung körperlich um - wie in Zeitlupe, so daß du jede Bewegung in deinem Körper und jede Bewegung im Geist bewußt wahrnimmst. Halte das *āsana*, und wenn du es wieder auflöst, sei dir gewahr, wo das erste Anzeichen von Entspannung in deinem Körper bemerkbar wird und wie sich diese Entspannung fortsetzt, wenn du allmählich in die Ausgangshaltung zurückkehrst. Beobachte also den Prozeß der Entspannung.
4. Baue das *āsana* erneut auf; und während du es hältst, richte deine innere Achtsamkeit auf die Bewegungen deines Geistes: Schau dir die Gedanken, Bilder, Erinnerungen an, die in dieser Körperhaltung in dir aufsteigen. Nimm sie nur wahr, ohne sie zu bewerten oder zu verändern.
5. Beobachte Gefühle und Stimmungen, die entstehen, während du diese Haltung einnimmst. Auch ihnen begegne in einer inneren Haltung des Beobachters, des inneren Zeugen (weitere Übungen in Arya, 1990).

Auf diese Weise wird eine *āsana*-Übungsstunde zu einer Forschungsreise des Geistes. Indem die Wahrnehmung immer feiner wird und ich ler-

ne, zwei Wahrnehmungen oder Gedanken getrennt zu beobachten, löse ich mich aus der Identifikation mit dem Beobachteten: *Der Seher kann nicht zugleich das Gesehene sein.* (s. hierzu auch PYS IV, 20; und PYS II, 18-21).
In dem Maße, wie ich mich aus der Identifikation mit dem Beobachteten löse, befreie ich mich schrittweise aus dem Zwang, reagieren zu müssen. *Dieser Raum, den ich einer Wahrnehmung in mir gebe, ist gleichsam der Entfaltungsraum für eine freie Entscheidung zum Handeln*, d. h. im Falle der obigen Übung für eine freie Entscheidung, wie ich mit dem Beobachteten umgehen will. Bewerte ich das Beobachtete, verurteile ich mich dafür, oder gibt es eine Möglichkeit, diese Wahrnehmung so stehenzulassen, das Beobachtete dasein zu lassen? Wenn mir letzteres gelingt, habe ich einen wichtigen Schritt getan in dem Prozeß meiner Selbsttransformation, weil Wahrnehmungs- und Reaktionsmuster sich allmählich voneinander lösen können und sich nicht weiter wie bislang 'abspulen'.[36]

☛ Die konkrete Übung, meine Wahrnehmungen und mich selbst immer weniger zu bewerten, ist eine Grundlage für das Üben von Nicht-Identifikation und Leidenschaftslosigkeit auf dem Yogaweg.

Wenn ich beispielsweise in einer Vorwärtsbeuge bemerke, wie sehr ich körperlich verhärtet bin, ist die gewohnte Reaktion auf diese Konfrontation mit einer Grenze sehr leicht eine negative Bewertung (besonders wenn ich sehr leistungsorientiert bin): Ich ärgere mich, daß ich *nicht weiter komme*, schaue vielleicht zu meiner Übungsnachbarin hinüber, nehme wahr, daß sie körperlich flexibler (also besser!) ist als ich, vergleiche und beurteile mich entsprechend der angeblichen Maßstäbe von anderen (dabei sind es doch nur meine eigenen!) und - als Konsequenz - zwinge mich vielleicht weiter in dieses *āsana* hinein als es mir gut tut. Dann verhalte ich mich in den Yogaübungen genauso, wie sonst im Leben auch: Sobald ich eine Schwäche in mir entdecke, steigt leicht Bewertung und Verachtung in mir auf (Introjizierter Selbstkonzept-Inhalt: 'Du bist nur etwas wert, wenn du viel leistest/immer stark bist/perfekt bist'). Als Abwehr bemühe ich mich, diese Schwäche zu ignorieren, nicht sichtbar werden zu lassen, indem ich mich zur Stärke zwinge, da-

---

[36] Um Mißverständnissen vorzubeugen: Dies soll mich nicht eines moralischen Gewissens, ethischer Wertentscheidungen und eines entsprechenden Handelns entheben, sondern lediglich die automatisierten Bewertungstendenzen meines Geistes (die häufig polarisiert negativ sind) ins Bewußtsein heben.

mit ich mein Selbstkonzept der/des immer leistungsfähigen, immer starken und immer perfekten Frau/Mannes nicht entsprechend anpassen muß. Wenn ich dagegen übe, die körperlichen Grenzen in einem *āsana* oder in einem anderen Lebenszusammenhang zu betrachten, ohne sie zu bewerten oder zu verleugnen, kann ich sie mir aus einer distanzierten Haltung heraus anschauen und feststellen: ‚Ich bin nicht die Grenze, nicht die Schwäche. Sie sind ein Teil von mir, etwas, das momentan zu mir gehört, aber mich nicht ausmacht.‘ Ich bin dann nicht länger mit meiner Schwäche identifiziert.

Nun neigen wir als Yoga-Übende - und besonders auch als Yogalehrende - dazu, unser Selbstkonzept entsprechend der Richtlinien zu verändern, die wir in der Yoga-Philosophie auszumachen glauben. *Dabei sind meine inneren Haltungen mir selbst und anderen Menschen gegenüber oft jedoch dieselben geblieben, nur mit anderen Inhalten.* Strebte ich zuvor den Perfektionismus im Sinne einer allgemeinen Leistungsorientierung an (nur dann bin ich etwas wert!), verfolge ich nun den Anspruch der Vollkommenheit im Sinne des Yoga: Nur wenn ich ein geistig weit entwickelter Mensch ohne Fehler bin und die *yamas* und *niyamas* verwirklicht habe, bin ich richtig/liebenswert/werde ich erleuchtet usw. Das ehemalige innere Diktat der Leistungsorientierung erscheint nun als Diktat das Yoga-Konformismus - die inneren Grundüberzeugungen und Bewertungen sind erhalten geblieben.[37]

Nehmen wir einmal an, in der oben beschriebenen Übung habe ich mich selbst beobachtet und entdeckt, wie gewaltsam und rigide ich mit mir umgehe, zum Beispiel, indem ich mich weiter oder länger in eine Körperhaltung hineinzwinge, als es mir gut tut. Als Yoga-Übender bin ich mit den *yamas* und *niyamas* vertraut, also auch mit *ahiṃsā*, der Gewaltlosigkeit anderen und mir selbst gegenüber. Angesichts einer solchen inneren Beobachtung kann ich mich nun verurteilen dafür, daß ich wieder einmal *ahiṃsā* nicht eingehalten habe. Oder aber ich kann diese Wahrnehmung so stehen lassen, sie mit liebevollem Interesse betrachten, aus einer nicht-bewertenden, entspannten inneren Achtsamkeit heraus. Aus dieser inneren Haltung heraus kann ich etwas in mir wahrnehmen, was ich mir bisher vielleicht nicht anschauen wollte oder konnte, was ich leugnen mußte, um im Sinne des Erklärungsmodells der humanistischen Psychologie mein Selbstkonzept vor Veränderung zu ‘schützen’. Dann kann ich auch ungeliebte Anteile meiner Persönlichkeit in

[37] Siehe Kap. 10 zu den Fehlentwicklungen auf dem Übungsweg

mein Bewußtsein lassen, sie annehmen als zu mir gehörig: Ich bin so - aber auch so - und auch so. Dies - und auch dies gehört zu mir. Eine solche Erweiterung meines Selbstbildes um bisher abgelehnte Anteile leitet einen wichtigen therapeutischen Prozeß ein. Sie führt zu einer tiefen Erleichterung und Entspannung, weil ich die psychische Anstrengung, die notwendig war, um die ungeliebten Anteile zu verleugnen, jetzt loslassen kann. Eine solche Entspannung kann bis in die tiefsten Ebenen meines Seins hineinreichen: Endlich wird da etwas in mir wahrgenommen, verstanden, angenommen und darf da sein, was bisher ein Schattendasein führen mußte und sich nicht zeigen durfte. Das gilt gerade auch für angeblich nicht yoga-konforme Gedanken und Gefühle. Wir alle kennen das: Aus der Verkrampfung heraus läßt sich schwer etwas verändern. Aus einer tiefen Entspannung heraus kann ein Veränderungsprozeß leichter erwachsen - langsam, in angemessenem Tempo.

☛ Die hier besprochene Selbstannahme bedeutet nicht Selbstgefälligkeit oder das Stagnieren in Selbstzufriedenheit. Sich selbst akzeptieren und verstehen bedeutet nicht, mit allem einverstanden zu sein. Die Selbstannahme ist im Gegenteil die Voraussetzung für wirklich weitreichende und mutige Veränderungen der eigenen Person.

4.4.2 Achtung, Wärme, Sorgen und *ahiṃsā*

Die zweite Dimension der personenzentrierten Psychotherapie bezieht sich auf die Achtung vor dem anderen Menschen verbunden mit einer liebevollen und sorgenden Haltung. Wie kann die Umsetzung mir selbst gegenüber auf meinem Übungsweg aussehen? Ich frage mich und versuche zu entdecken: Wie gehe ich eigentlich mit mir selbst um? In welcher inneren Haltung begegne ich mir in meinem Selbststudium? Kann ich mir selbst Achtung entgegenbringen, oder bin ich eigentlich ständig 'auf der Lauer', Fehler und Schwächen aufzudecken? Wie gestaltet sich mein innerer Dialog: Wie spreche ich mit mir selbst, während ich übe? Was brauche ich, um mich wohlzufühlen? Auf welche Weise macht mir das Üben Freude? Wie kann ich mich selbst in den Übungen unterstützen? Wann gehe ich mit Gewalt über meine Bedürfnisse hinweg?
Die Haltung 'Achtung, Wärme, Sorgen', die zwischen zwei Gesprächspartnern oder mir selbst gegenüber realisiert zu einer Förderung der Selbstachtung und einem tieferen Kontakt mit den eigenen Bedürfnissen führen soll, hat eine enge Verbindung zu dem ersten *yama* der Yoga-*Sūtras*, *ahiṃsā*. Es bedeutet Gewaltlosigkeit im Denken, Sprechen und Handeln mir selbst und anderen gegenüber. *Ahiṃsā* im Üben von *āsana*

bedeutet für mich, nicht gewaltsam über meine (körperlichen) Grenzen hinwegzugehen, sondern Grenzen zu erweitern durch Entspannung. Ein stark gedehnter Muskel wird auf ein erzwungenes Ziehen und Zerren mit Verkrampfung und Schmerz reagieren und seine Grenze nicht erweitern. Hier finden wir eine wichtige Parallele: Auch persönliches, d.h. psychisches Wachstum wird blockiert durch Verkrampfung und Rigidität. und es wird hingegen möglich, indem das Selbstkonzept über seine ursprünglichen Grenzen hinaus erweitert wird durch *Loslassen* der alten Überzeugungen sowie Wahrnehmen und Integration neuer Erfahrungen.
Um *ahiṃsā* in dieser Weise anwenden zu können, muß ich jedoch zunächst herausfinden, wann und wie ich mich mir selbst gegenüber gewaltsam verhalte, welche (teils automatisierten) Verhaltensmuster (s. Kap. 3) ich entwickelt habe im Umgang mit mir selbst. Dazu folgende Übung:

☛ Übung:

Der innere Dialog

Bereite dich durch entsprechende Übungen auf *āsana* vor. Lege dich sodann in *śavāsana*, (die Entspannungshaltung auf dem Rücken) und richte deine Aufmerksamkeit von außen nach innen, indem du systematisch dein Körpergefühl, deinen Atemfluß und die Bewegungen in deinem Geist beobachtest. Richte dich auf die folgende Übung ein:
Wähle ein *āsana*, das dir nicht leicht fällt oder das du ungerne ausführst. Übe es im Geist so detailliert wie möglich. Sieh dich in deiner Vorstellung dieses *āsana* Schritt für Schritt aufbauen, halten und schrittweise auflösen.
Führe den gesamten Übungsablauf sodann körperlich genauso detailliert aus. Während du dieses tust, beobachte: Wie gehe ich mit mir um? Wie reagiere ich, wenn ich an die Grenzen meiner körperlichen Flexibilität oder Kraft stoße? Welche Sätze, vielleicht auch Bewertungen steigen in mir auf? Wie gehe ich mit der Grenze um? Gehe ich darüber hinweg? Ärgere ich mich über mich selbst? Kann ich die Grenze annehmen? Was könnte mir helfen, mich in diesem *āsana* wohler zu fühlen? Was könnte mir helfen, länger in dem *āsana* zu verweilen? Wie treffe ich die Entscheidung, das *āsana* aufzulösen und es zu beenden? Welcher innere Dialog entsteht angesichts dieser Entscheidung - wie 'diskutiere' oder argumentiere ich mit mir selbst?

Wenn ich auf diese Weise in innerer Achtsamkeit meine Haltungen mir selbst gegenüber wahrnehme, die sich im Umgang mit mir widerspiegeln, kann ich schrittweise lernen, mir mit mehr Achtung zu begegnen, meine vielleicht zuvor ignorierten Bedürfnisse feiner wahrzunehmen und besser für mich zu sorgen. In meinem Yoga-Üben kann sich das beispielsweise so ausdrücken, daß ich mich gleich zu Beginn der Übungen bei der Sammlung in *śavāsana* frage, was ich jetzt brauche, um mich wohlzufühlen, um mich auf das Üben wirklich einzulassen. Ist mir warm genug? Liege ich bequem? Was könnte mir helfen, mich noch besser zu entspannen? Welche Übungsauswahl ist in meiner gegenwärtigen Verfassung sinnvoll und hilfreich für mich? Welche (für mich einfachere) Variation erleichtert es mir, mich in diesem *āsana* zu entspannen? Gibt es gezielte Vorbereitungsübungen, dir mir helfen, das *āsana* mit mehr Leichtigkeit einzunehmen?

So kann ich üben, meine körperlichen und geistigen Grenzen bewußt wahrzunehmen und sie durch Akzeptanz und Entspannung zu erweitern. Verbunden mit einer gewissen Distanz zu mir selbst, die aus dem Nicht-Anhaften, aus dem Nicht-Identifizieren entsteht, lerne ich, mir selbst in meinem Veränderungs- und Wachstumsprozeß durch Höhen und Tiefen mit einer Art 'lächelnder Nachsicht' zuzusehen. Ähnlich wie wir mit Liebe ein kleines Kind beobachten, wie es laufen lernt, immer wieder hinfällt, sich manchmal arg weh tut, immer wieder aufsteht und es von neuem versucht. Wir wissen, wir können das Kind nicht vor den Schmerzen bewahren, die das Laufenlernen mit sich bringt. Genauso können wir uns selbst zuschauen, wie wir wachsen - mit Schmerzen und Freuden – und nicht zuletzt einer Portion ‚wärmenden Humors'.

4.4.3 Echtsein und *satya*

Die wichtigste Voraussetzung im personenzentrierten Ansatz für ein förderndes Gespräch besteht in der Authentizität des Gesprächshelfers. Er sollte sich gegenüber dem Gesprächspartner nicht verstellen, keine Rolle spielen und sich nicht anders nach außen zu zeigen versuchen, als er sich innerlich fühlt. Eine so gelebte Echtheit kann eine Person ihrerseits zur Fassadenfreiheit ermutigen und sie darin unterstützen, sich selbst ohne Beschönigung und Verzerrung zu betrachten.

Ähnlich wie diese wichtige Dimension der Echtheit im zwischenmenschlichen und therapeutischen Dialog bezieht sich das zweite *yama* der Patañjali-Sutras, *satya*, auf die Wahrhaftigkeit mir selbst und anderen gegenüber in einer Form, die niemanden unnötig verletzt. Zum einen

bildet das Üben von Wahrhaftigkeit die Basis für spirituelles Wachstum, zum anderen ist sie aber auch eine Qualität, die sich allmählich bildet in dem Maße, wie der Yoga-Weg ernsthaft beschritten wird.
Nach dem Konzept von Rogers entstehen zunehmend persönliche Authentizität, Kongruenz oder Echtheit, wenn ich schrittweise das einfühlende nicht-wertende Verstehen und 'Achtung, Wärme, Sorgen' als Haltungen mir selbst und anderen gegenüber lebe. Denn sie sind Voraussetzungen dafür, mich aus Bewertungen und Identifikationen zu lösen und mich 'ehrlich und wahrhaftig' anzuschauen. Erst wenn ich es gleichsam wagen kann, mir selbst in meinem So-Sein ohne Angst vor Selbstverachtung und -verurteilung gegenüberzutreten, kann ich mich auch nach außen immer mehr ohne verkrampfende Verstellungen zeigen. Dabei kann auch das angestrengte Klammern an vermeintlichen Verhaltensvorschriften des Yoga und das bemühte 'Zeigen' von angeblich yoga-konformen Verhaltensweisen ein Verstecken hinter einer Fassade und damit eine Behinderung im authentischen Ausdruck meiner selbst sein. Für das Yoga-Lehren gilt um so mehr: Erst wenn ich schrittweise *satya* mir selbst gegenüber lebe, wenn ich Achtung und Freude entwickle an meinem eigenen Prozeß des 'Laufenlernens' wie oben beschrieben, Fragen aufwerfe ohne vorgefertigte 'Yoga-Antworten' und mich selbst immer wieder in Frage stelle - erst dann kann ich andere Yoga-Übende wirklich tiefgehend inspirieren, sich selbst in dieser Haltung gegenüber zu treten und sich auf die spannende Reise nach innen zu wagen.

4.5 Zusammenfassung

Wir haben in diesem Kapitel versucht aufzuzeigen, daß die drei Grunddimensionen des personenzentrierten Ansatzes nach Rogers wertvolle Hilfestellungen geben, essentielle Prinzipien des Yoga in meinem eigenen Üben deutlicher ins Bewußtsein rücken und realisieren zu können. Tabelle 3 am Ende dieses Kapitels gibt nochmals einen Überblick der hier aufgezeigten Zusammenhänge. Der Ansatz der humanistischen Psychologie drückt gleichsam in einer anderen Sprache aus einem anderen kulturellen Hintergrund heraus einige wichtige Anliegen des Yoga aus:

☛ Das eigentliche Üben findet *innen* statt. Das *Wie* meines Übens, die inneren Haltungen mir selbst und den Übungen gegenüber, kurzum der

Geist meiner Praxis entscheidet darüber, wie stark sich die verändernde Kraft des Yoga entfalten kann.

Neben den in diesem Kapitel vorgestellten praktischen Übungen gibt es eine einfache Möglichkeit, sich immer wieder neu und gegenwärtig der Bedeutung der inneren Einstellung beim Üben bewußt zu werden und sich mit ihnen auseinanderzusetzen: Zu Beginn jeder Übungssitzung beende ich die Anfangssammlung mit einer inneren Frage an mich selbst: Wie will ich mir heute in meinem Üben begegnen? In welcher inneren Haltung möchte ich die Übungen heute ausführen? Dabei kann die Antwort heute eine andere sein als morgen - je nach meiner Befindlichkeit, den inneren Bedürfnissen und dem jeweiligen Punkt meiner Auseinandersetzung.

Gesprächspsychotherapie		*Yogaübungsweg*	
Gelebte Haltungen von Person zu Person ⇨	**Therapeutische Auswirkungen beim Gesprächspartner**	**Innere Haltungen mir selbst gegenüber** ⇨	**Fördernde Auswirkungen beim Yoga-Übenden**
Einfühlendes Verstehen	Sich tiefgreifend verstanden fühlen in seiner inneren Welt; sich selbst mehr verstehen.	Innere Achtsamkeit *svādhyāya*	Verfeinerung der Wahrnehmung; sich selbst kennenlernen und verstehen.
Nicht-bewerten, akzeptieren	Förderung von Selbstauseinandersetzung und Selbstannahme	Nicht-Identifizieren; Leidenschaftslosigkeit *vairāgya*	Selbststudium und Akzeptanz auch zuvor abgelehnter Anteile und Verhaltensweisen
Achtung Wärme Sorgen	Förderung der Selbstachtung; Wahrnehmung eigener Bedürfnisse; für mich sorgen	Sich bewußt werden: Welche Übungen tun mir gut? Was brauche ich? Wo sind meine Grenzen? *ahiṃsā*	Grenzerweiterung durch Entspannung; Förderung der Selbstachtung; Wahrnehmung eigener Bedürfnisse; für mich sorgen
Echtheit	Ermutigung zu eigener Fassadenfreiheit; sich nicht anders zeigen, als man sich innerlich fühlt.	Ehrlichkeit mir selbst gegenüber; Wahrhaftigkeit im Umgang mit mir selbst *satya*	Abbau von Verzerrungen und Verleugnungen; mehr Kongruenz meines inneren Erlebens und Außendarstellung
⇩ **Therapeutische Kompetenz des Gesprächshelfers**	⇩ **Persönliches Wachstum des Gesprächspartners**	⇩ **Üben entsprechend der Yoga-Tradition**	⇩ **Persönliches und spirituelles Wachstum des Übenden**

Tab. 3: Vergleichende Betrachtung wichtiger Dimensionen des personenzentrierten Ansatzes nach Rogers und des Yoga-Übungsweges

5

Die Veränderung der Wirklichkeit durch Übung und Erfahrung

☛ In diesem Kapitel

- wird aufgezeigt, wie sich jeder Mensch seine subjektive Wirklichkeit erschafft;
- werden für diese Hypothese Belege aus der Physiologie und Psychologie der Wahrnehmung diskutiert;
- wird der Schluß gezogen: Wenn wir es selbst sind, die unsere Wirklichkeit erschaffen, dann sind auch wir es selbst, die diese Wirklichkeit verändern können;
- wird darauf hingewiesen: Wirklichkeit ist ein Konstrukt unseres Geistes. Yoga ist eine Wissenschaft für das Studium und die Veränderung der Zustände des Geistes. Deshalb ist der Yoga ein Weg, die Wirklichkeit durch Übung und Erfahrung zu verändern.

„Wenn alle Menschen statt der Augen grüne Gläser hätten, so würden sie urteilen müssen, die Gegenstände, welche sie dadurch erblickten, sind grün - und nie würden sie entscheiden können, ob ihr Auge ihnen die Dinge zeigt, wie sie sind, oder ob es nicht etwas zu ihnen hinzutut, was nicht ihnen, sondern dem Auge gehört. So ist es mit dem Verstande. Wir können nicht entscheiden, ob das, was wir Wahrheit nennen, wahrhaft Wahrheit ist, oder ob es uns nur so scheint."

Heinrich v. Kleist

Üblicherweise fragen wir uns nicht, wie die Welt in unseren Kopf kommt - weil wir ja den Eindruck haben, die Welt sei draußen und nicht in unserem Kopf. Deshalb sind wir auch der festen Überzeugung - falls wir nicht innehalten und darüber nachdenken - daß die Welt da draußen im wesentlichen so ist, wie wir sie wahrnehmen. Das ist für den Alltagsgebrauch natürlich recht praktisch, denn wir fühlen uns ähnlich ei-

nem Fotoapparat oder noch besser einer Filmkamera, die objektiv *aufnimmt* und 'erkennt', was um uns herum geschieht.
In der Auswertung unserer Darstellung der Yogapsychologie haben wir in Kap. 2.2.1 festgestellt, daß die östliche Psychologie des Yoga diese 'naive Erkenntnistheorie' stark erschüttert: Die Welt ist *nicht* so, wie ich sie wahrnehme, sondern Erkenntnis ist lediglich entsprechend des Zustandes meines Geistes möglich. Von einem Erkennen der 'Realität', von 'wahrer' Erkenntnis, ist bei einem normalen, d.h. bewegten, ungereinigten und verfärbten Zustand des Geistes nicht die Rede. Die scheinbare Wahrnehmung der äußeren Welt ist insofern nach der *Sāṃkhya*-Philosophie eine Reflektion der Verfassung meines Geistes. Ich glaube also nur im Sinne einer von meinem Geist geschaffenen Illusion, daß ich die Welt so wahrnehme, wie sie ist, und daß ich mich selbst so wahrnehme, wie ich bin (s. Kap. 2.3.1). Dabei verkenne ich jedoch meine wahre Natur. In beiden Fällen, also in der Erkenntnis der äußeren Welt wie auch in der Erkenntnis meines wahren Selbst, verbleibe ich in der Verstrickung, die sich aus den jeweiligen Identifikationen meines Geistes wie auch aus der strukturellen Einschränkung meiner Erkenntniswerkzeuge (z.B. Sinnesorgane) ergibt. Die *perfekte Illusion* besteht darin, daß diese in uns ‚zusammengebastelte' subjektive Wirklichkeit uns so erscheint, als ob sie als objektive Realität von außen an uns herangetragen wird. Damit erhält sie für uns die Qualität einer äußeren Wahrnehmung –sie wird wahr.

Welche konkreten Belege der westlichen Wissenschaft stützen eigentlich diese östliche These? Gibt es irgendwelche *direkten* Erfahrungen, die jeder von uns machen kann, welche zu einer Überprüfung herangezogen werden können? Wir wollen uns zunächst den grundlegenden Einschränkungen unserer Sinnesorgane und den Mustern unserer Wahrnehmungsverarbeitung zuwenden.

5.1 Belege für die Konstruktion: Wahrnehmungsphysiologie und –psychologie

❍ Ich sehe aus zweidimensionalen Strichmustern, spontan und ohne mich dagegen wehren zu können, dreidimensionale Körper. Obwohl die Dreidimensionalität offensichtlich 'außen', nämlich auf dem Blatt Papier, nicht vorhanden ist, wird sie von meinem Geist konstruiert (s. Abb. 10). Meine Wahrnehmung bringt selbst dann dreidimensionale Körper hervor, wenn diese 'unmögliche Objekte' sind und niemals physikalische Existenz annehmen könnten (s. Abb. 11-13).

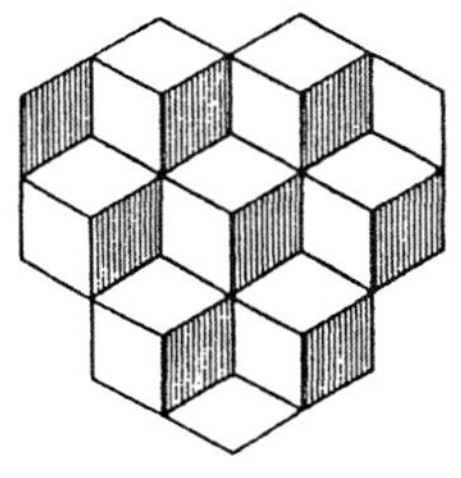
Abb. 10

Hier wird die Diskrepanz und sogar Unvereinbarkeit von innerer Wirklichkeit und äußerer Realität augenfällig. In Bezug auf die Dreidimensionalität wird daran erinnert, daß auf unserer Netzhaut ohnehin nur zweidimensionale Reizkonfigurationen abgebildet werden, unser Geist aber konstruktiv um uns herum einen dreidimensionalen Raum aufspannt (durch Verrechnung der Abweichungen beider Netzhautbilder), den wir als 'unsere Wirklichkeit' deuten. Auch bei einfachsten flächigen Strichkonfigurationen (und dies ist übertragbar auf alle Wahrnehmungen), sieht mein Geist immer *etwas*, er legt Bedeutung hinein (die außen gar nicht vorhanden ist), entsprechend seiner vorigen Erfahrungen, seiner Voranannahmen, seines jeweiligen Zustandes.

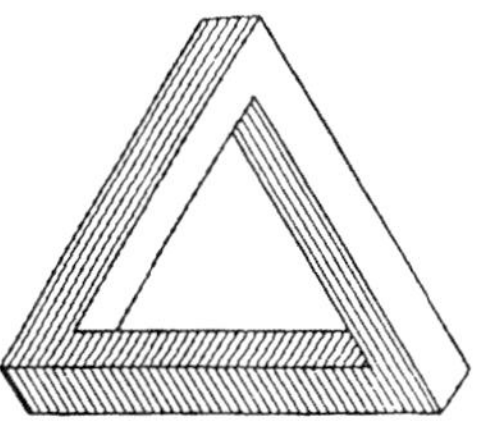
Abb. 11

❍ Sogenannte Springbilder weisen uns darauf hin, daß ein und dieselbe Reizkonfiguration abwechselnd und - sofern das Springbild noch unbekannt und die Suche nach Schlüsselreizen vergeblich ist - von mir willentlich nicht beeinflußbar als das eine und dann wieder als das andere Objekt interpretiert wird (s. Abb. 14: alte/junge Frau; Abb. 15: alter/junger Mann, aber auch Abb.10: sechs bzw. sieben Würfel). Beide Wirklichkeitsinterpretationen wechseln sprunghaft in unterschiedlichen Zeitabständen, können jedoch nicht beide parallel wahrgenommen werden. Gerade in Bezug auf unbekannte Springbilder gibt es eine interessante Zusatzbeobachtung: Auch wenn mich ein anderer vehement auf die Möglichkeit einer alternativen Sichtweise bei einem bestimmten

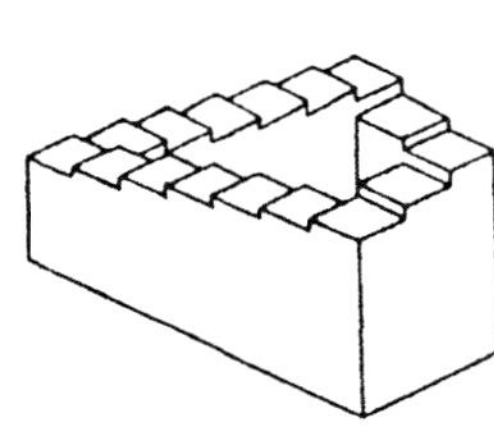
Abb. 12

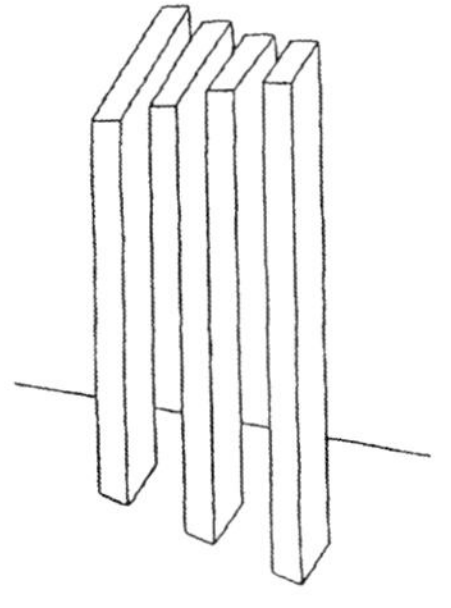
Abb. 13

Springbild hinweist, gelingt es mir oft nicht, diese spontan entsprechend des Hinweises ebenfalls zu erzeugen.
Hier ergibt sich eine wichtige Analogie zu therapeutischen Situationen oder in Hinblick auf die Arbeit mit Menschen im allgemeinen: Die Wirklichkeitsinterpretation eines jeden Organismus ist sowohl struktur- als auch zustandsabhängig. Der Bedeutungsgehalt von Kommunikation ist abhängig vom Empfänger und dessen ‚Landkarte'. Auch wiederholtes Hinweisen auf eine andere Sicht (etwa im Rahmen einer Beratung oder einer Unterrichtung) wird ohne Ergebnis bleiben, wenn diese nicht anschlußfähig ist, d.h. es dem Empfänger hinsichtlich seiner Struktur und seines momentanen Zustandes nicht ermöglicht, an den Bedeutungsgehalt anzukoppeln. Außerdem wird deutlich: Man kann sich jeweils nur *einer* Wirklichkeitsinterpretation zur Zeit bewußt sein; unterschiedliche Modelle über die Realität können nur nacheinander erzeugt und vom Geist bearbeitet werden. Manchmal ist ein schneller Wechsel möglich, wobei durch Übung die willentliche Steuerung eines solchen 'Umschlagens der Wahrnehmungsinterpretation' erleichtert wird. Wir erkennen aber auch: *Mitunter will es uns auch bei größtem Bemühen nicht gelingen, eine andere Sicht zu erlangen.*

Abb. 14

Abb. 15

Jedenfalls verstören uns die Springbilder ein wenig, denn sie bringen auf direkt erfahrbare Weise die Annahme unserer naiven Weltsicht ins Wanken, daß *eine* äußere Realität zu *einer* inneren Wirklichkeit führt. Denn nun ist folgendes belegt: Ein und derselbe 'objektive Zustand' in der äußeren Welt (nämlich z.B. das Springbild in Abb. 14 oder 15) führt zu mindestens zwei inneren Wirklichkeiten, die unentscheidbar gleichwertig wirklich sind. Wie lautet die Antwort auf die Frage: Was ist denn wirklich in Abb. 14 abgebildet? (In Abb. 18 gibt es sogar vier 'konkurrierende Wirklichkeiten').

❍ Sinnestäuschungen und Wahrnehmungsverzerrungen weisen uns darauf hin, daß jede Wahrnehmung entsprechend der Umfeldbedingungen interpretiert und organisiert wird (s. Abb. 16 u. 17; die Buchstaben sind waagerecht bzw. senkrecht ausgerichtet; Strecke A-B ist genauso lang wie B-C).

Es gibt also kein Erkennen eines Objektes *an sich*, sondern nur, wie es sich *für mich* im Kontext anderer Objekte zeigt. Ein Wechsel des Umfeldes, des Vorder- und Hintergrundes kann zu einer völlig abweichenden Objektwahrnehmung führen, während der Gegenstand als solcher in der Realität vollständig unverändert geblieben ist. In der Abb. 17 sehe ich die Strecke A-B unterschiedlich lang im Vergleich zu B-C, obwohl *ich weiß und überprüfen kann*, daß dies nicht tatsächlich so ist. Dennoch vermag ich die in mir erzeugte Wahrnehmungsverzerrung nicht zu korrigieren. Dies gilt um so mehr in all den Fällen, wo mir die Abweichung, die Verzerrung gar nicht bewußt wird. Welche Bedeutung erhält vor diesem Hintergrund die Äußerung: „Ich habe es mit eigenen Augen gesehen?“

Abb. 16

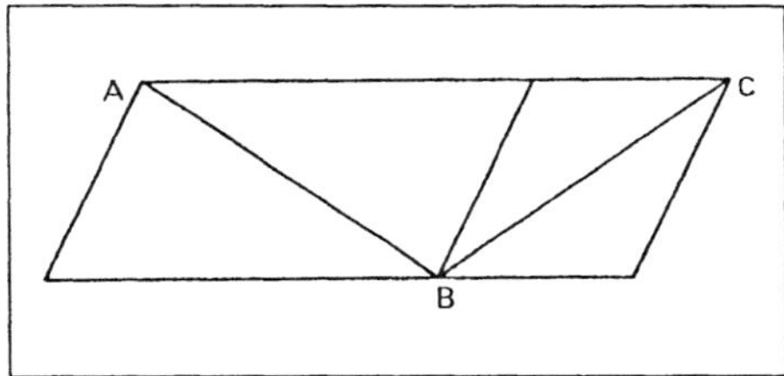

Abb. 17

Ähnliches gilt jedoch auch in anderer Hinsicht: Obwohl wir aufgrund der optischen Eigenschaften unseres Auges von uns weiter entfernte Objekte als viel kleiner wahrnehmen müßten im Vergleich zu weniger weit entfernten, verzerrt unser Gehirn unsere subjektive Größenwahr-

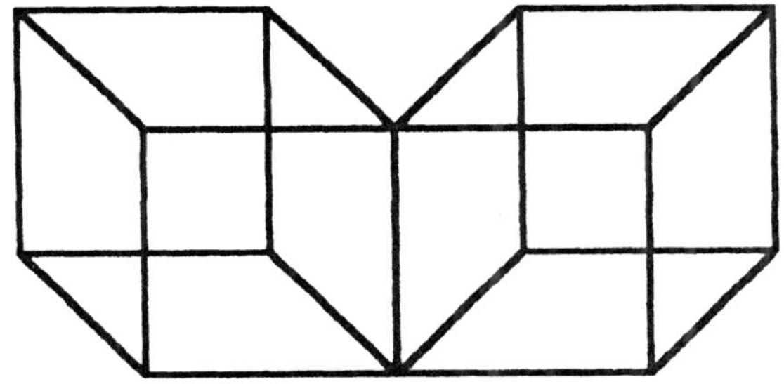

Abb. 18: Der doppelte Necker-Würfel: Vier konkurrierende räumliche Wirklichkeiten (aus Pöppel, 1987)

nehmung dergestalt, daß gleiche Objekte auch in unterschiedlicher Entfernung uns gleich groß erscheinen. Hierzu eine Alltagserfahrung: Unsere eigenen Hände sehen wir in der Regel als gleich groß, obwohl sie sich jeweils in unterschiedlicher Entfernung zu unseren Augen befinden. Überprüfen wir diese Angelegenheit experimentell: Halten wir die rechte Hand senkrecht aufgestellt mit gestrecktem Arm so weit wie möglich vom Körper weg, die linke Hand mit angewinkeltem Arm nur etwa halb so weit entfernt, so erscheinen uns unsere eigenen Hände etwa gleich groß, sofern wir einigen Abstand zwischen ihnen lassen. Führen wir die unterschiedlich weit von unseren Augen entfernten Hände jedoch so aufeinander zu, daß die linke Hand das Bild der doppelt so weit entfernten rechten Hand beginnt zu überdecken, wird plötzlich deutlich, daß das Bild der näheren linken Hand tatsächlich *doppelt so groß ist* wie das Bild der rechten Hand. Dies entspricht den objektiven Abbildungsbedingungen, denn bei doppelter Entfernung erzeugen die Objekte der äußeren Welt allein aus optischen Gründen ein nur halb so großes Netzhautabbild. Kaum führen wir die Hände horizontal wieder auseinander und heben so die Überlappung der Netzhautbilder auf, erscheinen uns die Hände wieder etwa gleich groß. Unser Gehirn 'zoomt' also ständig die subjektive Größenwahrnehmung von Objekten herauf oder herunter, um die Veränderung der Wahrnehmungsgröße durch unterschiedliche Entfernung von unseren Augen zu kompensieren.
Durch diese von unserem Geist konstruierte *Größenkonstanz* leben wir in einer von uns erzeugten Welt, in der die Dinge scheinbar ihre Größe behalten, obwohl sie durch unterschiedliche Entfernung rein optisch ständig unterschiedlich groß auf der Netzhaut abgebildet werden. Diese eingebaute Verzerrung kompensiert also gewissermaßen die Schwächen unseres optischen Systems zum Zwecke einer sinnvollen Konstruktion der Welt. Denn sonst würde ein gefährlicher Löwe schon in einigen Metern Entfernung uns als Schmusekätzchen erscheinen - und der autoritäre Chef würde auf Teddybärgröße zusammenschrumpfen, wenn er am Ende des Flures auf uns zukäme.

❍ Ich nehme meine Wirklichkeitskonstruktion subjektiv als geschlossen und vollständig wahr. Schon nach kurzer Überlegung wird jedoch deutlich, daß uns nur äußerst kleine Fenster 'nach außen' zur Verfügung stehen, um über Zustände der Umgebung Kenntnis zu erhalten. Die Schallwahrnehmung umfaßt bei jungen Menschen etwa einen Bereich von 20 bis 20 000 Hertz, welcher mit zunehmendem Alter kontinuierlich eingeschränkt wird. Luftdruckschwankungen mit darunter bzw.

darüber liegender Frequenz (z. B. eine Hundepfeife), also der gesamte Infra- und Ultraschallbereich, gehören nicht zu unserer durch Sinneswahrnehmung geschaffenen Wirk-lichkeit, weil es zu keiner Wirkung in unserem Wahrnehmungsorgan Ohr kommt. Wir können uns vorstellen, daß sich allein aufgrund dieser Sinnesmodalität des Hörens für einen Hund oder eine Fledermaus eine gänzlich andere Wirklichkeitskonstruktion ergibt. Ähnliches ist übertragbar für das winzige Fenster, welches uns auf dem riesigen elektromagnetischen Wellenspektrum zur Verfügung steht. Wir empfinden dies als Licht. Das ultraviolette Licht, Radiowellen, Röntgenstrahlen - lediglich quantitative Abstufungen auf ein- und demselben Spektrum - gehören nicht zu unserer Wirklichkeit, es sei denn, wir benutzen Instrumente als Übersetzer. Das Wissen darum, daß uns in jedem Moment einige hundert Radio- und Fernsehsender mit ihren elektromagnetischen Wellen buchstäblich durchschlagen, verbleibt im Gedanklichen, während die unmittelbare und intuitive Wirklichkeitskonstruktion diese Aspekte - weil ohne direkte Sinneswirkung - nicht mit einbezieht. Unser Wirklichkeitsmodell wird sich also zwangsläufig auf die Verarbeitung von äußerst lückenhaften Informationen stützen müssen. (Es steht uns im Infrarot-Bereich ein zweites Fenster zur Verfügung, das im elektromagnetischen Spektrum unmittelbar neben dem für uns sichtbaren Bereich liegt: Wir empfinden es jedoch nicht mehr als Licht, sondern als Wärme). Farbe, Wärme, Geräusche, Musik – dies sind keine Qualitäten der objektiven äußeren Welt, sondern in uns erzeugte Attribute, mit denen wir unsere Wahrnehmungen versehen.

Unsere Sinnesorgane sind nicht nur von ihrem Bau her sehr eingeschränkt in der Lage, uns Informationen 'von außen' zu liefern. Die Lückenhaftigkeit unseres bewußten Wirklichkeitserlebens wird noch gravierend dadurch erhöht, daß unser Bewußtsein lediglich in der Lage ist, einen Bruchteil der von den Sinnesorganen bereitgestellten Informationen zu verarbeiten. Die Bandbreite unseres Bewußtseins ist auf schockierende Weise gering: „In jeder Sekunde brechen Millionen von Bits an Information von den Sinnesorganen über uns herein, unser Bewußtsein aber verarbeitet hochgerechnet um die 40 bit pro Sekunde. Viele Millionen Bits werden zu einem bewußten Erlebnis komprimiert, das alles in allem so gut wie keine Information enthält" (Nørretranders, 1994, S. 190; s.a. Kap. 9.1).

❍ Lediglich über Grenzschichten unseres Geistes nach außen, welche wir Sinnesorgane nennen, kann die äußere Welt auf uns einwirken. Wahrnehmung findet also immer über Wirkung in den Sinnesorganen

und damit letztlich im Geist statt. Es gibt kein sensorisches Mittel, in die äußere Welt hinauszugreifen. Dennoch höre ich 'dort hinten' und sehe 'da vorne'. Wir werden mit einer unglaublichen Konstruktionsleistung unseres Geistes konfrontiert, eine Welt nach außen dreidimensional aufzuspannen und zu projizieren, obwohl ihm - wie schon erwähnt - auf der Netzhaut lediglich zweidimensionale Reizkonfigurationen und im akustischen Bereich keinesfalls räumliche Eindrücke zur Verfügung stehen. Letztere werden unter anderem durch Laufzeitunterschiede des Schalldruckes von einem Ohr zum anderen errechnet, d.h. konstruiert. Schon das einfache 'Daumensprungexperiment' gibt uns einen Eindruck von der Konstruktion unseres visuellen Raumes:
Mit ausgestrecktem Arm sehen wir unseren rechten hochgestellten Daumen an. Abwechselndes Öffnen und Schließen von rechtem und linkem Auge führt nun jedoch zum Hin- und Herspringen des Daumens. Im Ergebnis kommt heraus: Mit beiden Augen gleichzeitig sehen wir den Daumen dort, wo er weder vom rechten noch vom linken Auge allein gesehen wird. Die voneinander abweichenden Wahrnehmungen beider Augen werden von unserem Gehirn so miteinander verrechnet, daß ein Ort des Daumens in dem dreidimensionalen Modell der äußeren Welt konstruiert wird. Die scheinbare fotografische Wahrnehmung des Daumens, 'dort wo er ist', zerfällt beim abwechselnden Zukneifen der Augen in seine einzelnen Elemente und entlarvt gleichsam die innere Simulation der uns umgebenden dreidimensionalen Welt (vergleichbar damit, wie die Simulation von Bewegung im Film bei extremer Zeitlupe in die einzelnen Bilder zerfällt).
Woher 'weiß' ich eigentlich, wo sich jeweils meine rechte Hand befindet? Auch mit geschlossenen Augen ist das kein Problem für mich, selbst wenn eine andere Person meine rechte Hand 'woanders hinlegt'. Ich spüre immer, wo genau sie sich befindet und kann sie ohne Hinzuschauen mit meiner linken Hand berühren. Diese Selbstverständlichkeit basiert jedoch auf einer enormen Verarbeitungsleistung. Gelenk-, Sehnen- und Muskelrezeptoren geben ihre 'Zustandsmeldungen' beständig an unser Zentralnervensystem. Dort wird in jedem Moment ein differenziertes Körperschema mit einem dreidimensionalen Raum um uns herum konstruiert - oder sagen wir besser: simuliert? So wissen wir stets, wo sich alle Teile von uns befinden. Mit geschlossenen Augen können wir sogar die Spitzen beider Zeigefinger aufeinander tippen lassen - so genau ist die von uns konstruierte innere Landkarte. Die Komplexität dieser für uns selbstverständlichen Verarbeitung von Sinnesdaten zeigt

sich erst bei Störungen, wie z.B. unter Alkoholeinfluß: Selbst mit offenen Augen ist es uns dann oft nicht mehr möglich, die Zeigefinger aufeinander zuzuführen. Es ist eben doch nicht so einfach zu wissen, wo meine rechte Hand sich gerade befindet.[38]
Das Wahrnehmen von räumlicher Tiefe der Welt um uns, daß Objekte sich in der Zeit bewegen, daß wir zwei aufeinander folgende und im Raum benachbarte Ereignisse als Ursache und Wirkung miteinander verknüpfen - all dies hat schon Immanuel Kant (1724-1804) als *a priori-Kategorien unseres Geistes* bezeichnet, die *in uns liegen*, und deshalb erscheint uns die Welt auf diese Weise.[39]

❍ Es gibt ein interessantes Experiment mit einer Spezialbrille, die aus Prismenglas so konstruiert ist, daß in dem Moment des Aufsetzens die gesamte Welt auf dem Kopf zu stehen scheint. Man kann sich vorstellen, daß eine große Desorganisation der Wahrnehmung und enorme motorische Koordinationsschwierigkeiten die Folge sind. Wird eine solche Brille über kurze Zeit beständig getragen, wird sodann die Wahrnehmung der Welt wieder als normal und vertraut empfunden. Nimmt man in diesem Stadium die Prismenbrille ab und stehen einem wieder die normalen Sehfunktionen zur Verfügung, wiederholt sich der Effekt dergestalt, daß erneut die Welt auf dem Kopf zu stehen scheint und die schon zuvor benannten Schwierigkeiten erneut auftreten, bevor sich nach einiger Zeit wiederum das Gefühl der Normalität einstellt. Wir sind hier eindrucksvoll mit der Plastizität unseres Geistes hinsichtlich seiner konstruktiven Leistungen konfrontiert. Deutlich steht dabei die *Nützlichkeit* und nicht die Wahrheit eines bestimmten Bildes über die Welt im Vordergrund.

❍ Wie schon verschiedentlich erwähnt, gehen wir bei der von uns wahrgenommenen Wirklichkeit davon aus, daß diese geschlossen und vollständig ist. Letztlich konvergiert unsere Welterkenntnis in der (meist

---

[38] Die Bücher von Oliver Sacks (z.B. *Der Mann, der seine Frau mit einem Hut verwechselte* von 1987) machen auf eindrückliche Weise deutlich, wie es durch organische Störungen in der zentralnervösen Verarbeitung zu einem verzerrten und bizarren Wirklichkeitserleben kommen kann.

[39] Auf schöne Weise drückt dies Jostein Gaarder (1993) in ‘Sofies Welt’ aus: „Du kannst das vielleicht damit vergleichen, was passiert, wenn du Wasser in einen Glaskrug gießt. Dann formt sich das Wasser entsprechend der Form der Kanne. So fügen sich auch die Sinneseindrücke nach unseren ‘Formen der Anschauung’“ (S. 384).

impliziten) Grundannahme: *Jede von uns wahrgenommene Wirklichkeit wird als die wahre Wirklichkeit angenommen.* Vor dem Hintergrund der strukturellen, d. h. zwangsläufigen und nicht aufhebbaren Lückenhaftigkeit unseres Wirklichkeitsentwurfes führt uns dies zu einer Tautologie, die dennoch Sinn macht: Das, was wir nicht wahrnehmen, können wir nicht wahrnehmen.[40] Wir sind blind für unsere blinden Flecken und das buchstäblich: Die Austrittsöffnung des Sehnerven in unserer Netzhaut müßte in unserem visuellen Bild der Welt zwei schwarze Flecken von beträchtlicher Größe hinterlassen, weil sich an dieser Stelle keine Rezeptorzellen befinden können. Dem ist jedoch nicht so: Das visuelle Bild wird in einer Weise ergänzt, d. h. konstruiert, daß ein Wahrnehmungsdefizit nicht erkennbar wird. Nur einen Schritt weiter gedacht führt uns dies zu der beunruhigenden Erkenntnis, daß es in der Natur unserer Wahrnehmung und unseres Geistes liegt, keine Kenntnis zu haben über das, was wir noch nicht erkannt haben. Intuitiv erliegen wir daher immer wieder der zwar meist nützlichen, aber mitunter fatalen Illusion, das von uns Erkannte sei vollständig.

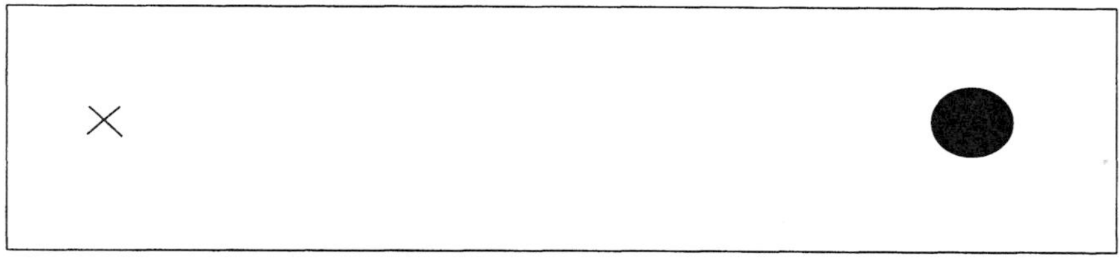

Abb. 19: Demonstration des blinden Flecks: Bei geschlossenem bzw. verdecktem linken Auge wird das Kreuz aus ca. 25 cm Abstand mit dem rechten Auge fixiert. Der Abstand der Abbildung zum Auge wird nun kontinuierlich verringert, bis der schwarze Punkt vollständig 'verschwindet' bzw. dann wieder 'auftaucht'.

Ziehen wir ein vorläufiges Resümee: Veranschaulicht befinden wir uns also in der Situation eines Puzzle-Spielers, der ein Bild zusammenlegen möchte aus *unendlich vielen Teilen* (das ist die uns unbekannte äußere Realität), jedoch nur zwanzig oder dreißig Teile davon zur Verfügung

---

[40] Wittgenstein (zitiert nach Watzlawick 1982): „Was wir nicht denken können, das können wir nicht denken; wir können also nicht sagen, was wir nicht denken können.“

hat (die unseren Sinnesorganen möglichen schmalen Fenster nach außen). Dabei sind die vorhandenen Puzzle-Teile in *unbekannter Weise* verfärbt und verformt aufgrund der Verzerrung durch unsere Wahrnehmungsverarbeitung und des Zustandes unseres Geistes. Wir behaupten jedoch in naiver Unkenntnis dieser Zusammenhänge (also im Alltagsbewußtsein des naiven Realismus), *alle* Puzzle-Teile zur Verfügung zu haben und das Gesamtbild unproblematisch zu erkennen. Was uns fehlt (unsere blinden Flecken), nehmen wir nicht wahr; was nicht zueinander paßt, wird passend gemacht - und so konstruieren wir uns unsere Welt, und das ist unsere Wirklichkeit. Dabei wird in dieser Analogie deutlich, daß auf der Basis weniger Schnipsel niemals ein unbekanntes Gesamtbild angemessen rekonstruiert werden kann, sondern herauskommen wird *ein Zerrbild entsprechend meiner Vorstellungen und passend zu meinen Vorannahmen.*

Wir halten also fest: Jede Wirklichkeitskonstruktion ist eine nützliche und keine objektive. Es wäre zum Beispiel eine ziemlich unsinnige und unpraktische, wenn auch gleichwertige Beschreibung meiner unmittelbaren Umgebung, wenn ich diese als atomare Anhäufungen oder quantenphysikalische Wellenbewegung erleben würde.

5.2 Psychologische Hinweise für die Wirklichkeitskonstruktion

Wir wollen nun in die Psychologie wechseln und dort nach Hinweisen für das jeweils neue Erschaffen unserer Wirklichkeit und das konstruierende Wirken unseres Geistes fahnden.

❍ Es ist oft erstaunlich, wie ein und dieselbe Situation von verschiedenen Personen unterschiedlich wahrgenommen und bewertet wird. Das Standardbeispiel besteht in einem Glas, welches von dem einen als halb leer, von dem anderen als halb voll interpretiert wird. Schauen die beiden Autoren sonntags morgens aus dem Fenster, sieht der eine einen reichlich bewölkten, die andere jedoch einen fast blauen Himmel usw. Solche Beispiele könnten trivial erscheinen, wenn die Unterschiede in der Wirklichkeitskonstruktion bei identischen äußeren Bedingungen nicht zu gänzlich verschiedenen Handlungsentscheidungen, Lebenswirklichkeiten und damit zu divergierenden Lebenszufriedenheiten führen würden.

❍ Im Grunde unveränderte Lebenssituationen werden von mir je nach innerer Stimmung als positiv/optimistisch oder als entmutigend/überfordernd erlebt. Eine interessante Beobachtung ist diesbezüglich in dem Wechsel der Weltsicht morgens nach dem Aufstehen oder auf dem Weg zur Arbeit im Vergleich zu den Abendstunden zu machen. In der äußeren Welt, in meinen konkreten Lebensbezügen hat sich nichts geändert, jedoch in mir hat eine Veränderung stattgefunden, die sich in der Schau der äußeren Welt reflektiert. Solche spontanen Veränderungen in der subjektiven Lebenssicht („So habe ich das noch gar nicht gesehen") können auch durch hilfreiche Gespräche unter Freunden oder in einem therapeutischen Dialog entstehen.

❍ Bin ich in Eile und Hetze auf dem Weg zum Flughafen, sind alle Ampeln gegen mich und stehen 'vergleichsweise oft' auf Rot. Auch drängt sich der Eindruck auf, daß das kurzfristige Wechseln der Ampeln von Grün auf Gelb bzw. auf Rot auf magische Weise mit der Annäherung meines eigenen Fahrzeuges verbunden ist. Nur am Rande sei erwähnt, daß selbstverständlich in einer solchen Situation ausgerechnet ein Großteil der übrigen Verkehrsteilnehmer auf der Straße zu sein scheint, die sich mir gegenüber in ihrer Fahrweise als feindlich gesinnt, offen provokativ oder unfähig darstellen.[41] Auf dem Rückweg vom Flughafen nur wenig später (nun bin ich entspannt und ohne Eile), scheinen die Ampeln wieder normal zu funktionieren und die Fahrweise der anderen gibt keinen Anlaß zur Klage.

❍ Befinde ich mich auf dem Weg durch die Stadt, wird mein Bild (d.h. mein Modell, meine ‚Landkarte') von ihr deutlich bestimmt durch meinen inneren Zustand. Bei Hunger besteht die Stadt in der Hauptsache aus einer Ansammlung von Restaurants, Imbißbuden oder Cafés. Bin ich auf Partnersuche, reduziert sich die Wahrnehmung der Mitmenschen selektiv in erstaunlicher Weise. Bin ich selbst schwanger, scheint der Anteil der Frauen mit gerundeten Bäuchen auf geheimnisvolle Weise zuzunehmen. Bin ich 'innerlich geladen', *suchen* viel mehr Leute mit mir Streit usw.. Die Liste der Beispiele ließe sich endlos fortsetzen.

---

[41] Watzlawick (1982) spricht in diesem Zusammenhang von einer „Minipsychose", da die subjektive Wirklichkeit sowohl in ihrer Wahnhaftigkeit wie auch in ihrer nicht erschütterbaren subjektiven Gültigkeit an schwere geistige Erkrankungen erinnere.

❍ Aus dem psychotherapeutischen Bereich wird deutlich, daß die Wahrnehmung einer Person von sich selbst und ihre Entwürfe über die Umwelt massiv beeinflußt werden von der Organisation ihres Selbstkonzeptes. So wird sich etwa eine selbstunsichere Person durch ein Lachen in ihrer Umgebung ausgelacht und durch einen fragenden Blick kritisch gemustert fühlen, während eine andere Person mit hohem Selbstwertgefühl dieselben Situationen als offenes Kontaktangebot bzw. freundliche Anteilnahme interpretieren mag. Das innere Selbstbild wird so gleichsam zu einer gefärbten Brille, mit der ich die Welt entsprechend meiner Vorfärbung erlebe, was wiederum zu einer Bestätigung eben dieser Weltsicht führt (zum Selbstbild s. Kap. 4.).
Diese *Rekursivität* wollen wir uns nochmals an einem Beispiel verdeutlichen:
Meine Grundüberzeugung: Niemand mag mich ⇨ Ich habe Angst, von anderen abgelehnt zu werden ⇨ Ich trete den Menschen mißtrauisch gegenüber, um mich vor Verletzungen zu schützen ⇨ Ich wirke auf andere eher schroff, unnahbar und kontaktscheu ⇨ Andere ziehen sich vielfach von mir zurück ⇨ Für mich bestätigt sich: Niemand mag mich.
Erneut begegnen wir hier dem Begriff der 'selbsterfüllenden Prophezeiung'. Also:

☛ *Das in mir und von mir geschaffene Bild der Welt und von mir selbst, also meine Wirklichkeit, tritt mir scheinbar von außen als 'objektive Realität' entgegen.*

Fritz Perls, Begründer der Gestalttherapie, erwähnte einmal, manchmal habe er den Eindruck, Menschen hätten keine Augen, sondern kleine eingebaute Spiegel, die das schon vorhandene innere Bild unbemerkt reflektieren würden, so als ob es von außen käme.

❍ Wie sehr wir an einer einmal gefaßten und 'für richtig befundenen' Wirklichkeitskonstruktion festhalten, zeigt folgendes psychologische Experiment (Wright 1962, nach Watzlawick 1982):
Versuchspersonen wird jeweils in einem Einzelexperiment ein Kasten mit Zifferntasten gezeigt. Sie sollen durch versuchsweises Drücken der Tasten die verborgene Regel der Ziffernfolge entdecken und eine Höchstzahl von Punkten (durch Summer und Zählwerk signalisiert) erreichen. Dabei kann natürlich anfangs nur blind ausprobiert werden, dann aber die Leistung verbessert werden in dem Maße, wie man sich die Regeln des Punktesystems durch Ausprobieren erschließt. Es sind insgesamt 325 Versuche hintereinander möglich. Hintergrund des expe-

rimentellen Aufbaues ist folgender: Ein Versuchsleiter vergibt die Punkte (also die 'Belohnungen' für 'richtige Zahlen') völlig unabhängig von der Ziffernwahl der Versuchsperson. Er stellt eine vorher geplante Belohnung in der Weise her, daß während der ersten 250 Versuche zwischenzeitig immer mal wieder per Zufallsprinzip ein Punkt vergeben wird. Im Durchgang 251 bis 300 wird überhaupt keine Belohnung vergeben, während in den letzten 25 Versuchen bei jeder Ziffernwahl der Summer ertönt und ein Punkt vergeben wird.
Wie gestaltet sich nach dieser Erfahrung die psychische Situation der Versuchsperson, also ihre *Wirklichkeit*? „Die Situation scheint vorläufig weder Hand noch Fuß zu haben. Langsam bilden sich einige scheinbar verläßliche Annahmen heraus (bis zum 250. Versuch). Gerade dann aber geht irgend etwas schief, das alles bisher Erarbeitete in Frage stellt, denn nicht ein einziger Versuch erweist sich als richtig. Alles erscheint umsonst, doch glücklicherweise macht man nun die entscheidende Entdekkung, und von diesem Augenblick an (ab 300. Durchgang) ist der Erfolg hunderprozentig: man hat die Lösung gefunden. An diesem Punkte angelangt, wird den Versuchspersonen die Wahrheit über die Versuchsanordnung mitgeteilt. Ihr Vertrauen in die Richtigkeit der gerade mühsamst erarbeiteten Lösung ist aber so unerschütterlich, daß sie die Wahrheit zunächst nicht glauben können. Einige nehmen sogar an, daß der Versuchsleiter derjenige ist, der einer Täuschung zum Opfer fiel, oder daß sie eine bisher unentdeckte Regelmäßigkeit in der angeblichen Regellosigkeit ... gefunden haben.“ (S. 66).

Wir erkennen daran: Jede Wirklichkeitskonstruktion ist mit innerem Aufwand, emotionaler Beteiligung und der Funktion verbunden, die Welt übersichtlich und erklärbar zu machen. Wir halten oft lieber an unserer subjektiven Wirklichkeit fest und wehren dieser widersprechende Erfahrungen ab bzw. verzerren sie, als daß wir unsere Wirklichkeitsschau verändern. Kurz: Mitunter passen wir lieber die Wahrnehmung der Welt unserer Wirklichkeit an als umgekehrt.[42]

---

[42] Eine interessante Variante zeigt sich in unserer Arbeit mit Paaren in Trennung und Scheidung. Ein über lange Zeit ursprünglich erklärtermaßen glücklich zusammen lebendes Paar trennt sich nach vielen Jahren. Im Zuge der Trennungsverarbeitung verändert sich nun auf eklatante Weise das Bild vom Partner. Der vormals Geliebte, auf das intimste Vertraute mutiert allmählich aus der Sicht des anderen zum Ausdruck des Bösen schlechthin. Jeder seiner Handlungen ist Beleg für dessen Boshaftigkeit. Ja, es wird nun erkannt, wie er *wirklich* ist und schon immer war. Jahre der perfiden Täuschung durch seine Janusköp-

Etwas ähnliches liegt vor, wenn wir liebgewonnene umfassende Modelle über die Welt, also Ideologien, sozusagen 'wasserdicht' gegenüber Kritik und Veränderung machen.

Person A: „Yoga hilft immer.“
Person B: „ Bei meinem Kopfschmerzen hat Yoga in den letzten 10 Jahren leider keine Veränderungen gebracht.“
Person A: „Dann hast du nicht richtig geübt.“

Yoga erstarrt damit zu einer formalen Schablone, aus der Vorschriften für meine Erfahrungen kommen bzw. diese dem Yoga gemäß (bzw. was ich dafür halte) angepaßt werden. Hintergrund ist auch hier häufig das Bedürfnis, mich auf eine allumfassende Weltsicht stützen zu können, die mir nicht hinterfragbare gültige Wahrheiten und damit Sicherheit gibt (s. Kap. 10).

5.3 Zwischenergebnis

In der Auswertung dieser Beiträge der westlichen Wissenschaft kommen wir zu folgendem: Die von mir konstruierte Wirklichkeit ist determiniert durch meine eigene Struktur und abhängig von meinen inneren Zuständen. Die von mir und in mir hervorgebrachte äußere Welt spiegelt wesentliche Bedingungen und Zustände meiner inneren Welt wider. Die Frage, ob denn die Struktur und damit die Weltkonstruktion eines lebenden Systems zufällig ist, wird von der *evolutionären Erkenntnistheorie* wie folgt beantwortet: Die Strukturen (u.a. die Wahrnehmungsorgane) eines Organismus haben sich entsprechend des selektiven Geschehens so entwickelt, daß sich das daraus konstruierte Weltbild so zusammensetzt, wie es für das Überleben des Organismus nützlich ist. Erkennen dient der Lebenserhaltung des Erkennenden. Jedes Erkennen ist insoweit Handeln, weil es aktives Unterscheiden, aktives Zuordnen, aktives Bewerten und eine aktive Interpretation des Geistes bedeutet. Jede Beobachtung verweist so auf den Beobachter. Jede Wahrnehmung verweist auf den Wahrnehmenden und jede Wirklichkeit verweist auf eine innere Wirklichkeit. Maturana und Varela (1987) formulieren wie folgt: „Er-

---

figkeit liegen nun hinter einem. Die über Jahre erlebte positive Bindung wird umgedeutet als Illusion, während nun die *Wahrheit* erkannt wurde. Die Beziehungsgeschichte wird *rekonstruiert* als konsequente Hinführung zur Trennung, die nun von vornherein, hätte man nur klar gesehen, absehbar, folgerichtig und *gerechtfertigt* erscheint.

kennen ist effizientes Handeln, das einem Lebewesen erlaubt, in einem bestimmten Milieu zu existieren, indem es sich dort seine Welt selbst erschafft."

☛ *Jeder Mensch lebt die Welt, die er selbst hervorbringt.*[43]

Dabei gilt das Prinzip: Sobald ich eine (von mir geschaffene) Ordnung in die Welt hineingebracht habe (ich behaupte also zu wissen, wie das Puzzle-Bild aussieht!), bestätige und verstärke ich fortwährend diese Ordnung durch selektive Wahrnehmung und verzerrende Informationsverarbeitung. Denn meine Vorannahmen über die Welt bestimmen in hohem Maße, was ich wahrnehme. *Nur das, was ich für wirklich halte, kann auch möglich sein.* Hierzu wurden wiederholt psychologische Untersuchungen durchgeführt: In ein Kartenspiel wurde eine rote Pik-6 und eine schwarze Herz-9 eingemischt, also 'unmögliche Karten'. In der tachistoskopischen Darbietung (jeweils kurze Betrachtungszeit) 'erkannten' die Versuchspersonen jedoch eine 'völlig normale' schwarze Pik-6 bzw. rote Herz-9. Entsprechend der Vorannahmen und Erwartungen (also der eigenen Hypothese über die Welt = Wirklichkeit) wurde die Wahrnehmung der roten Pik-6 verzerrt, bis sie passend war. Das, was außen gesehen wurde, entsprach damit dem, was zuvor für wirklich gehalten wurde, und nicht den objektiven Tatsachen.

Objektivität ist die Wahnvorstellung, Beobachtungen könnten ohne Beobachter gemacht werden (Heinz von Foerster).

Wie steht es nun mit der sogenannten objektiven Welt? Zeigen nicht Menschen durch angemessenes und sinnvolles Handeln, daß sie die äußere Realität 'richtig' erkannt haben? Hierzu wollen wir die Analogie der Landkarte aus dem Kap. 1 nochmals unter einem etwas anderen Blickwinkel betrachten: Nehmen wir an, wir wollen uns von Hamburg nach München begeben. Wir haben einen Stapel höchst genauer Landkarten in jedem verfügbaren Maßstab und ein praktisch vollständig abgeschlossenes Fahrzeug zur Verfügung, welches mir lediglich durch geeignete Anzeigetafeln ('Fenster' nach außen, d. h. unsere Sinnesorgane) jeweils das Durchfahren von Autobahnabfahrten oder Kreuzungen etc. meldet. Außerdem wird durch entsprechende selbstregulative Funktionen dafür gesorgt, daß keine Kollisionen mit anderen Fahrzeugen bzw. mit der Fahrbahnbegrenzung eintreten. Angekommen in München

---

[43] Siehe auch: Ludewig (1992), S. 66

habe ich keine Erkenntnisse über die tatsächlich Landschaft, d. h. die objektive Realität zwischen Hamburg und München, sammeln können, bis auf die eine, daß mein *Modell der Wirklichkeit* (meine Landkarten) mir ein angemessenes Verhalten ermöglicht haben. Dieses Modell wird sich mir jedoch zwanglos als vollständig (d.h. lückenlos) und als getreues, also ‚wahres' Abbild der Realität präsentieren, weil es nützlich und passend war. Es besteht für mich weder eine Notwendigkeit, die absolute Lückenhaftigkeit der von mir angenommenen Wirklichkeit zu reflektieren, noch die Tatsache zu erkennen, daß ich die Landkarten mit der Landschaft selbst (über die ich keine Kenntnis erlangen konnte) verwechsel.

Ohne immer wieder neu zu leistende Reflektion leben wir in einem Alltagsbewußtsein dergestalt, daß die von mir selbst erschaffene subjektive Wirklichkeit mir als feststehende Realität scheinbar von außen entgegentritt. Dabei verkenne ich, daß genau diese scheinbar unausweichlichen 'äußeren Umstände' zuvor von meinem Geist als Konstrukt erschaffen und in die äußere Welt projiziert wurden.
So betrachtet leben wir in einer 'virtual reality', die fortlaufend von unserem Geist erzeugt wird. Nørretranders (1994) spricht in diesem Zusammenhang von einer Simulation: „Wir erleben nicht die rohen Sinnesdaten, sondern ihre Simulation. Die Simulation unserer Wahrnehmungserlebnisse ist eine Hypothese über die Wirklichkeit. Die Simulation ist das, was wir erleben, die Dinge selbst erleben wir nicht. Wir nehmen sie wahr, doch erleben wir nicht die Wahrnehmung, sondern deren Simulation" (S. 413).
Wir können also sagen: Was ich wahrnehme, ist nicht die äußere Welt. Diese kann ich nicht wahrnehmen. Ich mache mir ein Bild der Welt - und das ist meine Wirklichkeit. Und weiter: Mein Geist konstruiert nicht nur eine Landkarte, ein Modell von der äußeren Welt, sondern auch von sich selbst. Mein Ich, meine Identität, ist eine von meinem Geist geschaffene Landkarte von sich selbst - welche Kenntnis habe ich von der Landschaft?[44]

---

[44] Für eine Einführung in den Konstruktivismus empfehlen wir: Watzlawick, Paul (1982): Wie wirklich ist die Wirklichkeit. Ders (Hrsg.; 1990): Die erfundene Wirklichkeit. Mit neurophysiologischem Schwerpunkt: Roth, Gerhard (1995): Das Gehirn und seine Wirklichkeit. Aus biologischer Perspektive: Maturana & Varela (1987): Der Baum der Erkenntnis. Eine interdisziplinäre Einführung gibt von Glasersfeld, Ernst (1997): Radikaler Konstruktivismus.

5.4 Yoga als ein Weg zur Veränderung der Wirklichkeit

Wenn wir es selbst sind, die unsere Wirklichkeit hervorbringen, dann sind wir es auch, die unsere Wirklichkeit verändern und gestalten können. Oder aber: Wenn mein Geist meine Wirklichkeit erschafft, dann ist mein Geist dasjenige Instrument, welches zur Veränderung eben dieser Wirklichkeit eingesetzt werden kann. Yoga setzt als eine Wissenschaft des Geistes an dieser Stelle an. Genau das ist gemeint, wenn der Yoga traditionell als ein Weg bezeichnet wird, Leiden zu verringern. All mein Leiden und Glück entspringt meiner Wirklichkeit - denn dies ist die Welt, in der ich lebe, und ich habe keine andere.

☛ Yoga ist von diesem psychologischen Standpunkt aus gesehen ein übendes Verfahren der Selbstveränderung, um eine mit Leiden oder Belastung verbundene Wirklichkeitskonstruktion eines Menschen in eine andere, weniger leidvolle Wirklichkeit zu überführen.[45]

Welche Schritte auf dem Übungsweg sind dafür maßgeblich?

❍ In *jeder* Yogaübung, ob körperlich oder geistig, wird die innere Achtsamkeit geschult. Yoga üben heißt, sich selbst ein Zeuge zu sein. Dadurch kommt es schrittweise zur Erweiterung des Unterscheidungsvermögens des Geistes (*buddhi*). Wahrnehmen ist nichts anderes als Unterscheiden und ‚Wählen einer Landkarte' im Sinne eines inneren Handelns. Die Schulung des Unterscheidungsvermögens ist daher wesentlich zur Veränderung der Wirklichkeitskonstrukte.

❍ Es kommt also zur Stärkung des inneren Beobachters. *Buddhi* ist daher zunehmend in der Lage, meine jeweils gegenwärtige Wirklichkeit wahrzunehmen, meine Sicht der Dinge, meine Weltschau bewußt zu erkennen.

❍ Weiterhin wird auf dem yogischen Übungsweg der Geist in Nicht-Identifikation und Leidenschaftslosigkeit geschult. Wie in der psychotherapeutischen Beratung sich der Gesprächshelfer außerhalb der jeweiligen Identifikationen des Klienten befindet, dessen Wirklichkeit also gleichsam von außen betrachtet, verwirklicht dies der Yoga-Übende gewissermaßen intrapsychisch: Durch Schulung von *buddhi* bemerke

---

[45] Ganz ähnlich können wir aus der Sicht der systemischen Psychologie die Zielsetzung der westlichen Psychotherapie definieren.

ich den Wechsel von Identifikationen und das Fluktuieren von Wirklichkeiten. Ich erkenne zunehmend die in meinem Geist erzeugten Färbungen, Umdeutungen und Verzerrungen. Dabei stelle ich fest, daß ich nur kurzzeitig beobachtend diese Inhalte meines Geistes wahrnehmen kann, um mich bald darauf wieder identifizierend in ihnen zu 'verlieren'.

☛ Identifikation heißt, meine Wahrnehmungen und Annahmen über die Welt mit der Welt selbst zu verwechseln. Oder spirituell formuliert: Identifikation heißt, die Färbungen meines Geistes, d.h. die *Inhalte* meines Bewußtseins, mit dem Bewußtsein selbst zu verwechseln

❍ Indem es mir möglich ist, bei mir selbst diesen Prozeß der wechselnden Wirklichkeitserzeugung zu beobachten (wenngleich auch noch nicht zu verändern), wird es mir erleichtert, alternative Wirklichkeiten *für möglich zu halten*, und zwar bei mir selbst wie auch bei anderen Menschen. Und weiterführend: Ich kann andere Beobachterstandpunkte, d.h. andere Wirklichkeiten, für genauso passend und gültig halten wie meine eigenen.

❍ Der Weg des Yoga zielt sodann darauf ab, die Bewegungen im Geist zu bündeln, zur Ruhe zu bringen, zu kontrollieren. Jede yogische Übung beinhaltet insofern den Aspekt, das Instrument des Geistes zu schulen, anstatt sich von den Verhaltensmustern des Geistes dominieren zu lassen. Der Übende versucht, mit der Kraft seines Bewußtseins und Unterscheidungsvermögens den Zustand des Geistes selbstgesteuert zu verändern. Jede Konzentrations-, Tiefenentspannungs- oder Meditationsübung richtet sich darauf aus, die *vṛttis* zu kontrollieren und zur Ruhe zu bringen. Die Bewegungen unseres Geistes, also unsere Bewußtseinsinhalte, sind jedoch die entscheidenden Bausteine unserer jeweiligen Wirklichkeitskonstruktion.

☛ Daher kann der Yoga als ein Weg verstanden werden, meine jeweilige Wirklichkeitsidentifikation, d.h. Entwürfe über mich selbst[46] und über die Welt, als Verhaltensmuster meines Geistes bewußt zu erkennen und diese übend in eine weniger Leiden erzeugende zu verändern.

Konkret kann dies heißen, daß der Übende auf dem Schulungsweg immer deutlicher bestimmte Muster seiner eigenen Wahrnehmungsverar-

---

[46] Max Frisch nähert sich mit den Mitteln des Romans diesem Thema in *Stiller* und *Mein Name sei Gantenbein* an. „Sein Ich hatte sich verbraucht, das kann's geben, und ein anderes fiel ihm nicht ein." (S. 46).

beitung und Wirklichkeitsgestaltung beobachtet. Ich kann erkennen, wie ich bestimmte Eindrücke und Situationen im Vergleich zu anderen Menschen in spezieller, möglicherweise polarisierter Weise bewerte. Ich kann erschließen, auf welche Weise die eigene Vergangenheit meine gegenwärtige Weltschau färbt und begrenzt, indem frühere Erfahrungen zu *saṃskāras* geführt haben, aus denen nun anhaltend bestimmte Muster von *vṛttis* hervorgehen.

☛ Eine Frage, die dem Übenden diesbezüglich weiterhilft, ist folgende: Was sagt meine jetzige Wahrnehmung über mich selbst und den Zustand meines Geistes aus?

Wir wollen noch auf einen wesentlichen Unterschied zwischen dem östlichen Konzept der Realitätsillusion (*māyā*) und dem westlichen Ansatz der Wirklichkeitskonstruktion hinweisen. Während der Konstruktivismus des Westens auf die grundsätzliche Unmöglichkeit von 'wahrer Erkenntnis', d.h. insbesondere Erkenntnis der äußeren und objektiven Welt, verweist, wird in der Yoga-Tradition die Möglichkeit der Erkenntnis des wahren und reinen Selbst und damit auch wahre Erkenntnis der Welt nach Schulung und Reinigung des Geistes postuliert. Jedoch nicht als Erkenntnis 'über etwas', sondern als Bewußtsein des Bewußtseins selbst: „Dann ruht der Sehende in seiner eigenen wahren Natur (PYS, I, 3)." Viele Zeugnisse von großen Heiligen geben uns den Hinweis, daß die dann erreichte Weltschau aber *jenseits der Sprache* liegt und mit Worten nicht beschreibbar ist. Dies verwundert nicht, denn die Sprache ist immer auf das Innigste mit unserer jeweiligen Wirklichkeitskonstruktion verbunden, wie auch die Sprache jeder Kultur durch die ihr selbst inneliegenden Prinzipien wiederum Einfluß nimmt auf die Muster der Wahrnehmung und Wirklichkeitskonstrukte.[47]

---

[47] Dieser Zusammenhang mag auch bedeutsam sein bei den schriftlichen Zeugnissen der Weltreligionen. Obwohl alle Religionen für sich die Beschreibung ein und derselben letzten oder göttlichen Wirklichkeit in Anspruch nehmen, haben die jeweiligen Urtexte bis heute für Rivalität und Kampf um die Vertretung der 'wirklichen Wahrheit' geführt. Sobald Erfahrungen in Worte gefaßt werden, verlieren sie ihre innere unumstößliche Wahrheit und werden als subjektive Wirklichkeit diskutierbar und interpretierbar. Die 'Übersetzung' einer Erfahrung in Worte *kann* nur innerhalb der gültigen Konstruktionsmuster einer Kultur erfolgen (sonst würde man sich nämlich nicht verstehen und über Kommunikation keine soziale Wirklichkeit erschaffen können). Deshalb kann ein

☛ Ohne Zweifel benötigen wir Modelle über die Welt, über die Menschen und über uns selbst, um uns in dieser Welt, mit den Menschen und mit uns selbst zurechtzufinden. Diese Modelle jedoch nicht als Wahrheit oder äußere Realität zu betrachten, sondern als von uns selbst hervorgebracht - das ist sowohl eine wissenschaftliche Erkenntnis wie auch ein großer Schritt auf dem Weg der spirituellen Entwicklung.

5.5 Einige Gedanken zum *karma*

Wir haben in diesem und den vorangegangenen Kapiteln verschiedene Themen behandelt, die hilfreich sind für ein Verständnis des *karma*-Modells aus psychologischer Sicht. In der östlichen Tradition beinhaltet *karma* als zentrale Vorstellung natürlich auch philosophische und religiöse Aspekte im umfassenden Sinne eines universellen Gesetzes. Ein Bestandteil davon ist die Reinkarnationslehre, also die Annahme von einem Kreislauf wiederkehrender Geburten, in welchen alles Leben eingebunden ist. Erst die vollständige Realisation des Höchsten, also die Erleuchtung, befreit von dieser Bindung der Seele an wiederholte Verkörperung. In der westlichen Rezeption dieser Vorstellungen ist *karma* leider oft auf die Reinkarnationslehre reduziert worden. Eine Folge davon ist die fast modische Beschäftigung mit sogenannten 'Rückführungen' in vermeintliche Erfahrungen früherer Leben. Diese Prozesse werden offenbar nicht immer von dafür qualifizierten Therapeuten begleitet. Zumindest weist das Ausmaß der Verwirrung bei den so 'Therapierten' darauf hin, daß diese Verfahren nur in seltenen Fällen sinnvoll sein können. Allzu oft enden sie mit für den Betroffenen belastenden angeblichen Erfahrungen aus früheren Inkarnationen, deren Bearbeitung und Bewältigung nicht selten eine ungenügende therapeutische Begleitung erfährt. Die auffällige Häufung früherer 'erkannter' Inkarnationen als bedeutsame Persönlichkeiten, zumindest aber zurückliegende dramatische Lebenszusammenhänge, einhergehend mit dem fast vollständigen Fehlen ganz normaler Biographien, werfen die Frage auf, ob es sich hier nicht oft um Projektionen der in der Gegenwart daran Beteiligten und um eine fast mechanistisch anmutende Banalisierung der östlichen *karma*-Vorstellung handelt. Jedenfalls wird die Ego-Struktur des Betroffenen, sein *ahaṃkāra*, mit neuen Identifikationen 'gefüttert', die es oft

---

und dieselbe tiefe religiöse oder spirituelle Erfahrung in verschiedenen Kulturen oder Zeitaltern zu völlig verschiedenen, scheinbar unvereinbaren *Abbildungen* in Sprache führen.

fraglich erscheinen lassen (und zwar sowohl vom Standpunkt des Yoga aus wie auch dem der westlichen Psychologie), ob dadurch eine Entlastung von Leiden ermöglicht wird.

☛ Wir wollen in dem hier gewählten Rahmen darauf hinweisen, daß das Konzept des *karma* allein aus psychologischer Perspektive und auch ohne Reinkarnationsvorstellung von großem Interesse und praktischem Wert für das Selbststudium ist.

Karma ist das Gesetz von Ursache und Wirkung im Handeln. Es bezieht sich durchaus nicht nur auf negative Ereignisse des Lebens, sondern erhebt den Anspruch eines wertneutralen Naturgesetzes, welches den Zusammenhang von Handeln und dessen Auswirkungen, ob positiv oder negativ, beschreibt. Diese Gesetzmäßigkeit wird oft auch 'übersetzt' mit den westlichen wohlbekannten ethischen Aussagen: „Wie es in den Wald hineinruft, so schallt es heraus" oder „Wie du säest, wirst du ernten." Aus sozialpsychologischer Sicht ist es interessant, daß letztlich in allen Kulturen eine zumindest implizite Grundüberzeugung besteht, daß es einen ursächlichen Zusammenhang gibt zwischen guten Taten und guten Ergebnissen einerseits und zwischen falschem Handeln und Bestrafung andererseits.
Was ist Handeln aus der Perspektive des Yoga? Mit dem Begriff ist nicht nur das äußere Verhalten, sondern es sind auch Denk- und Gefühlsakte gemeint, also die Bewegungen unseres Geistes (*vṛttis*). In diesem Kapitel haben wir gesehen, daß sogar Wahrnehmen Handeln ist. In dem Moment, wo ich ein äußeres Ereignis durch die Instrumente meiner Sinne erkenne, habe ich durch Handlungsakte der Unterscheidung, Selektion, Bedeutungszuweisung und Verzerrung entsprechend des Zustandes meines Geistes auf das äußere Ereignis eingewirkt und es nun zu einem Teil von mir durch inneres Handeln gemacht (wie schon gesagt: Ich *mache* Erfahrungen). Jede in mein Bewußtsein gelangte Wahrnehmung ist stets schon meine Deutung. Wenn unsere achtsame Aufmerksamkeit nach innen sehr fein geworden ist, z.B. in der Meditation oder in einer Tiefenentspannungsübung, können wir häufig beobachten, daß auch das Spüren des Körpers, der Atmung oder das Wahrnehmen von Gedanken und Stimmungen kaum möglich sind ohne reflexhafte Beimengung neuer Gedanken, einer Bewertung oder eines Handlungsimpulses (und sei es auch nur z.B. die Atmung zu vertiefen). Ich

fühle in der Regel nicht, was ist, sondern *es fühlt sich für mich an* in einer bestimmten Weise.[48]

Alles Handeln in diesem umfassenden Sinne hinterläßt Spuren, Eindrücke in meinem Geist, die *saṃskāras*. Das Prinzip des *satkāryavāda* geht davon aus, daß eine Wirkung schon vor ihrer Manifestation in ihrer Ursache vorhanden oder verborgen ist. Jede Bewegung auf einer gröberen Ebene verweist auf eine Bewegung und Ursache auf feinerer Ebene. Jedem äußeren Handeln geht ein inneres Handeln (*vṛttis*) voraus.

Zentraler Punkt des gesamten *karma*-Konzeptes ist also das innere Handeln, die Bewegungen im Geist. Wir sind in Kap. 3.4 und in der dortigen Abb. 5 im Zusammenhang mit Gewohnheiten darauf eingegangen, daß in dieser Hinsicht ein sich selbst verstärkender Kreislauf besteht. Frühere Handlungen führen zu Eindrücken im Geist, die um so tiefer werden, je häufiger diese Handlungen durchgeführt wurden. Die dadurch wachsenden *saṃskāras* erzeugen ihrerseits eine gleichgerichtete Handlungstendenz über entsprechende Wünsche und Bedürfnisse. Es wird in Zukunft so gehandelt wie in der Vergangenheit, wodurch sich eine Verfestigung der Handlungsneigung, eine Verstärkung der Anhaftung im Sinne einer positiven Rückkopplung ergibt. Wir sind in diesem psychologischen Sinne gebunden im Gesetz des *karma*.

Auch im Kap. 4.2 und in der Abb. 8 haben wir im Zusammenhang mit der humanistischen Psychologie diskutiert, wie bestimmte Selbstkonzeptinhalte dazu neigen, bestimmte *vṛttis* im Geist, nämlich Gefühle und eine verzerrte Wahrnehmungsverarbeitung, zu erzeugen, die zu einer gefärbten 'Brille' führen. Durch diese Brille nehme ich mich selbst, aber auch andere und äußere Ereignisse wahr, was wiederum zu einer Verstärkung der Selbstkonzeptinhalte führt. Auch hier: Wir sind gebunden im Gesetz des *karma*. Wie haben wir übrigens Selbstkonzeptinhalte im Rahmen der westlichen Psychologie definiert? Als sich verfestigender Niederschlag von früheren Erfahrungen, also östlich: *saṃskāras*.

Wodurch wird der zentrale Aspekt, unser inneres Handeln, beeinflußt? Wodurch wird die Qualität der *vṛttis* bestimmt? Einerseits wie beschrieben durch die schon bestehenden Konsequenzen früherer Handlungen, die *saṃskāras*. Aus ihnen entstehen Handlungsneigungen durch Bedürf-

---

[48] So verstanden umfaßt Yoga die Übung, diese (Handlungs-) Struktur unseres Geistes zu erkennen und über die Nicht-Identifikation sich zumindest in Ausschnitten dem 'Bewußtsein an sich' anzunähern. Hierzu bedarf es der ‚absichtslosen' inneren Achtsamkeit jenseits der (angestrengten) willentlichen Kontrolle, wie wir sie im Kap. 8.1 noch beschreiben werden.

nisse und Wünsche, die wiederum zu den entsprechenden Bewegungen im Geist und letztlich zum äußeren Handeln führen. Wir können jedoch noch zwei weitere wesentliche Faktoren nennen. Die *vṛttis* sind bestimmt durch den Zustand unseres Geistes. Dieser wiederum wird beeinflußt durch die *guṇas* und die *kleśas*.

Nach Vyāsa, dem großen Kommentator der Patañjali Yoga-*Sūtras*, gibt es je nach Mischung der *guṇas tamas*, *rajas* und *sattva* (s. Kap. 2.1) fünf Zustände des Geistes (s. Kap. 2.2.4), die von unruhig und verwirrt über träge und dumpf bis hin zur einpunktigen Konzentration und der vollständigen Kontrolle aller *vṛttis* führen. Die Bewegungen des Geistes entsprechen in ihrer Qualität seinem jeweiligen Zustand, wie sie wiederum auf diesen Zustand zurückwirken.

Nach Patañjali sind die *vṛttis* in den *kleśa*s, den ‚leidvollen Spannungen', verwurzelt. Diese sind angeboren, können in ihrer Wirkung jedoch gemildert werden (s. Kap. 2.3.2). Diese *kleśas* Nicht-Wissen, Ichhaftigkeit, Anziehung, Ablehnung und Angst erzeugen ebenfalls entsprechende Bewegungen im Geist, wie auch wiederum diese Einfluß nehmen auf die Stärke der *kleśas*.

Zusammenfassend führen also die *saṃskāras*, *kleśas* und die Zustände des Geistes nach Vyāsa zu bestimmten *vṛttis*, Bewegungen im Geist. Hierzu zählen auch die jeweiligen Identifikationen, die nunmehr die Wahrnehmung der äußeren Welt prägen. Diese ‚Weltschau' wirkt wiederum (bestätigend) auf die *vṛttis* zurück. Auf dieser Basis werden äußere Handlungen geplant und ausgeführt, die in ihren Konsequenzen wahrgenommen und ebenfalls rekursiv auf die Bewegungen des Geistes Einfluß nehmen. In Abb. 20 sind die hier besprochenen Elemente zu einem psychologischen *karma*-Modell zusammengefaßt.

! Nicht scheinbar unkontrollierbar von außen auf mich einwirkende ‚schicksalhafte' Ereignisse stellen die karmische Bindung dar, sondern die Tatsache, daß ich selbst durch äußeres und inneres Handeln Voraussetzungen geschaffen habe, die entsprechend ihrer Tendenz mich zu erneutem Handeln veranlassen. Auch die Art und Weise meiner Wahrnehmung ist Handeln. Dadurch entfalten sich die in den *saṃskāras* liegenden Wirkungen quasi naturgesetzmäßig. Diese begegnen mir als scheinbar äußere, von mir unabhängige Ereignisse

Wo bleibt der Freiheitsraum des menschlichen Handelns und damit dessen jeweilige individuelle Verantwortung? Entgegen vieler populärer

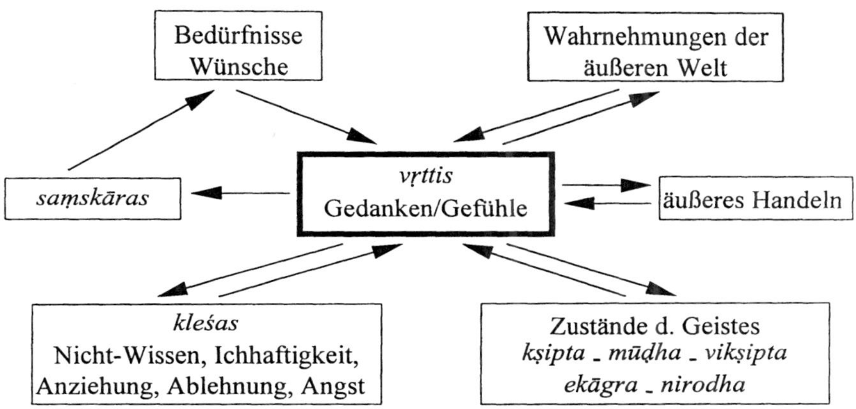

Abb. 20: *Karma* und der menschliche Geist: Versuch einer psychologischen Annäherung

Interpretationen des *karma*, die unversehens entweder im Determinismus oder aber im kindlichen Schicksalsglauben landen, bleiben hier Freiheit und Verantwortung in hohem Ausmaß gewährt. Zwar kann entstandenes *karma*, also bereits von mir und in mir erzeugte Handlungskonsequenzen, nicht ungeschehen gemacht werden. Ich *muß* mich damit auseinandersetzen, weil es ein Teil von mir, also ein Teil meines Geistes geworden ist. Entsprechend des Verses in der Bhagavad Gita XVIII;60 kann ich aber wählen, ob ich die Konfrontation mit meinem *karma* aktiv und bewußt suche oder aber hilflos davon 'als Schicksal' ereilt werde[49]. Zukünftiges *karma* hingegen kann ich aktiv und bewußt durch jeweilige Handlungsentscheidungen in der Gegenwart beeinflussen. Deshalb steht in den PYS II;16, daß noch nicht entstandener Schmerz vermieden werden kann und sollte.

Die Freiheit des Menschen in der Auseinandersetzung mit dem Naturgesetz des *karma* besteht jedoch noch in anderer faszinierender Hinsicht: Ich muß mich zwar mit alten Handlungswirkungen auseinandersetzen, doch *wie* ich dieses gestalte, bezieht sich erneut auf Handlungen im Hier

[49] So kann ich eine partnerschaftliche Trennung bewußt aufarbeiten in dem Bemühen, meine Anteile daran zu erkennen und in einer neuen Beziehung zu verändern, oder aber ich leide weiterhin darunter, daß ich dreimal hintereinander in 'schicksalhafter Weise' an 'beziehungsunfähige Partner' geraten bin.

und Jetzt, also auf Handlungsentscheidungen in der Gegenwart. Sie können den Handlungsneigungen des 'alten *karmas*' entsprechen und damit zu einer Wiederholung ähnlicher Verhaltensweisen und einer Verstärkung der schon vorhandenen *saṃskāras* führen. Ich kann jedoch auch bewußt versuchen, bei der Bewältigung von Lebensaufgaben, die sich aus früheren Verhaltensweisen ergeben haben, eine neue Richtung einzuschlagen und nicht dem scheinbar so zwingenden Sog der schon bestehenden Verhaltensneigung zu folgen. Hierzu ist ein geschultes Unterscheidungsvermögen (*buddhi*) und *saṃkalpa śakti* (Willens- und Entscheidungskraft) notwendig, um gegen den Strom zu handeln, der in mir sich entfaltend mich mitzureißen droht. Das bedeutet *tapas* zu üben, den zweiten *niyama* des achtstufigen Yoga-Pfades. In dieser Hinsicht ist die Unterscheidung in primäres und sekundäres *karma* hilfreich. Primär ist bei vielen Menschen eine grundlegende Handlungstendenz wie ein Lebensthema, welches jedoch unzählige sekundäre Handlungen (innere und äußere) nach sich zieht. So kann sich eine bestimmte primäre Grundeinstellung des Geistes sekundär in vielen Ausdrucksformen konkreter Verhaltensweisen z.B. in Partnerschaft, Beruf oder sich selbst gegenüber zeigen. Einige östliche Autoren erklären, daß an der primären karmischen Tendenz, also an der Lebensaufgabe an sich, kaum etwas geändert werden könne, wohl aber auch hier Freiheit bestehe in der Wahl der konkreten Umsetzung in Handeln. Wenn ich immer der Größte sein muß, kann ich wählen, ob der größte Schurke, der erfolgreichste Geschäftsmann oder der bekannteste Dichter (in der Psychoanalyse auch als ‚Sublimation' bekannt).

Es gibt eine alltagssprachliche Wendung in Bezug auf Lebensschicksale oder sich wiederholende oder strukturell ähnlich schwere Erfahrungen: „Das ist eben mein *karma*." In der Regel ist dies als Abwehr von Verantwortung und Auseinandersetzung gemeint, etwa in dem Sinne: „Daran kann man eben nichts ändern." Eine solche deterministische Sichtweise entspricht der traditionellen *karma*-Auffassung jedoch in keiner Weise. Karmisch denken heißt, den Blick von äußeren Ereignissen nach innen zu richten, denn jede äußere Erfahrung entsteht aus einem inneren Handeln - und nur letzteres unterliegt meiner unmittelbaren Wahrnehmung, meiner Verantwortung und meinen freien Handlungsentschlüssen - und damit gestalte ich mein *karma*, meine Lebenswirklichkeit.[50] In der

---

[50] An meiner Kindheit kann ich nichts ändern, wohl aber an der Art meiner Auseinandersetzung damit. Oder auch: Die patzige und mich verletzende Bemerkung meiner Tochter ist unwiderruflich gefallen - meine inneren und äuße-

Bhagavad Gita sind eine Fülle von 'Anregungen' enthalten, wie „Geschick im Handeln" erreicht werden kann.

☛ Mein *karma* ist also nicht das, was in der Welt geschieht und auf mich einwirkt, sondern die Art und Weise, wie ich auf diese Geschehnisse reagiere. Hierzu gehört auch die *Wahrnehmung* von äußeren Ereignissen, denn wahrnehmen ist Handeln. Nun haben wir aber - und hier schließen wir den Bogen zum Anfang dieses Kapitels 5 - keinen Zugang zu den äußeren *Ereignissen an sich*, sondern nur zu unseren *Wahrnehmungen über diese*. Durch die Art meiner Wahrnehmung und den damit einhergehenden selektiven Ausschnitten, Verzerrungen und Bewertungen lege ich die karmische Basis dafür, wie ich in Zukunft auf Geschehnisse in der Welt reagieren werde. Und auf diese Weise ist aus psychologischer Sicht unser Leben gebunden und bestimmt durch das Gesetz des *karma*.

---

ren Handlungen darauf sind jedoch keineswegs determiniert. Wenn ich aber dann (mehr oder weniger bewußt) darauf reagiert habe, wird dadurch ein Stück zukünftigen Lebens von mir geformt. Die Eindrücke in meinem Geist sind entweder von Ablehnung oder Verständnis geprägt; meine äußeren Reaktionen sind entsprechend gefärbt und führen zu Konsequenzen in meiner Tochter und in unserer Beziehung, die auf mich wiederum zurückwirken und neue *vṛttis* und *saṃskāras* und damit Handlungsneigungen in der Zukunft erzeugen.

6

Der personenzentrierte Ansatz im Unterricht

☛ Dieses Kapitel
- ❍ wendet sich nicht nur an Yogalehrende, sondern kann auch für Übende interessante Gedanken enthalten;
- ❍ stellt die Bedeutung des personenzentrierten Ansatzes von Carl Rogers für den Yoga-Unterricht dar;
- ❍ behandelt verschiedene Aspekte der sorgenden Haltung gegenüber den Kursteilnehmern;
- ❍ erwägt das Für und Wider einer Korrektur von Teilnehmern im Kurs;
- ❍ stellt ein Konzept von Leitungsstilen vor;
- ❍ setzt sich fragend mit Partner- und Selbsterfahrungsübungen im Yoga-Unterricht auseinander;
- ❍ erwähnt hinderliche, das persönliche Wachstum der Teilnehmer blockierende Verhaltensweisen des Lehrenden.

„Der kluge Gruppenleiter stellt weder die eigene Tugendhaftigkeit zur Schau, noch zeichnet er andere für ihr gutes Verhalten aus. Dies würde bloß eine von Erfolg und Mißerfolg geprägte Atmosphäre schaffen; Konkurrenzkampf und Eifersucht sind die Folgen. ...
Der kluge Gruppenleiter bringt jedem Verhalten respektvolle Aufmerksamkeit entgegen. Damit wird die Gruppe offen für immer differenziertere Verhaltensmöglichkeiten. Die Leute lernen viel, sobald sie nicht bloß so reagieren, wie es ihrer Meinung nach dem Lehrer gefallen könnte“

(John Heider: Tao der Führung)

Genaugenommen sagt das Zitat aus dem Tao alles aus, was wir für den Yoga-Unterricht wissen müssen. Sie können also ebensogut an dieser Stelle das Buch zuklappen und nur das Zitat auf sich wirken lassen. Für den Fall, daß Sie jedoch (so wie die Autoren) nicht genau wissen, wie eine solche Haltung realisiert werden könnte, möchten wir Sie einladen weiterzulesen und mit uns gemeinsame Überlegungen anzustellen, wie wir uns als Yogalehrende dem annähern und unseren Unterricht förderlich gestalten können. Wenn wir uns fragen, welche Folgerungen sich aus den Darstellungen der vorherigen Kapitel für die konkrete Praxis des Lehrens - den Hatha-Yoga-Unterricht in Kursen - ergeben, sollten wir uns zunächst noch einmal auf einige Grundlagen der Yogaphilosophie beziehen (s. Kap. 2). Der Yogaweg beinhaltet u.a. folgende wesentliche Entwicklungsschritte bzw. -ziele:

- Einen Bewußtseinszustand des inneren Gewahrseins;
- Stärkung von *buddhi*, dem Unterscheidungsvermögen;
- Übung des Lösens der Identifikation mit den Bewegungen des Geistes;
- Reinigung des Geistes von den Auswirkungen der *kleśas*;.
- Allmähliche Kontrolle und Beruhigung der *vṛttis*;
- Ruhen des Geistes im ‚reinen Bewußtsein'.

Eine *mögliche* Perspektive besteht darin, den Yoga-Kursunterricht vor dem Hintergrund dieser Entwicklungsziele zu betrachten. Es ergibt sich so die Frage des Yogalehrenden an sich selbst: Auf welche Weise lassen sich die übergeordneten spirituellen Entwicklungsvorstellungen in konkrete Unterrichtsziele und didaktisches Handeln umsetzen? Können die Kursteilnehmer durch die Auswahl der Übungen und durch die Art und Weise meines Unterrichtens kleine Schritte in Richtung auf die traditionellen Ziele des Yoga gehen? Auf welche Weise kann ich eine solche Entwicklung bei ihnen anregen oder intensivieren?

Auf der Suche nach einer praktischen Antwort auf solche Fragen wird recht schnell deutlich, daß uns die Yoga-Tradition zwar aufzeigt, welche Ziele wir als Übende anstreben und welche Mittel wir zu deren Erlangung einsetzen können. Das Instrumentarium hierzu wird uns mit auf den Weg gegeben. *Wie* wir jedoch auf verantwortungsvolle Weise unterrichten, also dieses Instrumentarium vermitteln können, darüber gibt es keine Aussagen. Die großen Yoga-Meister des Ostens sind für uns in unserem kulturellen Kontext nur bedingt als Lehrer-Modelle geeignet. Die ihnen eigene natürliche Autorität gründet sich auf die Erfahrung und Kompetenz der wenigen, die in der Tradition des Yoga aufgewachsen sind. Die daraus häufig erwachsene Führungskraft kann nur dann hilfreich und ohne Gefahren für die persönliche Freiheit des Lernenden sein, wenn sie von einem Menschen ausgeht, der auf tiefe Weise frei ist

von Egozentrizität und damit fern der Möglichkeit, diese Autorität zu mißbrauchen zur Erhöhung des eigenen Ich oder zur Befriedigung eigener Bedürfnisse. Selbstverständlich finden wir solche LehrerInnen auch im Westen. Nur wer von uns kann dies für sich in Anspruch nehmen?
Insofern gibt es keine klaren und für den Yogalehrenden des Westens einfach aus der Tradition zu übernehmenden Modelle oder Anweisungen über das *Wie* des Unterrichtens.[51] In Fortführung des Kapitels 4 wollen wir uns daher erneut der westlichen Psychologie zuwenden, um dort möglicherweise Hilfestellung zu erhalten.
Ausgehend von der personenzentrierten Psychologie nach Rogers lassen sich u.a. folgende Zielsetzungen für einen persönlichen Wachstumsprozeß extrahieren, die letztlich vielen westlichen psychotherapeutischen Schulen gemein sind:

- bewußte Wahrnehmung und Akzeptanz der eigenen Persönlichkeit;
- Lösung von starren Bewußtseinskonzepten über sich selbst und die äußere Welt;
- Erweiterung des Selbstbildes um bisher abgelehnte oder ignorierte Anteile;
- daraus folgend Erweiterung der Wahrnehmungs- und Handlungsmöglichkeiten einer Person;
- Übernahme der Eigenverantwortung.

Die westliche Forschung hat in zahlreichen Untersuchungen (s. Kap 8) u.a. genau die psychologischen Wirkungen bei Yogaübungen festgestellt, welche die humanistische Psychologie als Therapieziele postuliert (Vertiefung des Kontaktes nach innen, erhöhte Selbstannahme, Selbststeuerung und Eigenverantwortung, Verringerung allgemeiner Spannungs- und Angstzustände sowie emotionaler Labilität wie auch insgesamt ein positiveres Lebensgefühl). Verschiedentlich (so z.B. von Wilber, 1988; Engler, 1984) wurden die Zielvorstellungen der westlichen Psychotherapie als Zwischenschritte bzw. Voraussetzungen für die spirituellen Entwicklungsziele angesehen. Prägnant zusammengefaßt: *Ohne Selbstverwirklichung im westlichen psychologischen Sinne keine SELBST-Verwirklichung im östlichen Sinne* (s. hierzu auch Engler, 1988: „Sie müssen zuerst jemand sein, ehe Sie niemand werden können"; in:

---

[51] Natürlich gibt es indirekte Richtlinien, wie etwa die *yamas* und *niyamas*. Auch hier handelt es sich aber um innere Haltungen, wobei die Umsetzung (oder Übersetzung) in konkretes didaktisches Handeln dem Einzelnen überlassen bleibt.

Wilber et al., 1988, S. 38). Wir wollen diese theoretische Diskussion hier jedoch nicht aufgreifen, sondern uns der konkreten Praxis des Unterrichtens zuwenden.
Wodurch entstehen im Yoga-Übenden sehr ähnliche Entwicklungen wie im Rahmen einer personenzentrierten Psychotherapie? Im Kapitel 4 haben wir uns mit der Hypothese auseinandergesetzt, daß der Übende die therapeutisch relevanten Haltungen *sich selbst gegenüber* in der Yogapraxis verwirklicht (mehr oder weniger!). Wir wollen diesen Gedanken nun erweitern auf den Unterricht und die Vermutung äußern:

☛ Nicht allein die von dem Lehrer ausgewählten Übungen, nicht allein die angeleiteten Techniken der Meditation, des *prāṇāyāma* und des Hatha-Yoga bewirken solche Entwicklungen, sondern bedeutsamen Einfluß hat das Ausmaß der vom Lehrenden gelebten inneren Haltungen. Durch diesen werden nicht nur die Übungsanweisungen, das *Was*, weitergegeben, sondern verbal und nonverbal, konstruktive Grundhaltungen transportiert (das *Wie*), die auf diese Weise wiederum im Übenden selbst angeregt werden können.

6.1 Umsetzung des personenzentrierten Ansatzes im Unterricht

Damit ein Yogakursteilnehmer sich sicher genug und ermutigt fühlt, sich auf die Reise der Selbstentdeckung zu begegeben, sich nicht nur mit seinen Stärken, sondern auch seinen Schwächen auseinanderzusetzen und so persönlich und spirituell wachsen zu können, braucht er eine Atmosphäre des Vertrauens und der Akzeptanz, in der er so sein darf, wie er ist. Wie kann ich als Yogalehrer eine solche Atmosphäre unterstützen?
❍ Indem ich die förderlichen Haltungen und Einstellungen von Echtsein, Achtung, einfühlendem Verstehen und Akzeptanz mir selbst gegenüber zunehmend verinnerliche (s. Kap. 4). *Dies bedeutet nicht, daß ich erst einmal selbst eine vollkommen kongruente Persönlichkeit sein muß, bevor ich überhaupt anfangen könnte Yoga zu unterrichten.* Aber ich begreife mich selbst als jemanden, der genau wie die Yogakursteilnehmer in diesem Prozeß der Selbstauseinandersetzung steht. Indem ich selbst übe, mich zu beobachten und kennenzulernen in meinen inneren Haltungen und meinem Selbstdialog, und mir dabei als ein akzeptierender Beobachter entgegentrete, mache ich als Lehrender transparent, daß ich genauso mit meinen Schwächen konfrontiert bin wie die Kursteil-

nehmer auch: mit körperlichen Grenzen, nicht konstruktiven Denk- und Verhaltensmustern, ungelösten Fragen an das Leben - um nur einige zu nennen.

❍Aus einer solchen inneren Haltung kann ich den Teilnehmern authentisch begegnen, ohne Anspruch auf Vollkommenheit, ohne alles wissen oder können zu müssen. Ich zeige mich ihnen gegenüber weitgehend ohne Fassade, ohne eine Rolle zu spielen und ohne mich zu verstellen. Ich stelle mich nicht anders dar, als ich mich innerlich sehe oder erlebe. Ich demonstriere keine Sicherheit, wo keine ist. Trotz aller Konzentration auf die Teilnehmer versuche ich auch immer wieder während des Unterrichtes, in Kontakt zu sein mit meinem eigenen Erleben (z. B. indem ich das Fließen meiner Atmung spüre). Dies erleichtert es mir, aus meiner Mitte heraus zu handeln und oberflächliches Rollengehabe immer weiter abzubauen. Ich versuche mich nicht angestrengt so zu verhalten, wie ich glaube, entsprechend des Yoga sein zu müssen. Je mehr ich in der Wahrhaftigkeit meiner Gegenwart bin (Echtheit, *satya*), desto mehr lebe ich den Yoga und kann seinen Geist an die Teilnehmer weitergeben.

❍Ich stelle eine Atmosphäre der gegenseitigen Achtung und Unterstützung her. Dabei versuche ich, die Teilnehmer so zu akzeptieren, wie sie sind und nicht, wie sie nach meinen Vorstellungen sein sollten. Ich ermutige sie darin, sich Raum zu geben für all das, was sie erleben, ohne es zu bewerten oder zu verändern.

❍Ich signalisiere den Teilnehmern, sowohl im Gespräch wie auch im konkreten Handeln, daß ich mich in das einzufühlen bemühe, was in ihnen vorgeht. Ich verhalte mich verstehend und nicht wertend. Hierdurch wird der Teilnehmer gefördert, sich selbst annehmend zu beobachten, und er kann auf diese Weise sich auch seine Schwächen anschauen, ohne Sorge zu haben, dafür von sich selbst oder den anderen Kursteilnehmern abgelehnt zu werden.

❍Ich gebe nicht vor zu wissen, was für den anderen gut oder richtig ist, sondern biete lediglich meine Unterstützung an, selbst herauszufinden, was für ihn angemessen ist. Das heißt, ich begreife mich nicht als jemand, der für die Kursteilnehmer ihre Probleme und Leiden lösen muß, sondern entwickle Vertrauen in die inneren Wachstumskräfte des Individuums. Damit vermeide ich, daß die Teilnehmer mich idealisieren und sich in eine Abhängigkeit von mir begeben. Statt dessen fördere ich ihre Selbstverantwortung und Selbststeuerung. Diese innere Haltung ist nicht nur den Teilnehmern gegenüber wichtig, sondern schützt auch mich als

Lehrer vor einem großen Hindernis auf meinem spirituellen Weg, nämlich der Identifikation mit 'dem großen Lehrer', der genau weiß, was für die anderen gut ist.

❍ Ich maße mir nicht an zu glauben, ich sei derjenige, der ursächlich konstruktive Entwicklungsprozesse in den Teilnehmern auslöst. Ich bewege nicht deren Körper oder deren Geist (sonst würden die Teilnehmer zur Marionette degradiert). Alles, was ich tun kann, ist eine förderliche Atmosphäre zu schaffen durch meine Art des Anleitens wie auch durch mein ganzes So-Sein. Damit rege ich *eigene* Bewegungen im Geist und 'im Herzen' des Übenden an. Bewegungen, die ihn aus einer eher unbewußten Haltung, in der er mit seinem Körper, seinem Schmerz und seinen Gefühlen identifiziert ist, in eine beobachtende, innerlich achtsame Haltung führen. Ich begreife, daß nicht ich es bin, der durch seine eigene Kraft und Persönlichkeit Prozesse in den Menschen auslöst, sondern daß ich lediglich wie ein Instrument, ein Kanal bin für eine andere Kraft (wie immer man diese nennen möchte), die durch mich hindurchfließt, sich durch mich ausdrückt und wirksam wird. Solche Einsicht lehrt mich Bescheidenheit und Hingabe an diese höhere Kraft, entbindet mich aber nicht der Verantwortung für mein Handeln.

6.2 Für die Teilnehmer sorgen: eine Gratwanderung

Unter dem Blickwinkel der oben beschriebenen förderlichen Haltungen und Verhaltensweisen scheint es uns sinnvoll, einige konkrete Fragen hinsichtlich des Unterrichtens genauer zu beleuchten.

Für die Teilnehmer sorgen: Eine Yogalehrerin beispielsweise, die liebevoll um ihre Kursteilnehmer bemüht ist, kann sich durch die Ergebnisse der humanistischen Psychologie bestätigt fühlen. Wer erlebt es nicht als angenehm, wenn eine Kursleiterin wirklich mit Freude und Liebe und aus der Tiefe ihres Herzens heraus unterrichtet, indem sie z.B. zunächst den Raum liebevoll vorbereitet, für angenehmes Licht, Blumenstrauß und Kerzen sorgt, uns mit ihrer warmen und angenehmen Stimme empfängt und während der Entspannungsübung mit einer weichen Decke zudeckt? Dadurch kann sie eine wunderbare Atmosphäre schaffen, in der sich die Teilnehmer aufgehoben und geborgen fühlen und genau die Grundbedingungen vorfinden, die sie brauchen, um sich auf den nicht gerade einfachen Weg der Innenschau einzulassen - wenn nicht - ja wenn es nicht zu viel wird. Die positive Haltung des 'Für-den-anderen-Sorgens' ist solange förderlich, wie sie nicht zu einer Überversorgung und damit zu einer Einengung führt, wenn es nicht ein bißchen zu viel des ‘Bemutterns’ wird. In einer Gruppe hatten wir folgendes Erlebnis: Im Gespräch fing eine Teilnehmerin an zu weinen, weil sie sehr berührt war von dem Thema. Eine andere aus der Gruppe setzte sich sogleich zu ihr und legte den Arm um sie. Später holte sie noch eine Wolldecke und umhüllte sie damit. Als sie ihr dann noch einen Tee bringen wollte, platzte die erste heraus: „Hör endlich auf damit, wenn du so sehr für mich sorgst, weiß ich gar nicht mehr, was ich eigentlich brauche, dann kann ich mich gar nicht mehr fühlen.“

Dies Beispiel macht die Kehrseite des fürsorglichen Verhaltens deutlich. Es gibt einen Punkt, wo es gleichsam umkippt, wo es zu viel werden kann, wo sich der andere überversorgt und damit auch bevormundet fühlt. Hinter dem ‘Zudecken’ im fürsorglichen und wörtlichen Sinne kann auch der Versuch stehen, etwas zuzudecken im übertragenen Sinne, was wir nicht gut aushalten können, z.B. den seelischen Schmerz eines Teilnehmers. Die Grenze zwischen dem Schaffen einer warmen und liebevollen Atmosphäre und dem eher beengenden Überversorgen ist natürlich fließend und wird von jedem Kursteilnehmer je nach eigenen Erfahrungen und Empfindlichkeiten unterschiedlich erlebt. Der Yogalehrende sollte sensibel dafür werden, wie weit seine Fürsorge von den Teilnehmern wirklich als angenehm empfunden wird oder wo sie auch beginnt, selbst wenn die Teilnehmer es offensichtlich genießen, ‘einlullend’ zu wirken und somit eine wirklich wache innere Achtsamkeit zu erschweren.

Hilfreich kann es sein, sich in diesem Zusammenhang die ehrliche Frage zu stellen: Wie sehe ich die Teilnehmer in diesem Moment? Sind sie ebenbürtige mündige Menschen, die für sich selbst sorgen und Verantwortung übernehmen können, oder sehe ich sie eher als meine Kinder an, denen ich gar nicht genug Liebe und Nahrung geben kann, weil sie scheinbar so viel von mir brauchen und die ich als Mutter/Vater vor allem Unheil versuche zu bewahren, um sie sicher durch den steinigen Weg der Selbsterforschung zu führen?

6.3 Die Ansprache der Teilnehmer

Eine ähnliche Frage sich selbst gegenüber scheint angebracht betreffend der Wortwahl in den Übungsanleitungen. Häufig handelt es sich einfach um eine Gewohnheit, die vielleicht von einem anderen Yogalehrenden übernommen wurde: *Die Ansprache der Teilnehmer.* Ein Unterricht, der vorwiegend in Wir-Form abgehalten wird, kann, wenn noch eine gewisse Stimmlage und Wortwahl hinzukommt, eine unangenehme Atmosphäre hervorrufen. „Jetzt wollen wir unser rechtes Bein heben und unser linkes senken“ und selbst schon ein „wir legen uns auf den Rücken“ kann im Teilnehmer die Empfindung auslösen, er werde nicht ganz für voll genommen. Dadurch wird eher nicht eine Haltung der Eigenverantwortung und Selbststeuerung oder das Entwickeln von individuellen inneren Maßstäben gefördert, was ein wesentliches Ziel des Yoga-Übens darstellt. Darüberhinaus kann es auch zur Bildung von Widerstand gegenüber den Unterrichtsangeboten kommen, weil diese Form der Ansprache als Störung erlebt wird. Genauer untersucht entbehren solche Formulierungen jeglicher sprachlicher Logik. Nicht *wir* legen uns auf den Rücken, sondern die Kursteilnehmer, während der Yogalehrer (hoffentlich) aufrecht bleibt, um aus einer achtsamen Haltung heraus mit den Teilnehmern und dem Geschehen in Kontakt zu bleiben (Abgesehen davon, daß keine Gruppe über ein gemeinsames, nämlich *unser* rechtes Bein verfügt). Wird diese Ansprache konsequent beibehalten, kann sie unversehens im Abstrusen landen: „Wir spüren nach dieser Übung in uns hinein und nehmen unseren Körper, unsere Atmung und unsere Gedanken wahr.“ Das Komische und das Kosmische sind mitunter nur wenig voneinander entfernt.

Es soll hier jedoch nicht der Anschein erweckt werden, diese Form der Ansprache sei grundsätzlich als falsch anzusehen. Ein ‘Wir’ kann in bestimmten Zusammenhängen eine sehr wichtige verbindende Wirkung haben. Nur ist es, wie für jedes Detail unseres Handelns, entscheidend, es mit Bewußtheit zu tun, d.h. sich selbst deutlich zu machen, was tue oder sage ich wem gegenüber in welcher Situation und warum? Eine Alternative zu dem ‘Wir’ im Unterricht kann beispielsweise die neutrale Ansprache im Infinitiv sein („Die Atmung im unteren Rücken spüren“; „sich in den Raum hineindehnen“ usw.). Eine weitere Möglichkeit ist die direkte Ansprache, das ‘Du’ oder ‘Ihr’, oder auch, wo es angemessen erscheint, das ‘Sie’. Hierdurch wird der Übende direkt in seiner Individualität angesprochen und so eher zu einer konzentrierten Innenschau ermutigt.

Was an einer solchen Anrede für den Yogalehrer unangenehm erscheinen mag ist der Umstand, daß letztlich immer im Imperativ gesprochen wird, d.h. sprachlich ‘Befehle erteilt werden’ („Hebe nun dein rechtes Bein. Spüre das Fließen deiner Atmung“). Dies wird manchmal versucht, durch besondere Höflichkeit auszugleichen, beispielsweise durch ein „Bitte“ vor jeder Übungsanleitung. Die Sprache verliert dann jedoch leicht ihren natürlichen Fluß und lenkt durch ihre ungewohnte Form

erneut von den Inhalten ab. Zudem: Der Teilnehmer will aus eigenem Antrieb etwas für sich tun, wenn er in einen Yogakurs geht und sich nicht dem Yogalehrer zuliebe bewegen oder entspannen.
Lob im Unterricht (wie ein allgemein an die Gruppe gerichtetes 'sehr schön' oder an einzelne Teilnehmer 'das sieht sehr gut aus') ist gut gemeint und soll den Einzelnen bestärken und ermutigen. Auch hier jedoch sollten wir uns der Wirkung bewußt sein: Wer lobt und dazu noch einzelne aus einer Gruppe, kann damit, wenn auch ungewollt, leicht eine Atmosphäre von Leistungsbereitschaft und Konkurrenz schaffen (jeder will es gut machen; deshalb versucht der Teilnehmer ggf. noch etwas weiter in ein *āsana* hineinzugehen, als es ihm gut tut) oder aber gibt damit indirekt zu verstehen, daß man die Übungen richtig oder falsch, gut oder schlecht machen kann. Dies wirkt sich hinderlich aus auf die Selbststeuerung der Teilnehmer. Ein wesentliches Ziel besteht gerade darin, den eigenen Maßstab aufgrund eigener Erfahrungen zu finden, ohne sich an den Leistungen anderer zu orientieren.
Insofern erscheint es ratsam, immer wieder das eigene sprachliche und nonverbale Verhalten aus einer gewissen Distanz zu beobachten. Dabei geht es um einen Bewußtwerdungsprozeß im Sinne der Frage: Was tue oder sage ich wann und warum? Gerade unser sprachliches Verhalten ist weitgehend automatisiert und damit stark durch Gewohnheiten geprägt.

☛ Es gibt keine Verhaltensweisen eines Yogalehrenden, die prinzipiell richtig oder falsch wären. Ein bestimmtes Handeln mag in der einen Situation sehr hilfreich, in einer anderen unangemessen sein. Für jede Arbeit mit Menschen gilt, daß es keine 'Kochrezepte', also keine allgemeinen Regeln gib, auch wenn dieser Eindruck an mancher Stelle vermittelt werden mag. Wie der angehende Musiker sich zunächst mit den überschaubaren Grundelementen seiner Kunst auseinandersetzen muß, bevor er seine volle und unabhängige Kreativität entfalten kann, besteht auch für den Yogalehrenden die erste Stufe darin, sich mit allgemeinen Regeln der Unterrichtsgestaltung auseinanderzusetzen. Dieses bietet überhaupt das Fundament dafür, sich in einem zweiten Schritt auf der Basis einer durch Erfahrung geschulten Intuition von allgemeinen Konzepten zu lösen, und sich als Yogalehrender gegenüber einem konkreten Menschen unter Umständen auch (scheinbar) entgegen diesen Regeln zu verhalten.

6.4 Korrektur im Unterricht - Für und Wider

Den obigen Gedanken weiterführend können wir uns hinsichtlich der Korrektur im Unterricht folgende Frage stellen: Wie kann ich als Yogalehrer einen ganz bestimmten Menschen in einer spezifischen Situation am besten unterstützen?

Hierbei gibt es viele Aspekte zu berücksichtigen. Zunächst können und müssen wir weiterfragen: Unterstützen wofür und in welche Richtung? Eine Frage, die sich jeder Yogalehrer auch immer wieder stellen sollte: Was möchte ich eigentlich vermitteln? Was will ich 'rüberbringen'? Was ist der tiefere Sinn meines didaktischen Handelns? Worin sehe ich die 'Philosophie' des von mir gelehrten Yoga? Erst aus der Beantwortung dieser Fragen kann ich ableiten, ob das Korrigieren einer Körperhaltung wirklich angemessen ist. Angemessen nämlich in Hinblick auf meine impliziten Lernziele und ob ich den 'Kern des Ganzen', gewissermaßen den von mir als wichtig erkannten Geist des Yoga damit vermitteln kann oder ihn eher verschleiere.

Im folgenden lassen wir all jene Situationen außer acht, in denen sich die Teilnehmer durch eine 'falsche' Körperhaltung wirklichen Schaden zufügen können. Jeder Yogalehrer und jede Yogalehrerin hat hier die Pflicht, verantwortlich für die Teilnehmer zu sorgen und sie vor Schaden zu bewahren. Wir möchten hingegen all jene Situationen betrachten, in denen die vom Lehrer angesagte Haltung, so detail-genau sie auch in Worte gefaßt wurde, nicht oder anders von einem Teilnehmer eingenommen wurde. Sollte hier korrigiert werden? Wie oben erwähnt, hängt die Antwort von den impliziten Unterrichtszielen des Lehrenden und seiner 'Philosophie des Hatha-Yoga' ab. Hier zwei extreme Beispiele, wie diese aussehen könnte:

Lehrerin A: „Hatha-Yoga ist ein seit Jahrhunderten bewährtes System, die körperlichen Funktionen zu harmonisieren, geschwächte Muskeln zu stärken, Verspannungen und Verhärtungen zu lösen, Fehlhaltungen zu korrigieren und sowohl muskulär wie auch vegetativ einen 'eutonischen Zustand' zu erarbeiten. Dies kann schnell und wirksam erreicht werden, wenn die klassischen Haltungen von Beginn an möglichst fehlerfrei erlernt werden.

Lehrerin B: „Yoga ist eine Methode der persönlichen Transformation. Alle Übungen im Yoga, ob Hatha Yoga, Atem- oder meditative Übungen, sind lediglich Instrumente, um an dem Geist zu arbeiten. Ziel ist es, sich selbst immer besser kennenzulernen, von den gröberen körperlichen Schichten ausgehend eine immer feinere Selbstwahrnehmung zu

erlernen, um so durch den Yoga an der eigenen geistigen Haltung und den Bewegungen im Geist arbeiten zu können. Die Hatha-Yoga-Übungen wirken dann optimal, wenn sie den Prozeß der Selbsterfahrung, des Selbststudiums und der Selbstveränderung unterstützen."
Es wird deutlich, daß es für diese beiden Lehrerinnen, die - wenn auch holzschnittartig - zwei wesentliche Grundauffassungen vom Yoga-Unterricht repräsentieren, gleichlautende Empfehlungen nur schwer geben kann. Während für Lehrerin A gemessen an ihrem impliziten Lernziel ein Korrigieren ihrer Teilnehmer durchaus angemessen sein kann, wird Lehrerin B unter Umständen wesentliche der von ihr angestrebten Lernschritte durch häufiges Korrigieren verfehlen.

☛ *Es gibt so viele Unterrichtsstile wie es Yogalehrende gibt.*

Die Antwort auf die gestellte Frage lautet also nicht: Korrigieren der Yogahaltung ist richtig oder falsch, sondern: Unterrichte den Yoga in deiner Weise und verhalte dich den Teilnehmern gegenüber so, daß du dich authentisch fühlst - in Übereinstimmung mit dir selbst und deiner Philosophie des Yoga. Der Yoga-Unterricht wird dann die meisten Früchte tragen, wenn er von Echtheit geprägt, d.h. von der Persönlichkeit des Lehrenden getragen ist.
Ein weiterer Aspekt: Weniger kommt es darauf an, *ob* ein Teilnehmer in einer Körperhaltung korrigiert wird, sondern *wie* der Lehrer oder die Lehrerin dies tut. Mit welcher inneren Haltung tritt der Lehrer an den Teilnehmer heran? Wie empfindet dieser die Korrektur: Als fürsorgliche Unterstützung, als willkommene Hilfe und interessanten Impuls? Oder kommt bei ihm die Botschaft an: „Du hast (wieder einmal) etwas falsch gemacht!", „Du hast nicht aufgepaßt!"; „Du bist ungeschickt!" oder auch „Du sollst anders sein als du jetzt bist"?
Letzteres entspricht den üblichen Erfahrungen der meisten Teilnehmer aus ihrem alltäglichen Leben: Sie kennen das aus der Schule, aus ihrem Berufsleben, vielleicht aus der Beziehung zu ihren Eltern. Es erscheint nicht sinnvoll, wenn der Yogalehrer mit seinem durchaus gut gemeinten Verhalten im Unterricht eine Atmosphäre schafft, die mehr Wert legt auf technische Korrektheit als darauf, daß die Teilnehmer sich wohl und angenommen fühlen können. Eine leistungsbezogene Stimmung im Yoga-Unterricht kann dazu führen, daß den Teilnehmern eine tiefere Hinwendung nach innen, ein Zulassen, Beobachten und Annehmen der eigenen Schwächen (der erste Schritt, um an ihnen konstruktiv arbeiten zu können) nicht gelingt, weil sie sich nicht sicher genug fühlen. Dadurch

reiht sich der Yoga-Unterricht für die Teilnehmer schnell ein in die Palette ihrer üblichen Alltagserfahrungen (gut sein, besser sein, wachsam sein - aber nach außen, weniger nach innen). Yoga kann so seine große Möglichkeit verlieren, wirkliches Gegengewicht zu alltäglichen, oft so belastenden Selbstdarstellungen zu werden: Der Teilnehmer kann sich nicht so zeigen, wie er ist oder sich selbst sieht, sondern nur so, wie er glaubt sein zu müssen, um den Ansprüchen anderer zu genügen. *Abgesehen davon ist aus unserer Sicht von außen gar nicht immer erkennbar, wie ‚richtig' oder ‚intensiv' eine Übung durchgeführt wird, da ein bedeutsamer Teil davon im Geist stattfindet.*

Wir wollen zum Abschluß nur einige Möglichkeiten des Korrigierens aus einer ganzen Reihe nennen, die die Freiheit und die Selbstbestimmung der TeilnehmerInnen akzeptieren, ihnen ihren eigenen Rhythmus der Selbstveränderung lassen und ihnen das Gefühl geben, in ihren Schwächen sowohl erkannt als auch anerkannt zu sein.

Ein oft praktizierter Vorschlag besteht darin, die 'Fehlhaltung' eines einzelnen Teilnehmers in der Ansage der Übung für die gesamte Gruppe zu berücksichtigen, ohne speziell auf diesen einzugehen. So mag er in der Entspannungshaltung *śavāsana* immer wieder eine deutliche seitliche Krümmung der Wirbelsäule aufweisen. Er liegt am Boden 'wie eine Banane'. Anstatt diesen Teilnehmer wiederholt persönlich zu korrigieren, kann man als Lehrender für die Gesamtgruppe in der Ansage formulieren: „Hebe nochmals leicht deinen Kopf an und siehe, ob deine Wirbelsäule, Nacken und Kopf in einer Linie liegen". Vielleicht reagiert besagter Teilnehmer erst nach drei Monaten auf diesen Hinweis und verändert erst nach weiteren Wochen schrittweise seine Haltung. Was ist dadurch erreicht? Er konnte seinem eigenen Tempo und seinen eigenen Voraussetzungen gemäß lernen. Zu Beginn war er noch so mit sich, seinen Gedanken und Tagesereignissen beschäftigt, daß er den Hinweis des Lehrers völlig überhörte. Erst mit Fortschreiten des Unterrichtes über viele Wochen beruhigte sich die sprunghafte Tätigkeit seines Geistes - er wurde freier, sich zunehmend selbst zu studieren. Welche 'Entdekkung', dann sich plötzlich als gekrümmt zu erleben, welche kleine Freude, aus eigener Kraft sich zu verändern. All diese wichtigen Lernschritte hin zum Yoga, zum Selbststudium wären durch eine frühe Korrektur unter Umständen übersprungen worden.

Eine zweite Möglichkeit, auf angemessene Art zu korrigieren, besteht darin, als Lehrer direkt auf den Teilnehmer zuzugehen, jedoch nicht mit einer inneren Haltung des Korrigierens und 'Bessermachens', sondern mit der von Unterstützung. Ich unterstütze den Teilnehmer als Lehrer dort, wo er sich in seiner Entwicklung befindet. Ich nehme ihm Anspannung, Verkrampfung und u.U. Schmerz in einer Haltung ab. Ich berühre ihn so, daß er sich nicht bedrängt fühlt in eine Richtung, sondern daß seine Aufmerksamkeit, seine innere Wahrnehmung, sich auf den Körperbereich, auf die Schwäche richten kann, die zwar ich als Lehrer mit meinem geübten Auge, nicht aber der Teilnehmer selbst bisher wahrgenommen hat.

Beispiel A: Eine Teilnehmerin befindet sich im 'Pflug' (*halāsana*) und versucht, unter offensichtlicher Anstrengung, Verkrampfung und auch Schmerzen, ihre Zehenspitzen auf dem Boden zu halten. Ich als Lehrerin gehe zu ihr und unterstütze sanft mit meinem Unterarm die Beine der Teilnehmerin, nehme ihr Gewicht auf und hebe sie ggf. etwas an. Ich kann so das krampfhafte Bemühen übernehmen und setze die Teilnehmerin in die Lage loszulassen und sich dort in der Übung zu entspannen und einzurichten, wie es ihrer Kapazität entspricht.

Beispiel B: In der 'Haltung des Kindes' (*balāsana*) fällt mir als Lehrerin auf, daß der untere Atemraum eines Teilnehmers unbeweglich bleibt. Durch sanftes Auflegen der Hände im unteren Rückenbereich wird der Teilnehmer unterstützt, seine Wahrnehmung dorthin zu richten, sich in die Wärme der Hände hinein zu entspannen und den Atemraum schrittweise zu öffnen.

Beispiel C: Eine Teilnehmerin steht in dem 'Berg' (*tadāsana*). Ihre Füße stehen nicht parallel zueinander, sondern eine Fußspitze ist stark nach außen gerichtet. Ich könnte sie einfach darauf aufmerksam machen und ihr sagen:„Schau mal deine Füße an" und „stelle sie parallel". Viel intensiver wird jedoch das innere Körpererleben sein, wenn ich die Teilnehmerin anrege, ihren Fuß millimeterweise nach innen und ggf. wieder nach außen zu drehen und die Auswirkungen zu studieren. Dann ist zwar die Haltung vielleicht immer noch nicht an objektiven Kriterien gemessen ganz korrekt, aber die Teilnehmerin wird in der Haltung der inneren Achtsamkeit sehr intensiv empfinden, wie diese minimale Verschiebung einer Fußspitze ihr gesamtes Körpergefühl und ihre Statik verändert. Vielleicht ist auch der Stand unsicher geworden, so daß sie nach dieser Erfahrung beschließt, zunächst einmal in ihre gewohnte Haltung zurückzukehren und sich in kleinen Schritten mit der Veränderung zu konfrontieren.

Ein Yogalehrender sollte einen Teilnehmer also nur dann berühren, wenn er in sich eine Haltung der Unterstützung spürt und wenn er sich in gutem Kontakt zu sich selbst und dem Teilnehmer fühlt. Ist dieser Kontakt vorhanden, wird die Berührung von Wärme und Sicherheit getragen sein. Führe ich als Yogalehrer auf dieser Grundlage meinen Unterricht aus, kann der Yoga, ob mit Korrigieren oder ohne, ein wertvolles Instrument des Wachstums werden, sowohl für die Teilnehmer als auch für mich als Lehrer.

6.5 Leitungsstile

Besonders die pädagogische Psychologie hat sich immer wieder Gedanken über die verschiedenen Möglichkeiten gemacht, eine Gruppe zu leiten. Dabei haben sich verschiedene Leitungsstile herauskristallisiert. So werden häufig unterschieden

- autoritärer Stil;
- laissez-faire-Stil;
- freiheitlich-demokratischer Stil.

Vor dem Hintergrund des personenzentrierten Ansatzes von Rogers haben Tausch & Tausch (1979) auf zwei grundlegende Dimensionen des Leiterverhaltens hingewiesen, nämlich *Ausmaß der Bevormundung/Lenkung* und *Ausmaß der Wertschätzung*. Graphisch ergeben sich dadurch vier Stile (s. Abb. 21).

Es wäre ein Mißverständnis zu glauben, daß ausschließlich der freiheitlich-demokratische Stil ein angemessener didaktischer Ansatz wäre. Gleichwohl entspricht dieser am ehesten den von Rogers vertretenen drei fördernden Grundhaltungen und unterstützt somit das persönliche Wachstum der Teilnehmer im Yoga-Unterricht. Dabei kommt es natürlich immer auch auf die Rahmenbedingungen an, in denen pädagogisches Handeln stattfindet. Die Einteilung in Leitungsstile ist in unserem Zusammenhang nützlich, denn wir können uns bewußt machen, welche inneren Haltungen sich in unserem Leitungsverhalten kondensieren. Allein die Art unserer Übungsansage kann schon ein interessantes Indiz hierfür sein. Dabei ist zu bedenken, daß weniger die Worte selbst, als vielmehr die nonverbalen Aspekte darüber entscheiden, wie meine Übungsansage ankommt - der Ton macht eben die Musik.

Sicher können wir festhalten, daß Extreme in den Leitungsstilen die Möglichkeiten des Eingehens auf die einzelnen Teilnehmer ungünstig einschränken. Wir sollten uns als Lehrende bewußt werden, wann wir in welcher Haltung handeln und welcher Stil in einer bestimmten Situation

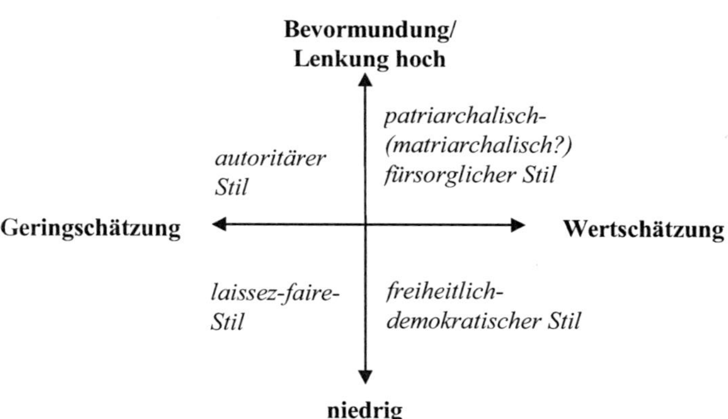

Abb. 21: Leitungsstile in den Dimensionen Lenkung und Wertschätzung

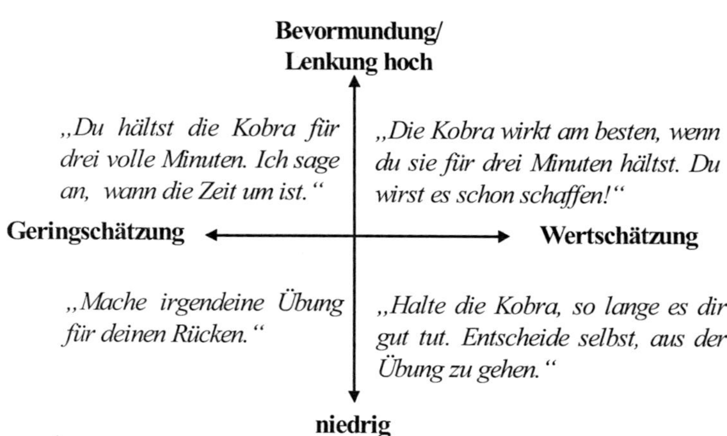

Abb.22: Exemplarische Übungsansagen als Ausdruck eines bestimmten Leitungsstils

einem echten Kontakt zum Teilnehmer im Weg steht. In Abb. 22 haben wir versucht (zugegeben etwas karikierend), bestimmte Übungsansagen den Stilen zuzuordnen. Die Leitungsstile werden kaum bei einem Lehrenden durchgängig in 'Reinkultur' vorkommen. Und doch zeigen sich möglicherweise die einen oder anderen Tendenzen, die dann bewußt gemacht und überdacht werden können.

6.6 Partnerübungen im Hatha Yoga-Unterricht

Partnerübungen sind in keinem Übungsrepertoire der klassischen Yogaliteratur zu finden. Das kann für manchen Yogalehrenden ein Grund sein, diese auch nicht in den Unterricht mit aufzunehmen. Auf der anderen Seite entsprechen sie dem heutigen Bedürfnis vieler Menschen, die in die Yogakurse kommen, mit den anderen Teilnehmern in Kontakt zu treten, und zwar auf eine angenehmere und authentischere Weise als ihnen das sonst vielleicht im Alltag, z.B. im Beruf, möglich ist, wo mehr oder weniger subtil Konkurrenz und Machtgerangel den Umgang miteinander beherrschen. So kann es für manchen Teilnehmer eine beglükkende Erfahrung bedeuten, von einem eigentlich fremden Menschen im Kursus auf eine sanfte und einfühlsame Weise berührt zu werden (beispielsweise bei der gegenseitigen Unterstützung in einem *āsana*), oder aber einem anderen Menschen Zuwendung und Wärme entgegenbringen zu können, indem er seine Hände z.B. auf dessen Rücken legt und ihm hilft, sich zu entspannen. Hier ist die Möglichkeit gegeben, sich in einer sicheren Atmosphäre zu begegnen und Momente menschlicher Nähe zu erfahren, die tief berühren. Außerdem kann es sehr entspannend und befreiend wirken, einfach einmal herzlich miteinander zu lachen.
Wichtig erscheint es, solche Partnerübungen nicht unreflektiert anzubieten, sondern sehr genau zu schauen, ob eine Gruppe hinsichtlich ihrer Zusammensetzung sich dafür eignet. Vielen Menschen ist es unangenehm, wenn andere ihnen nahekommen und sie womöglich noch berühren. Sie sollten sich wirklich frei fühlen können, sich aus einer solchen Übungssituation zurückzuziehen und eine von dem Yogalehrer alternativ vorgeschlagene Übung allein auszuführen. Die Atmosphäre, die der Yogalehrer gestaltet, ist hier von entscheidender Bedeutung: Wenn ein Teilnehmer sich unter Gruppendruck gesetzt fühlt, alle Partnerübungen mitmachen zu müssen, weil es doch 'eben so schön ist', wird dies nicht einer achtsamen Innenschau und Selbstauseinandersetzung aus einer entspannten und nicht bewertenden Haltung heraus dienlich sein. Der Zeitpunkt für Partnerübungen sollte sich nach der Atmosphäre und der

Vertrautheit in einer Gruppe richten: In der zweiten Kursstunde einer ganz neu zusammengesetzten Gruppe wird eine Paarübung, in der sich die Teilnehmer berühren oder auch nur gegenseitig intensiv wahrnehmen, wie z.B. in der ungeschützten Haltung von *śavāsana*, bei einigen zu Peinlichkeit und Verkrampfung führen und bei manchen vielleicht auch Angst auslösen, von dem anderen abgelehnt zu werden oder die persönlichen Grenzen nicht genügend wahren zu können. Auch die im Yoga-Unterricht häufiger durchgeführte Übung (das sog. 'Rückengespräch'), zwei Teilnehmer Rücken an Rücken zu setzen, auf diese Weise miteinander Kontakt aufzunehmen und sich gegenseitig zu erspüren, wird u.E. oft zu unreflektiert eingesetzt. Letztlich handelt es sich um eine *Selbsterfahrungsübung* aus dem therapeutischen Bereich. Insgesamt ist erneut das Einfühlungsvermögen und die sensible Wahrnehmung des Yogalehrers gefragt, ob und wenn ja, ab wann eine Paarübung wirklich konstruktiv erlebt wird und wie es möglich ist, einzelnen auch die Freiheit zu lassen, sich aus dem Gruppengeschehen zurückzuziehen.

! Insgesamt betrachten wir es als kritisch, in den Yoga-Unterricht Übungen einzuführen, die aus westlichen psychotherapeutischen Zusammenhängen stammen und in hohem Maße die Selbsterfahrung und Selbstauseinandersetzung der TeilnehmerInnen anregen. Hierzu zählt z.B. die oben erwähnte 'Rückenübung', längeres gegenseitiges in die Augen schauen, intensives gegenseitiges Massieren oder 'Handauflegen', sog. 'Vertrauensübungen' usw. Das Ausmaß der psychischen Aktivierung ist wesentlich größer als bei vielen Yogaübungen und wird von dem Yogalehrenden manchmal unterschätzt. Wir haben in den verschiedenen Kapiteln immer wieder die psychische Wirksamkeit und damit den Selbsterfahrungsaspekt der Yogaübungen betont. In einem derart selbstgesteuerten Üben bleibt jedoch wesentlich mehr Raum, den Grad der Öffnung und damit der Selbstkonfrontation entsprechend der eigenen Verarbeitungsfähigkeit schrittweise zu entwickeln. Spezielle Selbsterfahrungsübungen aus dem psychotherapeutischen Kontext, insbesondere Partnerübungen mit einem starken interaktiven Aspekt, können dagegen den Ausführenden in Umgehung von Widerständen in eine psychische Auseinandersetzung 'pushen'. Diese Übungen sind von ihrem Ursprung her eher darauf angelegt, viel psychisches Material zu aktivieren und einer therapeutischen Bearbeitung zuzuführen.

Sicherlich entspricht es der Verantwortung des Yogalehrenden, die Erwartungen der Teilnehmer *in Bezug auf den Yoga* zu erfüllen. Diese sollten jedoch nicht überschritten und damit die Grenzen der Übenden verletzt werden. Gleichermaßen ist es problematisch, in einem Kurs Erwartungen zu wecken (z.B. in Richtung auf eine Art psychotherapeutisch geprägte Arbeit), die außerhalb des Yogarahmens liegen und weder vom Setting des Kurses noch in der Regel von der Kompetenz der Unterrichtenden erfüllt werden können. Sogenannte Selbsterfahrungsübungen sind 'verlockend', weil sie sehr schnell eine Vertiefung der psychischen Prozesse und der Kursatmosphäre insgesamt bewirken können. Abgesehen von der mangelnden Ausbildung der Yogalehrenden, das freigesetzte Material auch zu bearbeiten und die damit einhergehenden Prozesse bei den Teilnehmern zu begleiten, ist ein Yogakurs von vornherein hierfür nicht der passende Rahmen.

6.7 Hinderliche Verhaltensweisen des Yogalehrenden im Unterricht

Aus den in 6.1 beschriebenen förderlichen Einstellungen von Yogalehrern können wir schlußfolgern, welche inneren Haltungen und Handlungen sich eher blockierend auf einen selbstverändernden Prozeß der Yogakursteilnehmer auswirken:[52]

❍ Ich gehe als Lehrer mit mir selbst in einer fordernd-rigiden, abwertenden und nicht akzeptierenden Weise um, so daß ich mich in meinem Yoga-Üben verkrampfe und verhärte und einer konstruktiven Selbstveränderung eher entgegenwirke. Ein solches Verhalten mir selbst gegenüber wird sich naturgemäß auch auf die Atmosphäre in meinem Unterricht auswirken.

❍ Ich spiele als Yogalehrer eine Rolle und stelle mich dieser Rolle gemäß dar, wirke deshalb fassadenhaft, unecht und fördere von daher nicht die Selbstöffnung der Teilnehmer, sondern wirke eher entmutigend, da ich selbst scheinbar perfekt bin. Dadurch werden die Teilnehmer nicht angeregt, sich selbst zu studieren, sondern eher einem Idealbild zu folgen.

❍ Ich erwecke den Anschein, in meiner persönlichen und spirituellen Entwicklung bedeutend weiter vorangeschritten zu sein als die Kursteilnehmer und gebe durch mein Verhalten zu verstehen, ich wisse, 'wo es lang geht', und was für sie, die Teilnehmer, am besten sei. Ich provozie-

---

[52] Siehe auch Kap. 7.2: Wachstumsorientierte Gesprächsführung: Fördernde und hemmende Aktivitäten

re durch mein Verhalten und die Darstellung meiner selbst Bewunderung bei den Teilnehmern und fördere dadurch oberflächliche Idealisierung und Abhängigkeit.

❍ Ich trage an die Teilnehmer Regeln und Normen heran (wie sie atmen, sich (ver-) halten und *sein* sollten) bezugnehmend auf verschiedene Quellentexte oder Äußerungen von kompetenten Yoga-Meistern, ohne ihnen den Raum zu geben, erst einmal zu erfahren, wo sie selbst stehen und was sie bei sich selbst tatsächlich wahrnehmen. *Dadurch wird die Wahrnehmung weniger geschult in Hinblick auf das, was ist, sondern für das, was sein sollte.*

❍ Ich präsentiere den Yoga als polarisierendes Wertesystem und leite daraus Regeln und Bewertungen ab, die in den Teilnehmern entweder resignative Schuldgefühle oder aber die Überzeugung hervorrufen, zu den 'besseren Menschen' zu gehören.

❍ Ich schaffe eine Atmosphäre von Leistungsdruck und Konkurrenz, indem ich den Yoga eher aus einer äußerlichen und körperorientierten Sichtweise heraus vermittle und das Tun der Teilnehmer bewerte, wenn auch auf subtile Weise (z.B. durch Lob).

6.8 Die innere Vorbereitung auf den Unterricht

Sämtliche philosophischen, psychologischen und didaktischen Überlegungen für die Unterrichtsgestaltung treten in ihrer Bedeutung zurück gegenüber dem Boden, auf welchem das Handeln des Lehrenden erwächst: dem Zustand seines Geistes. Der Unterrichtende kann seinen Geist in geeigneter Weise auf den Unterricht vorbereiten. Dabei sehen wir jetzt von der Planung der Unterrichts*inhalte* ab und wenden uns der Vorbereitung *von sich selbst* zu - unmittelbar vor Beginn des Kurses oder der Einzelarbeit.

Wir wollen dabei zwei Betrachtungsebenen unterscheiden. Aus *psychologischer Perspektive* versuche ich als Lehrender, die Perspektive meiner Wahrnehmung zu verändern. Ich löse mich aus einer evtl. vorhandenen erfolgs- und zielorientierten Außenfokussierung und nehme Kontakt zu mir selbst auf, zu meiner eigenen inneren Welt. Ich nehme meinen Körper, meine Atmung, meine Gedanken wahr. Ich nehme wahr, womit ich mich gegenwärtig innerlich beschäftige, was meine Konzentration bindet und ggf. verhindert, daß ich mich in freier Weise den Inhalten des Yoga und den Kursteilnehmern zuwenden kann. Ich versuche, diese Anhaftungen zu lösen (ich werde mich ihnen später wieder zuwenden) und eine innere Haltung der Empathie, des Nicht-Bewertens und der

Achtung gegenüber anderen Menschen zu etablieren. Ich versuche, aus der Tiefe meiner Person präsent zu sein und zu handeln. Zusammengefaßt: Ich nähere mich, soweit es mir in diesem Moment meiner Unterrichtsvorbereitung möglich ist, einer personenzentrierten inneren Haltung an.
Die innere Vorbereitung des Lehrers *aus sprirituelIer Sicht* könnte vielleicht so formuliert werden: Ich bringe meinen Körper und meine Atmung in einen möglichst entspannten und harmonischen Zustand. Ich nehme die Bewegungen in meinem Geist wahr (*vṛttis*) und die jeweiligen Identifikationen. Ich versuche, die Bewegungen meines Geistes immer mehr zur Ruhe zu bringen, indem ich seine Konzentration bündle auf einen Punkt (Atmung, *mantra*). Ich versuche auf diese Weise, meinen Geist in einen Zustand zu versetzen, aus dem heraus sich die Quelle ausdrücken kann - das spirituelle Bewußtsein, aus dem die Weisheit des Yoga fließt. Auch wenn ich den Unterricht nach bestem Wissen und Gewissen gestalte, so wird meine Persönlichkeit auf einer anderen Ebene zu einem Instrument, durch welches sich der Geist der Tradition und die eigentliche Wirkung des Yoga realisieren können.
Nach unserer Erfahrung sollte eine derartige innere Vorbereitung grundsätzlich der Arbeit mit Menschen vorausgehen und kann dabei die Form eines 'inneren Gottesdienstes' annehmen. Konkret läßt sich dies in einer kurzen Entspannungs- und Meditationsübung umsetzen. Je häufiger wir als Lehrende eine solche Besinnung üben und zu einer positiven Gewohnheit werden lassen, desto leichter läßt sich der Kontakt nach innen und zur spirituellen Quelle in der direkten Unterrichtsvorbereitung herstellen.

Phil Nuernberger (1976) stellt in seinem Konzept von 'Yoga Encounter Groups' die vier grundlegenden Prinzipien des Raja-Yoga aus psychologischer Sicht vor:
1. *Identität*: Hiermit ist das SELBST-Bewußtsein, die Erfahrung des höchsten Bewußtseins, des transpersonalen Selbst gemeint. Nach der Yogatradition ist die wahre Identität des Menschen ein Zustand reinen Bewußtseins, das SELBST, das wir bewußt erfahren können als das wahre Ich des Individuums.
2. *Nicht-Anhaftung*: Dies ist der Zustand des neutralen Beobachters von körperlichen und psychischen Ereignissen, die Haltung des inneren Zeugen. Im Zustand der Nichtanhaftung (*vairāgya*) wird der Geist zum

Objekt des Bewußtseins und somit zugänglich für die nicht-identifizierte Wahrnehmung durch das Individuum.
3. *Karma*: Hier ist die individuelle Verantwortung des einzelnen gemeint, für seine Beziehung zur Welt und für sein Handeln in der Welt. Um diese Verantwortung übernehmen zu können, benötige ich eine erhöhte Achtsamkeit für Beziehungen und Konsequenzen meiner Gedanken, Gefühle, Worte und Taten.
4. *Saṃskāra*: Jede Handlung beginnt und endet im Geist, und insofern ist jedes Handeln ein mentales Geschehen, welches zu entsprechenden geistigen Eindrücken oder Spuren führt. Früheres Handeln beeinflußt daher zukünftige Handlungstendenzen.
Die oben genannten Kriterien lassen sich sinnvollerweise auch auf den Hatha-Yoga-Kursunterricht *als Anregung und Reflektionshilfe* (und nicht als Anspruch) anwenden. So könnte ich mich als Yogalehrer in meiner Unterrichtsvorbereitung wie auch im Unterricht selbst immer wieder fragen, in welchem Zusammenhang mein Tun als Lehrender mit diesen vier Prinzipien steht:
Ermöglicht das, was ich an Inhalten für den Unterricht auswähle, die Methoden, mit denen ich die Inhalte vermittle und die Art und Weise, in der ich unterrichte, irgendeine Erkenntnis oder Erfahrungsmöglichkeit für die Teilnehmer hinsichtlich einer oder mehrerer dieser vier Kriterien? In welcher Hinsicht trägt mein Unterricht dazu bei, in den Yogakursteilnehmern die Grundbedingungen zu schaffen für eine nicht bewertende, nicht anhaftende Wahrnehmung ihrer selbst, für die Erweiterung ihres Selbstbildes, für die Übernahme der Verantwortung für sich und das eigene Handeln? Welche *anderen Ziele* aus psychologischer oder spiritueller Perspektive möchte ich in meinem Unterricht vermitteln, und trägt mein konkretes Handeln im Unterricht, also *was ich tue und wie ich dies tue*, dazu bei, diese umzusetzen?

7

Yoga-Einzelunterricht: Möglichkeiten und Grenzen aus psychologischer Sicht

☛ Dieses Kapitel
- ❍ wendet sich in erster Linie an YogalehrerInnen;
- ❍ schlägt eine übersichtliche Struktur bei der Gestaltung der Einzelarbeit vor, wobei der
- ❍ Auftragserarbeitung zwischen Lehrer und Schüler wesentliche Bedeutung zukommt;
- ❍ zeigt potentielle 'Gefahren' des Einzelunterrichts auf und
- ❍ möchte dennoch ermutigen, unter klaren und für beide Beteiligten offenen Bedingungen Einzelunterricht anzubieten.

Niemand kann euch etwas eröffnen, das nicht schon im Dämmern eures Wissens schlummert. Der Lehrer ... gibt nicht von seiner Weisheit, sondern eher von seinem Glauben und seiner Liebe. Wenn er wirklich weise ist, fordert er euch nicht auf, ins Haus seiner Weisheit einzutreten, sondern führt euch an die Schwelle eures eigenen Geistes. ... Denn die Einsicht eines Menschen verleiht ihre Flügel keinem anderen. Und wie jeder von euch allein in Gottes Wissen steht, so muß jeder von euch allein in seinem Wissen von Gott und seinem Verständnis der Erde sein.

Kahlil Gibran

7.1 Warum Einzelunterricht?

Wohl nahezu jeder Yogalehrende wird irgendwann im Laufe seiner Unterrichtspraxis mit der Bitte um Einzelunterricht konfrontiert. Viele auch qualifiziert ausgebildete YogalehrerInnen schrecken jedoch intuitiv vor dieser Aufgabe zurück, da sie fürchten, hier zu schnell an die Grenzen ihrer Fähigkeiten zu stoßen. Dies betrifft sowohl die medizinische und psychologische Kompetenz wie auch ihre Kommunikationsfähigkeiten im Einzelgespräch. So steht hinter dem Zögern auch dort, wo ein Angebot von Einzelunterricht wirklich angemessen wäre, oft die Sorge, mit den seelischen Nöten des Gesprächspartners konfrontiert zu werden und nicht zu wissen, wie man darauf reagieren und womöglich hilfreich sein kann.

Nun ist aber der Einzelunterricht in der Tradition des Yoga angelegt: In früheren Zeiten wurden die Schüler und Schülerinnen von ihren Lehrern oft individuell im Yoga unterrichtet, indem sie bei ihnen lebten, in ihrer Entwicklung beobachtet und darin unterstützend begleitet wurden und die Unterrichtung entsprechend der Bedürfnisse und Notwendigkeiten, die der Schüler mitbrachte, gestaltet werden konnte. Insofern entspricht das im Westen übliche Setting des Gruppenunterrichtes nicht so sehr der traditionellen Übermittlungsweise des Yoga wie eher der Einzelunterricht. Viele Yogalehrende fühlen sich denn auch überfordert in dem Versuch, z.B. in einem Volkshochschulkurs mit 20 TeilnehmerInnen jedem Einzelnen in der Unterrichtung gerecht zu werden.

Eine der häufigsten Fragen, die uns im Rahmen der Yoga-Lehr-Ausbildung gestellt werden, lautet: Wie kann ich damit umgehen, daß die Menschen in meinem Kursus so unterschiedliche Voraussetzungen mitbringen, daß manche noch ganz am Anfang stehen, andere schon weit fortgeschritten sind in ihrer Übungspraxis, daß eine Teilnehmerin über schwere Rückenschmerzen klagt, eine zweite unter depressiven Verstimmungen leidet und eine dritte zu hohen Blutdruck hat? Tatsächlich kann ich in einer Gruppe von 15 oder 20 Menschen nur eingeschränkt auf den Einzelnen eingehen. Oft werde ich einem Menschen in seinen Bedürfnissen erst dann gerecht, wenn ich ihm Einzelunterricht anbiete. Hierfür brauche ich neben all den Fähigkeiten und Kenntnissen, die ich als Grundlage für die Kursarbeit erworben habe, vor allem ein klares Urteilsvermögen darüber, ob meine Kompetenz für die geäußerten Anliegen ausreicht oder ob es bei der betreffenden Person um medizinische oder psychologische Fragen geht, für deren Diagnostik und Therapie ich sie an entsprechende Fachleute weiter verweisen sollte (ggf. um von dort die Zustimmung zu einem begleitenden Yoga-Einzelunterricht zu erhalten).

Um dies in einem ersten Gespräch abklären zu können, ist die wichtigste Fähigkeit, die der Yogalehrende für den Einzelunterricht braucht, das Zuhörenkönnen. Hier erinnern wir uns an die drei Grunddimensionen des klientenzentrierten Gesprächs (vgl. Kap. 4): das Echtsein, das einfühlende Verstehen und die Haltung von Achtung, Akzeptanz und emotionaler Wärme dem Gesprächspartner gegenüber.

7.2 Wachstumsorientierte Gesprächsführung: Fördernde und hemmende Aktivitäten

Fördernde Aktivitäten und Haltungen:
Dies sind alle Verhaltensweisen, die dem Partner zu erkennen geben,

- daß seine Gefühle und Gedanken verstanden, akzeptiert und nichtwertend gehört werden;
- daß man aktiv engagiert an seinen Gefühlen und Gedanken interessiert ist;
- daß er selbst den Verlauf des Gesprächs bestimmen kann und nicht ‚gegängelt' wird;
- daß man ihm die Lösung seiner Probleme zutraut und ihn nicht durch eigene Ratschläge abhängig macht.

Solche fördernden Verhaltensweisen und inneren Haltungen sind

- Eine innere Haltung der Achtung, Wärme und des Sorgens gegenüber dem Gesprächspartner;
- Echtsein. Sich nicht verspannt oder fassadenhaft zeigen; keine 'Rolle spielen' (z.B. die des Helfers).
- akzeptieren und nicht bewerten;
- aktives, aufmerksames Zuhören (nicht passives Schweigen);
- Informationssuche: Gemeint sind Fragen, die sich genau darauf beziehen, was der Partner sagt, und nicht solche Fragen, die ein neues Thema anschneiden;
- Paraphrasieren: Der Inhalt der Mitteilungen des Partners wird noch einmal in eigenen Worten wiederholt;
- Einfühlen und Eingehen auf die gefühlsmäßigen Erlebnisinhalte einer Äußerung ('Empathie'). Verbalisieren des Gefühls, das der Partner in einer Äußerung ausdrückt oder andeutet (auch non-verbal).

Hindernde Verhaltensweisen und innere Haltungen:
Darunter versteht man alle Reaktionsweisen innerhalb eines Gespräches, die

- dem anderen seine Gefühle 'nehmen' und ihm vermitteln, daß er diese Gefühle gar nicht haben und äußern darf;
- dem Partner Gefühle der Unterlegenheit und Bedeutungslosigkeit vermitteln;

- dem Partner den Eindruck geben, eher beschwichtigt als ernstgenommen zu werden.

Solche hindernden Reaktionen im Gespräch sind z.B.:
- Wechsel des Themas;
- Vermeidung von Blickkontakt;
- Interpretieren, Erklären und Belehren (‚Psychologisieren'; z.B. über angenommene Verhaltenszusammenhänge);
- Ratschläge, Überreden, Helfen wollen, Rezepte geben, trösten;
- Urteilen oder Bewerten, Moralisieren;
- 'Verneinen' der Gefühle.

(Vorstehende Liste lehnt sich – leicht verändert – an Gudjons, 1992, an).

Jede Arbeit mit Menschen, ob einzeln oder in Gruppen, setzt eine gewisse kommunikative Kompetenz voraus und die Bereitschaft, sich selbst darin übend weiterzuentwickeln. Es ist hilfreich, sich hierfür ein gewisses 'Handwerkszeug' anzueignen, wozu zahlreiche Literatur erschienen ist. Leider können wir hier das Thema nicht vertiefen.[53]
Vor diesem Hintergrund erscheint es also wenig förderlich, wenn ich einem Menschen, der zum Yoga-Einzelunterricht kommt, schnell mit Ratschlägen oder Rezepten begegne. Derartige Verhaltensmuster des 'Helfers' auf der Seite des Lehrenden können sich fast automatisiert abspulen. Sie dienen zum einen als Abwehr, denn es fällt schwer, das Leiden eines Menschen zu ertragen, ohne es 'wegmachen' zu wollen, damit es mir als Helfer wieder besser geht. Zum anderen liegt darin auch immer eine Verlockung der narzißtischen Überhöhung, einem Menschen auf schnelle Weise Hilfe gegeben oder ihm 'den Weg gezeigt' zu haben. Weil die Gewohnheiten in diesem Bereich so stark und die Verlockungen so groß sind, möchten wir im folgenden einen Vorschlag für ein behutsames und strukturiertes Vorgehen in der Gestaltung der Einzelarbeit machen.[54] Dabei gilt es zunächst zu klären, worum es in einem bestimmten Einzelunterricht gehen soll, also mit welchen Anliegen sich jemand an mich als Yoga-LehrerIn wendet.

---

[53] Für nach wie vor unübertroffen auch im Nutzen für psychologische Laien halten wir die Einführung von Schulz von Thun (1981 und 1989) oder die Veröffentlichungen von Gordon (z.B. ‚Familienkonferenz').

[54] Wie in allen sozialen Berufsfeldern ist auch unter Yogalehrenden das sog. Helfer-Syndrom weit verbreitet (s.a. Schmidbauer, Wolfgang: Die hilflosen Helfer - über die seelische Problematik der helfenden Berufe; 1977)

7.3 Die Auftragserarbeitung

Es gibt die unterschiedlichsten Gründe für Einzelarbeit: So kann es sein, daß jemand Yoga erlernen möchte, dessen berufliche oder familiäre Situation das Wahrnehmen eines regelmäßigen Kurstermins nicht zuläßt. Ein anderer fühlt sich in Gruppen unwohl, weil ihn viele Menschen in einem großen Raum beengen oder weil er beruflich den ganzen Tag mit vielen Menschen gearbeitet hat und abends nicht auch noch an einem Gruppengeschehen und der damit verbundenen Kommunikation teilhaben möchte. Manche Menschen kommen in den Einzelunterricht mit konkreten Beschwerden, Krankheiten oder Problemen, für die sie eine individuelle Beratung suchen. Die erste und wichtigste Frage, um festzustellen, ob und ggf. auf welcher Grundlage ein Yoga-Einzelunterricht sinnvoll erscheint, ist also die nach der Motivation der entsprechenden Person: Mit welchem Anliegen kommt sie in den Einzelunterricht?

- Möchte sie den Yoga erst einmal kennenlernen?
- Möchte sie ein individuell auf ihre Belange zugeschnittenes Übungsprogramm erarbeiten?
- Übt sie seit vielen Jahren autodidaktisch Yoga und möchte Anregungen, vielleicht auch Korrekturen, wie sie für sich selbst in ihrer Entwicklung weiterkommen kann?
- Möchte sie über den normalen Yoga-Kurs hinausführende Impulse für ihren persönlichen spirituellen Übungsweg erhalten?
- Leidet sie unter einer Krankheit oder unter Beschwerden, für die sie sich in den Übungen Linderung erhofft?
- Befindet sie sich in einer Lebenskrise, in der grundlegende Zweifel oder Fragen aufgeworfen werden, für die sie eine Antwort sucht?

Die vorstehende Frageliste ist nur eine Auswahl von Beispielen für mögliche Anliegen. Sie macht zum einen schon deutlich, wie vielfältig solche Motivationen sein können, zum anderen aber auch, wie nahe sie oft beieinander liegen oder sich überschneiden.

Sofern die Einzelarbeit als Einführung in den Yoga oder als begleitende Unterrichtung gewünscht ist, wird sie sich in einem ähnlichen inhaltlichen Rahmen wie die Kursarbeit bewegen. Hier gelten weitgehend dieselben Überlegungen, wie wir sie für den Gruppenunterricht im Kap. 6 dargestellt haben. Deshalb wollen wir im folgenden darauf nicht mehr vertiefend eingehen. Vielmehr soll es an dieser Stelle darum gehen, auf welche Weise im Rahmen einer Einzelarbeit individuelle Bedingungen,

Bedürfnisse und Fragen des Übenden berücksichtigt werden können. Hieraus zeichnet sich sodann allmählich ein entsprechender Auftrag ab.
Häufig geht es bei der Bitte um Einzelunterricht um *körperliche* Beschwerden, Einschränkungen oder Krankheiten, für die letztlich durch die Yoga-Übungen eine Besserung oder Erleichterung erhofft wird. In solchen Fällen obliegt es der Einschätzung des jeweiligen Unterrichtenden in Verbindung mit der Eigenverantwortung des Ratsuchenden, ob ein Yoga-Einzelunterricht die Erwartungen erfüllen kann oder ob es sinnvoll erscheint, medizinische Hilfe, unter Umständen verbunden mit Yoga-Einzelunterricht, hinzuzuziehen.
Wir wollen uns in diesem Kapitel besonders mit dem Einzelunterricht aus *psychologischer Sicht* beschäftigen. Auch in dieser Hinsicht kann ich sehr schnell als Lehrer an meine Grenzen gelangen. So kommt es nicht selten vor, daß z.B. jemand in den Einzelunterricht kommt, um eine bestimmte Übungsreihe zu erlernen. Dann aber treten noch weitere Fragen, Wünsche und Aspekte zutage, die sich nicht klar voneinander trennen lassen. Als Yoga-LehrerIn kann ich mich beispielsweise in einem Einzelunterricht nicht nur mit der Fehlhaltung der Wirbelsäule eines Menschen beschäftigen, ohne zu bemerken, daß mit dem Rundrükken und den hängenden Schultern des Betreffenden auch eine bestimmte innere Haltung oder Grundüberzeugung einhergehen mag, ein Lebensgefühl, das mit der äußeren Erscheinung, die sich durch die Fehlhaltung der Wirbelsäule bedingt, *möglicherweise* korrespondiert (zu der Gefahr von Fehl- oder Überinterpretationen s.u.). Hier wird deutlich, daß Yoga-Einzelarbeit zu einer Gratwanderung werden kann zwischen Yoga-Unterricht und Psychotherapie. Ein Gespräch beispielsweise, das aus der Grundhaltung der oben beschriebenen drei Dimensionen der klientenzentrierten Gesprächsführung heraus geführt wird, kann die Grundlage schaffen für eine Hilfe zur Selbstklärung: Worum geht es eigentlich in meiner jetzigen Lebenssituation? Was sind die Grundthemen in meinem Leben? Wo hake ich fest, fühle mich blockiert? Welche Verhaltensgewohnheiten habe ich entwickelt, die mich stören, behindern, die ich verändern möchte? Ein solches Gespräch kann aber auch tiefe psychische Prozesse auslösen, deren Auswirkungen ich ohne entsprechende psychotherapeutische Ausbildung nicht mehr angemessen begleiten kann.
Eine Hilfe, um diese Gratwanderung zu bewältigen, besteht darin, sich zu Beginn einer Einzelarbeit als Unterrichtender ganz klar der Grenzen eines möglichen 'Auftrags' bewußt zu sein und ggf. auch gegenüber dem Übenden deutlich zu machen, daß es sich nicht um ein psychothe-

rapeutisches Setting handelt, sondern um einen individuellen Unterricht, der helfen soll, eine persönliche Orientierung auf dem Yoga-Übungsweg zu finden.
Es gilt also zunächst einmal, aus den oft diffusen Anliegen und Wünschen, mit denen ein Mensch im Einzelunterricht an mich herantritt, einen *Auftrag zu erarbeiten*, der eine klare Ausgangsbasis darstellt, die für beide Seiten Enttäuschungen und Überforderungen vermeidet. So wird der Übende davor geschützt, dem Lehrenden die Verantwortung für den eigenen Lern- oder Heilungsprozeß zu übertragen und sich damit in eine Abhängigkeit zu begeben. Der Yoga-Lehrende wiederum schützt sich so vor Kompetenzüberforderung und einer Überhöhung der eigenen Person als Helfer und Lehrer. Aus diesem Grunde ist es wesentlich, daß ein Grundkonsens gebildet wird vor Beginn einer gemeinsamen Einzelarbeit, eine Art Abkommen darüber, mit welchem Auftrag man sich gemeinsam auf die Suche begibt. Dabei komme ich als Yoga-Lehrer nicht umhin, von Anfang an gewisse Grenzen deutlich zu machen, beispielsweise die meiner eigenen Qualifikation: Als Yoga-Lehrer bin ich kein Psychotherapeut und damit weder befähigt noch befugt, eine fundierte Diagnose zu stellen und daraus resultierende therapeutische Indikationen abzuleiten. Ich kann jedoch mit dem Einzelschüler gemeinsam herausarbeiten, bezüglich welcher Fragen ich ihm Vorschläge für die eigene Übungspraxis zu geben vermag und mit welchen Problemen er sich evtl. an eine entsprechende Fachkraft wenden sollte.
Folgendes Beispiel soll eine solche Auftragserarbeitung verdeutlichen: Eine 45-jährige Geschäftsfrau, nennen wir sie Frau S., bittet um Einzelunterricht, weil sie etwas für sich tun möchte. Sie hat Yoga während einer Kur schon etwas kennengelernt, ihre häufigen Geschäftsreisen hindern sie jedoch daran, einen Abendkursus regelmäßig zu besuchen. Auf die Frage nach ihrem Anliegen berichtet sie von ihrem hektischen Leben, der vielen Verantwortung, die auf ihr lastet, und der inneren Unruhe, die sie beständig umtreibt und sie nicht einmal in Phasen der möglichen Erholung zu sich finden läßt. Dazu kommen Herzrhythmusstörungen, wann immer äußere Ruhe einkehrt. Auf die Frage, was das Wichtigste sei, was sie verändern wolle, erklärt Frau S.: „Ich möchte ruhiger werden."
In dem sich nun anschließenden Gespräch sollte ein Auftrag erarbeitet werden, der sowohl die Möglichkeiten wie auch die Grenzen dieser Arbeit deutlich macht und welche Aufgaben darin beiden Seiten zukommen. Die Yogalehrerin kann weder die Herzrhythmusstörungen behan-

deln noch berufliche Probleme lösen oder die Unruhe von Frau S. beheben. Wohl aber kann sie Frau S. darin unterstützen, durch entsprechende Fragen und Übungen zu erkennen, was *sie selbst* verändern kann und hierfür lernen möchte. Sodann stellt die Yogalehrerin ihr ganzes Wissen und Einfühlungsvermögen zur Verfügung, um mit der Schülerin gemeinsam ein Übungsprogramm zu erstellen, mit dem diese selbst die im Auftrag formulierten angestrebten Veränderungen verwirklichen kann. Dabei wird sie von der Lehrerin darin begleitet, günstige innere Haltungen zu entwickeln, mit denen sie sich zunächst in den Übungen selbst gegenübertritt, die sie aber im Laufe der Einzelarbeit in ihren Alltag übertragen kann. Die Yogaschülerin ihrerseits ist damit keinesfalls der Verantwortung für sich selbst enthoben. Im Gegenteil: *Nur sie* kann beobachten und beurteilen, wann die innere Unruhe für sie im Alltag unerträglich wird; *nur sie* kann die Entscheidung treffen, etwas daran zu verändern, und *nur sie* kann konkret etwas anders machen als bisher. Wichtig ist hierbei die Berücksichtigung der Wünsche der Schülerin einerseits und der Kompetenzen der Yogalehrerin andererseits. Hat diese zusätzlich eine entsprechende therapeutische Qualifikation, kann der Auftrag demgemäß erweitert und auf andere Problembereiche ausgedehnt werden.
Im folgenden wollen wir einige typische Auftragssituationen in der Einzelarbeit vorstellen.

❍ 'Einfache' Aufträge
Sie liegen dann vor, wenn das Anliegen eines Schülers direkt in Inhalt und Zielsetzungen einer Einzelarbeit 'übersetzt' werden können. Der Auftrag ist damit weitgehend identisch mit den Wünschen des Schülers.

- Anliegen: Ich möchte meditieren lernen ⇨ Auftrag: Vermittlung einer einfachen Meditationsmethode.
- Anliegen: Ich möchte einmal in der Woche Yoga unter Anleitung üben ⇨ Auftrag: Vermittlung eines ausgewogenen Übungsprogramms (entsprechend der individuellen Bedingungen, s.u.).

❍ 'Übersetzte' Aufträge
Entsprechend des obigen Beispiels mit Frau S. müssen die verschiedenen Anliegen eines Schülers 'übersetzt' werden in einen realisierbaren Auftrag gemäß seiner Bedürfnisse und der Kompetenz des Lehrers.

- Anliegen: Ich möchte ruhiger werden ⇨ Auftrag: z.B. Vermittlung von Entspannungs-, Konzentrations- und Meditationsübungen, die auch im Alltag angewandt werden können.

❍ 'Unmögliche' Aufträge
entstehen dann, wenn die nicht realisierbaren Anliegen einer Schülers unreflektiert übernommen werden, als ob sie im Rahmen einer Einzelarbeit erfüllbar wären. Unmögliche Aufträge sind meist unausgesprochen, weil eine Auftragserarbeitung gar nicht erfolgt. Damit verstricken sich Übender und Lehrender in eine 'unmögliche' Zusammenarbeit mit nicht hinterfragten Zielen, die nicht umsetzbar sind. Zudem hat die Einzelarbeit für beide Seiten kein erkennbares Ende, weil unmögliche Aufträge niemals erfüllbar sind, darüber nicht gesprochen, aber seitens des Schülers darauf gewartet wird. 'Unmögliche' Aufträge bergen weiter die Gefahr, daß die nicht hinterfragten Anliegen des Schülers zu impliziten Appellen an den Lehrer führen und diesen in eine Helferrolle drängen.

- Anliegen: Ich möchte ruhiger werden (s.o.). ⇨ Ohne Auftragserarbeitung kann daraus der unausgesprochene Appell an die Lehrende erfolgen: Mach mich ruhiger!
- Anliegen: Mein Leben ist schwer und erdrückt mich. ⇨ Appell: Mach, daß es mir wieder gut geht!
- Anliegen: Ich leide unter meinen Eheproblemen. ⇨ Appell: Löse sie!

Wir können zudem festhalten: Es wird nicht mehr Yoga unterrichtet, wenn der Lehrende mit einem Schüler *etwas machen* soll. Yoga ist an den jeweiligen Ressourcen des Übenden orientiert und gibt auch im Einzelunterricht lediglich Impulse, damit der Übende selbst seine in sich ruhenden Möglichkeiten entwickeln kann.

Wenn kein Auftrag und damit kein Ziel für die Einzelarbeit festgelegt wird, kann auch ihr Inhalt nicht entsprechend gestaltet werden. Damit kommt der Lehrende leicht in die Gefahrenzone eines 'unmöglichen' Auftrags hinein mit den oben beschriebenen Konsequenzen. Man könnte gegen eine Auftragserarbeitung einwenden: „Yoga ist doch mehr, besonders im Einzelunterricht!" Wir stimmen zu, daß der Yoga einen großen Reichtum in sich birgt und die individuelle Entwicklung weder planbar noch jemals abgeschlossen ist. Der Lehrende im Einzelunterricht macht jedoch auf jeden Fall *irgendetwas* aus *irgendwelchen* Gründen. Das genannte Argument 'Yoga ist doch mehr' sollte nicht dazu dienen, daß der Lehrende nicht weiß, *was* er tut, und nicht darüber nachdenken muß, *warum* er dieses tut! In der Tab. 4 haben wir die wesentlichen Aspekte nochmals zusammengetragen.

Einzelarbeit mit vereinbartem Auftrag	**Einzelarbeit ohne Auftragsvereinbarung**
An den Ressourcen des Schülers orientiert: Er äußert, was er lernen oder verändern möchte.	Gefahr der Entmündigung des Schülers: Der Lehrer 'macht etwas' mit dem Übenden
Offenlegung der Möglichkeiten und Grenzen der Einzelarbeit für den Schüler.	Gefahr der Fehleinschätzung des Schülers in Bezug auf die Möglichkeiten der Einzelarbeit und des Lehrers selbst.
An den Kompetenzen des Lehrers orientiert: Kann er den Auftrag erfüllen?	Keine Kompetenzreflektion, dadurch Gefahr der Überforderung des Lehrers
Der Lehrer fördert, gibt Impulse und begleitet den Schüler in der Entwicklung seiner Möglichkeiten	Gefahr der Helfer- und Therapeutenrolle oder der Manipulation des Schülers entsprechend der Vorstellungen des Lehrers.
Der Auftrag ist grundsätzlich erfüllbar. Die Einzelarbeit hat ein für beide Seiten erkennbares und besprechbares Ziel und Ende.	Ohne Auftrag kein Ziel. Ohne Ziel keine Reflektion des Vorgehens. Ohne Ziel kein erkennbares Ende.

Tab. 4: Einzelarbeit mit vs. ohne Auftragsreflektion

?

Erschöpft sich Einzelarbeit in der Auftragserarbeitung und dessen Ausführung? Tatsächlich wäre ein solches Vorgehen viel zu einseitig und würde an den Chancen der Einzelarbeit vorbeigehen. Gerade die intuitiven Fähigkeiten des Lehrers, verbunden mit der Suche des Schülers, ermöglichen oft tiefe Erkenntnisse und inspirierende Begegnungen. Die hier vorgestellte Auftragsreflektion ist lediglich als ein Rahmen, keinesfalls aber als Ersatz für eine kreative und die Intuition berührende Einzelarbeit zu verstehen. Die wirklich treffende Intuition entfaltet sich jedoch am ehesten auf dem notwendigen Nährboden des Wissens und der Reflektion des eigenen Handelns. Faktisches Wissen um Zusammenhänge, Selbstreflektion und Intuition sind komplementäre Aspekte des tiefen Verstehens eines anderen Menschen.
Stellen wir uns einen Kajakfahrer der Inuit im grönländischen Eismeer vor. Er kann nur dann den Mut finden, sich in wilde und unbekannte Gewässer zu wagen, wenn er auf seine Fertigkeit im Umgang mit dem Boot und auf seine Erfahrung vertrauen kann. Auf dem Boden dieser

durchaus auch technischen Fähigkeiten entsteht das intuitive 'richtige Handeln' in den reißenden Strudeln des unbekannten und immer wieder anders fließenden Wassers. Und erst dann ergibt sich die Freiheit der Wahl, mit der Strömung oder auch gegen sie zu paddeln.
Oder nehmen wir das Bild eines Wanderers: Er wagt sich in unbekannte und unerforschte Gebiete, er läßt sich verlocken von immer neuen Perspektiven, er läßt sich treiben durch die Wildnis ohne Pfade. Wenn er vertrauen kann auf seinen Orientierungssinn, wenn er ein intuitives Gespür hat für die passende Richtung - und auch weiß, was zu tun ist, wenn seine Intuition versagt, wenn er also einen Kompaß zur Hand hat, um notfalls zurückzufinden zu einem Platz, von wo er sich wieder einen Überblick verschaffen kann, - dann würden wir ihn doch gerne als Begleiter akzeptieren auf einem Weg, der erst noch gesucht werden will.

Zurückkommend auf die eingangs in diesem Kapitel geäußerte Besorgnis vieler Yogalehrerinnen, ob sie sich überhaupt den Anforderungen einer Einzelarbeit gewachsen fühlen, soll der hier vorgestellte Rahmen der Auftragsreflektion in diesem Sinne *eher Mut machen denn demotivieren.* Denn er sorgt für Klarheit zwischen Lernenden und Lehrenden und bietet eine Hilfe, nicht nur die eigenen Grenzen als Yogalehrer, sondern auch die Möglichkeiten zu erkennen, andere an Wissen und Erfahrung teilhaben zu lassen.

7.4 Zur Erarbeitung eines individuellen Übungsprogramms

Nach der Auftragsklärung besteht die nächste gemeinsame Aufgabe von Lehrer und Schüler zumeist in der Entwicklung eines individuellen Übungsprogramms, das überprüft, ergänzt und variiert werden kann entsprechend der Bedürfnisse und Fortschritte des Übenden. Als Voraussetzung für die gezielte Auswahl und den Aufbau von passenden Übungen werden zunächst die ganz individuellen Bedingungen des betreffenden Menschen erhoben, die in einem Übungsprogramm Berücksichtigung finden sollten. *Was bringt diese Person mit*? [55]

---

[55] In wegbereitender Weise haben Imogen Dalmann und Martin Soder zur Anpassung der Yoga-Übungen an die individuellen Bedingungen des Einzelnen beigetragen, so z.B. in: Yoga, eine Therapie? (Deutsches Yoga-Forum 5/92).

❍ Äußere Bedingungen

- Übliche Tagesstruktur (wann will und kann ich üben?)
- Aktivitäten vor dem Üben (wie ist mein Übungsprogramm in den Tagesablauf eingebettet? Bin ich dementsprechend meistens noch müde, hektisch oder schon erschöpft, wenn ich mit dem Üben beginne?)
- Aktivitäten nach dem Üben (welche Tätigkeit oder welcher Tagesabschnitt folgt dem Üben? Brauche ich Aktivierung vor meiner Arbeit, Zentrierung als Vorbereitung auf die Meditation, oder Beruhigung, um besser schlafen zu können?)
- Übungsdauer (entsprechend der individuellen Kapazität und der Alltagsbedingungen)

❍ Körperliche Bedingungen

- Krankheiten, Beschwerden (gegenwärtig und in der Vorgeschichte)
- Zustand der Wirbelsäule und allgemein des Skelettsystems (Fehlhaltungen; Beweglichkeit)
- Bedingungen des Muskelsystems (Hyper- vs. Hypotonus)
- Funktionsbedingungen des Sinnes- und Nervensystems (z.B. vegetative Reaktionsmuster auf Streßbelastung)
- Allgemeines Körperbewußtsein (welche Bereiche meines Körpers sind in meiner Wahrnehmung präsent, welche fühle ich kaum? Wo bin ich in meinem Körper ‘zuhause’?)

❍ Bedingungen der Atmung

- Bevorzugte Atemräume (wo spüre ich Atembewegungen; wo ist der Atemfluß blockiert?)
- Atemmuster (Atemfrequenz, Atemtiefe, Atemgeräusche, Atempausen, Mund- vs. Nasenatmung)
- Atembewußtsein (inwieweit nehme ich meine Atmung wahr?)

❍ Bedingungen des Geistes (aus der Sicht der westlichen Psychologie)

- Gewohnheiten des Geistes (Verhaltensmuster, auch in der Wahrnehmung und im Denken und Fühlen; s. Kap. 3.2 zu den verschiedenen Ebenen von Gewohnheiten)
- Umgang mit Gefühlen
- Zwischenmenschliche Beziehungen (in welchen Beziehungen lebe ich bzw. wie gehe ich mit diesen um?)
- Selbstkonzept und Weltbild (welche Grundüberzeugungen über mich und die Welt habe ich entwickelt?)

❍ Bedingungen des Geistes (aus der Sicht des Yoga)
- *Guṇas* (welcher der drei *guṇas* ist in meiner Persönlichkeit bzw. in meinem Verhalten vorherrschend?)
- *Kleśas* (aus welchen der fünf *kleśas* speisen sich in besonderer Weise meine Verhaltensmuster und Identifikationen?)
- *Kośas* (auf welcher Hülle, die mein Selbst verschleiert, liegt meine Hauptidentifikation?)
- *Cakras* (auf welcher *cakra*-Ebene liegt die Hauptkonzentration in Bezug auf Verhaltensmuster und Grundbedürfnisse?)
- Lebensthemen (welche grundlegenden Lebensfragen und -aufgaben stellen sich mir immer wieder?)
- Lebensziele (was ist mein innerstes Streben, meine Sehnsucht?)

Selbstverständlich muß nicht die gesamte obige 'Check-Liste' der persönlichen Bedingungen abgefragt werden (genauso wenig erhebt sie Anspruch auf Vollständigkeit). Vielmehr wird sie beleuchtet unter der Fragestellung, welche Aspekte davon eine maßgebliche Bedeutung haben für die Erstellung eines Übungsprogramms für diese betreffende Person. Was dabei von Interesse sein könnte, ergibt sich aus den Anliegen des Übenden und den daraus resultierenden Zielen der Einzelarbeit. Entsprechend ihrer Wirkungsweise werden Übungen bzw. passende Variationen ausgewählt und so zu einem Programm zusammengestellt, daß sie ihre größtmögliche Wirkung unter Berücksichtigung der individuellen Bedingungen des Yoga-Schülers entfalten können.
Wenn das 'Was' erarbeitet worden ist, das heißt welche Übungen in welcher Reihenfolge, können gemeinsame Überlegungen angestellt werden hinsichtlich des 'Wie'. Welche Haltung möchte ich mir selbst gegenüber in den Übungen erlernen? Wie kann ich meinen inneren Dialog während der Übungspraxis positiv gestalten? Auf welche Ebene meines Seins möchte ich dabei den Fokus meiner Achtsamkeit richten?[56]

Die in Abb. 23 gezeigte Übersicht ist ein Vorschlag, der sicherlich nicht allen Verläufen der Einzelarbeit und dem Entwicklungsreichtum durch den Yoga insgesamt gerecht werden kann. Sie kann eine Hilfe sein, sich eine Struktur, gewissermaßen einen roten Faden, für den Einzelunter-

---

[56] Ich kann meine Achtsamkeit auf das Fließen meines Atems richten, auf das Spüren meiner inneren Kraft, auf meine Verbindung mit dem Höheren, wie ich auch jedes *āsana* zu einem Gebet werden lassen kann ...

richt zu erarbeiten, und damit das Programm immer wieder neu zu überprüfen und entsprechend anzupassen.

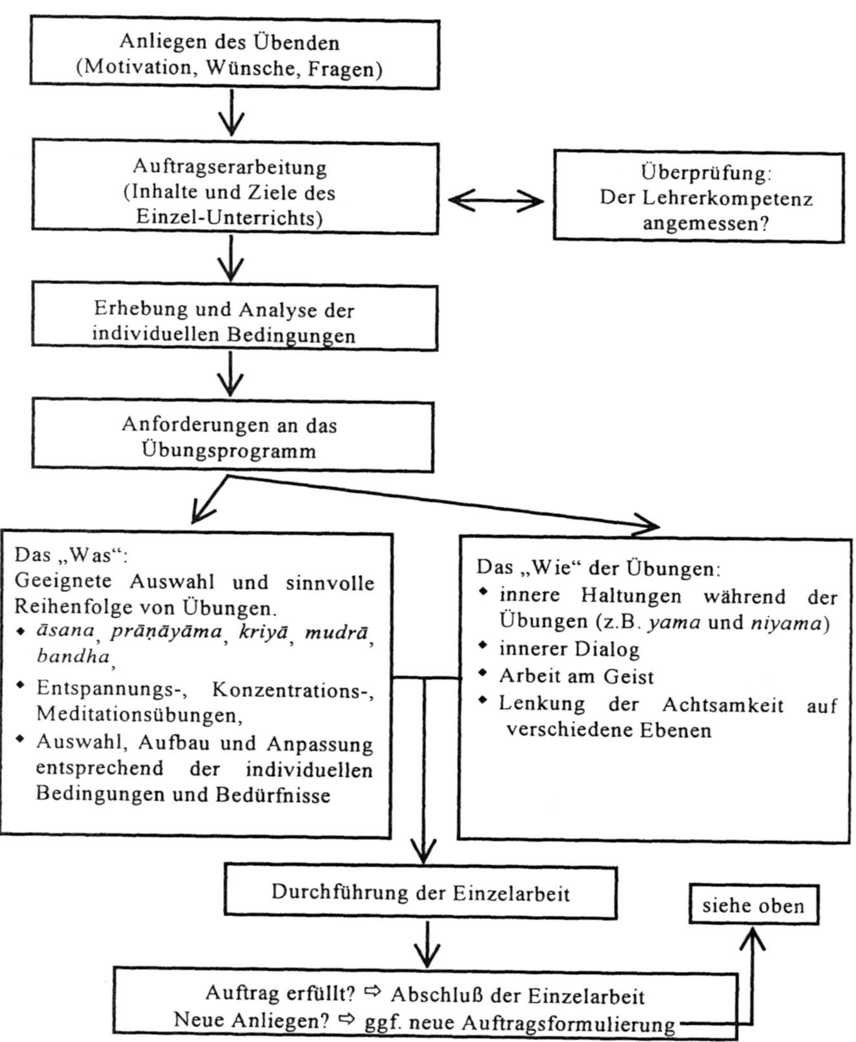

Abb. 23: Vom Anliegen zur Durchführung einer Einzelarbeit

7.5 Psychologische und spirituelle Aspekte im Einzelunterricht

Oben haben wir verschiedene psychische und spirituelle Bedingungen aufgezeigt, die bei der Erstellung eines individuellen Übungsprogramms Berücksichtigung finden, aber auch allgemein im Einzelunterricht thematisiert werden können. Dazu gehören auch äußere und geistige Verhaltensmuster, die als inadäquat empfunden werden und die der Yoga-Schüler verändern möchte (siehe Kap. 3). Des weiteren sind all die Grundüberzeugungen und inneren Sätze von großer Bedeutung, die jemand im Laufe seines Lebens über sich selbst und die Beziehung zwischen sich und der Welt verinnerlicht hat und die zusammen mit anderen konkreten Erfahrungen sein Selbstkonzept bestimmen (vgl. Kap. 4). Je nach Motivation für ein eigenes Übungsprogramm kann auch an solchen Selbstkonzeptinhalten gearbeitet werden, besonders aber an der Fähigkeit, das Selbstbild durch neuartige Erfahrungen zu verändern und zu erweitern.

Die folgenden Übungen[57] sind eine Art Experiment, das uns bestimmte Zusammenhänge verdeutlichen kann:

☛ Übung 1:

Der Zustand des Körpers beeinflußt die Bewegungen im Geist

Stelle dich in eine aufrechte Haltung, so wie sie für dich natürlich ist. Wenn möglich, schließe die Augen. Spüre dich in dieser Haltung und nimm dein Körpergefühl wahr. Beobachte nun genau, was sich in deinem Körpergefühl verändert, wenn du die Schultern leicht nach vorn schiebst. Nimm dir Zeit und studiere die Auswirkungen (dabei übertreibe die Haltung nicht zu sehr: Die Wahrnehmung wird eher feiner, je feiner die Veränderung ist). Wie fühlst du dich in dieser Haltung? Wie ist deine Stimmung, deine Sicht von dir und der Welt? Löse dich wieder aus der Haltung und komme in deine natürliche aufrechte Haltung zurück.

Wieder beobachte genau die Veränderungen in deinem allgemeinen Befinden und deinem Körpergefühl, wenn du jetzt die Schultern etwas nach oben ziehst und die Gesäßmuskeln anspannst. Wie fühlt sich das an? Gehe dann wieder zurück in deinen natürlichen aufrechten Stand.

---

[57] Diese Übungen stammen aus dem Repertoire der körperzentrierten Psychotherapie und sind für den Yoga-Unterricht nicht geeignet.

Variiere jetzt noch ein letztes Mal deine Körperhaltung, indem du deine Schultern weit nach hinten drückst und deinen Brustkorb dabei nach vorne streckst. Welches Gefühl entsteht in dieser Haltung in dir? Wie nimmst du dich selbst wahr? Gehe wieder zurück in deine natürliche Haltung und lockere dich.

☛ Übung 2:

Die Bewegungen des Geistes beeinflussen den Zustand des Körpers

Nimm wieder eine aufrechte Körperhaltung ein. Stell dir vor, du stündest auf einer Bühne und solltest jemanden darstellen, der sich sehr ängstlich durch die Welt bewegt. Wenn du dich in diese innere Haltung hineinversetzt: Wie veränderst du entsprechend deine Körperhaltung? Wie hältst du deine Schultern? Wie hältst du dein Becken, wie deinen Kopf? Wo spürst du zu viel oder zu wenig Spannung, und wie fließt dein Atem? Bleibe nicht zu lange in dieser Vorstellung und Haltung und löse dich wieder, um in deine natürliche Haltung zurückzufinden.
Stelle nun einen Menschen dar, der der Überzeugung ist, daß er selbst der Größte, der Wichtigste sei, und daß alle anderen zu ihm aufschauen. Wie veränderst du jetzt deine Körperhaltung? Was machst du mit deinen Schultern, deinem Brustkorb und deinem Kopf? Wie hältst du deinen Bauch, dein Becken, deine Beine? Wo spürst du deinen Atem? Wieder löse dich aus der Haltung und lockere dich.

Die Übungen können mir die Wechselwirkung zwischen meiner Körperhaltung und den Vorgängen in meinem Geist, insbesondere meinen Stimmungen und dem allgemeinen Lebensgefühl, sehr plastisch vor Augen führen. Ich sehe, daß sich Gefühle und Grundüberzeugungen mir selbst und dem Leben gegenüber im Körper niederschlagen und sich in Körperhaltungen und entsprechenden muskulären Verspannungen manifestieren können. Anders herum stelle ich in dieser Übung fest, daß ich meine psychische Befindlichkeit, mein Gefühl, meine Stimmung beeinflussen kann, je nachdem, wie ich meine Körperhaltung bewußt variiere. Diese Entdeckung, die sich die modernen körperorientierten Psychotherapien zunutze machen, eröffnet interessante Möglichkeiten in der Arbeit mit sich selbst. So läßt sich feststellen, daß auch bestimmte *āsana* als Körperhaltungen verschiedenartige Gefühle und Stimmungen in dem Übenden auslösen können. Folglich können gezielt *āsana* ausgesucht werden für ein individuelles Übungsprogramm, die hinsichtlich ihrer

Symbolik und emotionalen Besetzung zu den jeweiligen Themen passen, mit denen der Übende sich auf seiner Selbsterforschungsreise gerade beschäftigt. So kann beispielsweise *tādāsana* oder *samasthiti*, der Berg, mit Standhaftigkeit, innerer Ruhe und Stabilität assoziiert werden; *vrksāsana*, der Baum, mit innerem Gleichgewicht, Ausgeglichenheit, Zentrierung; *paścimottānāsana*, die Vorwärtsbeuge, mit Gefühlen der Hingabe und Demut (aber auch mit Enge und Bedrängung); oder *matsyāsana*, der Fisch, mit dem Gefühl der Öffnung (oder auch der Schutzlosigkeit). In einer Lebenssituation, in der ich den Eindruck habe, meine Unabhängigkeit und Durchsetzungsfähigkeit stärken zu müssen, kann ich mich ggf. intensiv mit dem Berg (*tādāsana*), dem Krieger (*vīrabandrāsana*) und dem Adler (*garudāsana*) auseinandersetzen. Wenn ich meine Meditation intensivieren möchte, können nicht nur *āsana* helfen, die den Körper auf eine aufrechte entspannte Sitzhaltung vorbereiten, sondern auch solche, die meinen Geist auf die Innenschau einstimmen, wie zum Beispiel der Baum (*vrksāsana*) oder *yogamudrā*. In Zeiten großer innerer Veränderungen, in denen es mir schwerfällt, Gewohntes loszulassen, kann ich möglicherweise meinen inneren Prozeß unterstützen durch *āsana*, die eine Veränderung der Perspektive, des Blickwinkels erfordern, wie der halbe Drehsitz (*ardha matsyendrāsana*) oder der Schulterstand (*sarvāngāsana*).[58]

Die Assoziierungen und psychischen Wirkungen sind allerdings individuell so verschieden, daß wir obige Beispiele nicht als rezeptartige Verschreibungen verstehen wollen, die schnell pauschal und oberflächlich werden. Die *Bedeutung* eines *āsana* für den Einzelnen kann nur von dem Übenden selbst hervorgebracht und deshalb auch verändert werden, denn eine passende Deutung entsteht allein im Geist des Wahrnehmenden. In der Einzelarbeit mag der Lehrende den Schüler in vorsichtiger Weise begleiten in dessen Erfahrungen, durch welche *āsana*, *prāṇāyāma* oder andere Übungen bestimmte Empfindungen gestärkt oder vermindert werden.

Darüberhinaus ist es auch deshalb besonders wichtig, behutsam vorzugehen, weil viele Blockierungen, die im Körper entstanden sind, als Ergebnis von und als Schutz gegenüber bestimmten Erfahrungen zu verstehen sind. Manchmal wird dieser 'Schutzschild' auch heute noch

---

[58] Die Frage, ob der Drehsitz *wirklich* eine Veränderung der Perspektive in Hinblick auf mein Leben *verursacht,* ist müßig, wenn er für die Übende einen regelmäßigen Impuls darstellt, sich mit diesem Thema geistig zu beschäftigen (das gilt auch für die anderen erwähnten *āsana*).

benötigt und sollte nicht forciert ‘aufgebrochen’ werden, zumal durch eine solche Vorgehensweise vorhandene Blockaden sich noch verhärten mögen. So kann es beispielsweise kontraindiziert sein, einem Menschen, der die Schultern immer deutlich nach vorn gezogen hält, nahezulegen, so oft wie möglich den Fisch (*ardha matsyendrāsana*) zu üben, um die Schultern und den Brustkorb zu öffnen und so zu einem Gefühl der Weite und Freiheit zu gelangen. Eine solche Empfehlung kann genau das Gegenteil bewirken, beispielsweise Angstzustände auslösen oder die bestehende Blockade noch verstärken aus dem Gefühl heraus, sich nicht mehr genügend schützen zu können. Entsprechend der psychischen Situation des Betreffenden kann es sinnvoller sein, durch leichte Dehnübungen sich Schritt für Schritt der Weitung des Brustkorbes und damit einer Öffnung anzunähern in dem Maße, wie die Person sich darauf einlassen kann.
Neben *āsana*, *prāṇāyāma* und Entspannungsübungen kommt nach unserer Erfahrung dem systematischen Aufbau von Yoga-Meditationsübungen eine zentrale Bedeutung in der Einzelarbeit zu, weil hier in dem Übenden wesentliche Grundlagen geschaffen werden für seine persönliche und spirituelle Entwicklung: In dem achtsamen und wertfreien Beobachten der Bewegungen des Geistes (Gedanken und Gedankenketten, Empfindungen, Erinnerungen, Bilder, Gefühle) kann gelernt werden, all das anzuschauen, was daran hindert zur Stille zu finden. Die systematische Einführung in die Methode der Yoga-Meditation ist in der Einzelarbeit um so bedeutsamer, als hier die Entwicklung der Meditationspraxis individuell begleitet werden kann, was in einer Kursarbeit in dieser Form selten möglich ist.

Nachdem ein individuelles Übungsprogramm, und damit das *Was* des Übens entwickelt worden ist, können wir uns im Einzelunterricht mit dem *Wie* beschäftigen: Der inneren Haltung und der Arbeit am Geist. Die Vermittlung von inneren Haltungen während des Übens ist auch im Kursunterricht wesentlich. In der individuellen Begleitung eines Übenden können wir darauf jedoch noch konkreter eingehen: Welche Einstellung sich selbst gegenüber braucht der Übende, um sich auf seinem Übungsweg weiterzuentwickeln? Beispielsweise kann eine Person dazu angeregt werden, vor jeder Übungsstunde in der anfänglichen geistigen Sammlung zu beschließen, in welcher inneren Haltung sie üben möchte. Wo legt sie den Schwerpunkt ihrer Arbeit am Geist? Geht es beispielsweise für sie besonders darum, in den Übungen

- die Grenzen wahrzunehmen und zu akzeptieren?

- die Grenzen wahrzunehmen und sich herauszufordern?
- gewaltlos mit sich umzugehen?
- sich zu beobachten ohne Wertung?
- für sich zu sorgen?
- Zeit und Raum zu nehmen, die Übungen wirken zu lassen?
- Entspannung und Loslassen zu üben?
- einen 'inneren Gottesdienst' zu vollziehen?

7.6 Das 'Wie' des Unterrichtens – Innere Haltungen des Lehrenden

Wir haben bereits erwähnt, daß der klassische Yoga uns weder einfach zu übernehmende Vorbilder noch konkrete Methoden liefert, wie ein Yogalehrer die konstruktive Entwicklung seines Schülers unterstützen und begleiten kann. In dieser Frage helfen uns vor allem gesunder Menschenverstand, Erfahrung mit Menschen, Intuition und eigene Bescheidenheit weiter. Auch können wir erneut auf die humanistische Psychologie verweisen, da diese sich vordringlich mit den Bedingungen beschäftigt, unter denen Menschen reifen und ihr persönliches Potential entfalten können. Wir haben zu Beginn dieses Kapitels einige Hinweise zur Gestaltung eines fördernden Gespräches gegeben. Insgesamt gelten für den Einzelunterricht sehr ähnliche Überlegungen, wie wir sie im Kap. 6 für den Kursunterricht dargestellt haben. An dieser Stelle wollen wir lediglich zwei Aspekte nochmals erwähnen:

- Authentizität: Ich spiele als Lehrer keine Rolle, z.B. als fortgeschrittener Yogi, sondern mache transparent, daß ich mich selbst ebenfalls in einem fortwährenden Prozeß der Selbstauseinandersetzung befinde.
- Bescheidenheit: Ich verhalte mich nicht als weiser Ratgeber, der auf alle Fragen eine Antwort hat, der weiß, was mit dem anderen 'los ist' und was er braucht. Ich verstehe mich nicht als 'Retter' oder 'Heiler', der den maßgeblichen Anteil an den Fortschritten des Schülers hat.

7.7 Fußangeln im Yoga-Einzelunterricht

7.7.1 Die Nähe zur Psychotherapie

Wie wir schon zu Beginn dieses Kapitels ausgeführt haben, ist im Einzelunterricht mehr noch als im Kursgeschehen die Gefahr angelegt, die eigenen Kompetenzen als Yoga-Lehrer bezüglich medizinischer oder psychologischer Fragen zu überschreiten. Wir haben es mit einem Kontinuum zu tun, auf dem keine klaren Grenzen zu erkennen sind, ähnlich

wie bei dem Farbspektrum, auf dem eine Farbe nahezu unmerklich in die andere übergeht. So sind wir nicht in der Lage, eindeutig festzulegen, wo Yoga-Unterricht endet und Psychotherapie beginnt. Da eine klare Grenzziehung nicht möglich ist, kann das Problem einer Kompetenzüberschreitung nicht 'gelöst' und auch keine Regeln gegeben werden, wie man sich sicher davor schützen kann. Wir können nur Vorschläge machen, wie wir uns immer wieder dieser Problematik gewahr werden und sie auch unserem Gegenüber (dem oder der Yoga-SchülerIn) transparent machen können. Es bleibt in der Verantwortung jedes Yoga-Lehrenden, hier achtsam zu sein und sich ehrlich Rechenschaft abzulegen über das eigene Lehrverhalten.
Aus unserer Erfahrung heraus sehen wir neben der sorgfältigen Formulierung eines Auftrags für die Einzelarbeit (s.o.) drei weitere Anregungen als wesentliche Hilfen, um sich gegen eine Kompetenzüberschreitung zu schützen:

❍ Der Yoga-Lehrer übt Enthaltsamkeit gegenüber dem psychischen Prozeß des Übenden, das heißt, er wird psychische Erfahrungen weder lenken, beschleunigen noch interpretieren.
❍ Die gewählten Übungen stammen dementsprechend nicht aus dem Bereich der psychotherapeutischen Selbsterfahrung, sondern aus dem konventionellen Repertoire des klassischen Yoga, als da sind: Dehn- und Stärkungsübungen, *āsana*, *prāṇāyāma*, *mudrā*, *bandha*, *kriyā*, systematische Entspannungsübungen, Achtsamkeits-, Konzentrations- und Meditationsübungen.
❍ Der Übende übernimmt weitgehend Verantwortung für sich selbst und ist in der Lage, die in den Übungen gemachten Erfahrungen zumindest grundsätzlich zu reflektieren und zu verarbeiten. Ist dies nicht mehr der Fall, so sollte er zumindest begleitend an eine psychotherapeutische Fachkraft verwiesen werden.[59]

7.7.2 Die Lehrer-Schüler-Beziehung

In der Geschichte des Yoga im Osten ist die Lehrer-Schüler-Beziehung traditionell verankert und von elementarer Bedeutung für die spirituelle Entwicklung des Schülers. Dort wird jedoch davon ausgegangen, daß der Lehrer ein authentischer Meister ist, der seine Schüler sicher durch die Irrwege und Untiefen des spirituellen Schulungspfades lenkt und

---

[59] In diesem Zusammenhang sind auch die von Engler (s. Kap. 10.4) genannten Kriterien wesentlich.

dessen Unterrichtung dem Grunde nach von selbstloser Liebe und tiefer Weisheit getragen ist. Kaum einer der westlichen Yoga-Lehrer wird sich diese Qualitäten zusprechen können. Vielmehr sind wir immer auch als Yoga-Lehrer gleichzeitig Schüler, entweder im direkten Sinne als Schüler eines authentischen Lehrers oder im Sinne der Schülerschaft gegenüber der Yoga-Lehre und -tradition. Ähnlich wie unsere Kursteilnehmer oder Einzelschüler sind wir in einem Entwicklungsprozeß begriffen und insofern genauso wie sie unseren Identifikationen verhaftet (zum Beispiel der Identifikation, ein guter Yoga-Lehrer zu sein). Aus diesem eigenen Verhaftetsein heraus ist es uns nicht möglich, Schüler auf ihrem Yoga-Weg völlig neutral und 'reinen Herzens' zu begleiten. Vielmehr wird unsere Unterrichtung immer den Stempel unseres eigenen Entwicklungsprozesses tragen, unserer Begrenztheiten und Blockierungen. Dabei schwingt auch etwas ganz Persönliches von uns mit, etwas von unseren ureigensten Erfahrungen, Erwartungen, Ängsten, Bewertungen und Sehnsüchten - etwas von unserem Suchen und 'So-geworden-Sein'. Das ist nicht nur sehr menschlich, sondern gerade in dieser menschlichen Unvollkommenheit liegt eine große Chance für wirklich authentische Begegnungen zwischen Yoga-Lehrenden und Übenden, die beide in ihrer Tiefe berühren und inspirierende Impulse geben können.

Wichtig ist dabei jedoch, uns unserer eigenen Begrenztheit als Lehrende bewußt zu bleiben und diese auch dem Yoga-Schüler gegenüber transparent zu machen. Dabei ist es nicht immer einfach, der Versuchung zu widerstehen, sich im Glorienschein des 'großen Yoga-Lehrers' und Lebensberaters zu sonnen, in dem manche Yoga-Schüler uns zu sehen meinen. Nur zu gern setzen die Übenden ihren Yoga-Lehrer auf einen Thron, um ihn bewundern und als Autorität ansehen zu können, der weiß, was wahr und gut ist, und den man jederzeit um Rat ersuchen kann für die drängenden Fragen des Lebens. Dies entspricht einem natürlichen Bedürfnis des Menschen und wird aus psychologischer Sicht als Übertragungsphänomen bezeichnet, bei dem (in dem Fall der Beziehung zwischen Lehrer und Schüler) der Yoga-Schüler in dem Yoga-Lehrer eine Person sieht, die dieser nicht wirklich ist, wie beispielsweise eine Mutter- oder Vaterfigur, und entsprechende Gefühle ihm gegenüber hegt, die der tatsächlichen Beziehung nicht angemessen sind. Wenn wir Lehrende eine solche 'Inthronisierung' auf Dauer zulassen und uns nicht selbst wieder auf den Boden zurückholen, indem wir deutlich machen, wo wir persönlich stehen auf unserem Weg, kommt es leicht zu einem Machtgefälle in der Lehrer-Schüler-Beziehung. Dies kann bis zu Abhängigkeiten und damit zu solchen problematischen Entwicklungen führen, wie wir sie in Kapitel 10 besprechen wollen. Derartige Tendenzen sind im Einzelunterricht deutlich stärker als im Gruppenunterricht, da die vertrautere Situation der Zweisamkeit den Wunsch in den Yoga-Schülern zum Beispiel nach einer Elternfigur, zu der sie aufschauen können, viel machtvoller aus den Tiefen des Unterbewußtseins hervorkommen läßt. Wenn dann ein Lehrer derartige Abhängigkeitsbeziehungen für die eigene Ego-Befriedigung im Rahmen einer Unterrichtung nutzt, können wir dies als emotionalen Mißbrauch oder Machtmißbrauch bezeichnen.

7.7.3 Psychologisierung und Spiritualisierung

Gerade in sogenannten spirituellen Kreisen sind die Tendenzen zur *Psychologisierung* sehr weit verbreitet. Da werden jemandem, der von Zahnschmerzen geplagt kaum noch aus den Augen schauen kann, gutgemeinte Interpretationen nahegelegt wie zum Beispiel, dies zeige deutlich, daß er seine Aggressionen nicht auslebe und sich nicht durchsetzen könne, und er erhält sogleich noch den Ratschlag, an einem Selbstbehauptungs-Training teilzunehmen, um zu lernen 'sich durchzubeißen'. Einem anderen, der morgens mit einem steifen Nacken aufwacht, wird allgemeine Hartnäckigkeit bescheinigt. Wenn diese Beispiele auch etwas überzogen sein mögen, begegnen wir dieser Neigung dennoch häufig, wenn auch in subtileren Ausdrucksformen. Sich seinen Mitmenschen gegenüber überall und ungefragt als Alltagspsychologe zu versuchen, hinter jeder Krankheit und auch dem kleinsten Wehwehchen ein psychologisches Motiv zu vermuten, liegt oft ein falsch verstandenes Konzept von Psychosomatik zugrunde. Nach Jahrzehnten der Konzentration auf körperliche Krankheitsursachen durch die Medizin hilft es überhaupt nicht weiter, nun genauso polarisiert und leider häufig auch erschreckend uninformiert Krankheiten auf verschiedene 'Zustände des Geistes' zurückzuführen.[60] Eine wirkliche Psychosomatik oder ganzheitliche Gesundheitslehre muß systemisch denken lernen und sich letztlich jenseits der begrifflichen Spaltung von Körper vs. Geist begreifen. Unsere Empfehlung geht dahin, sich als Yoga-Lehrer gegenüber der psychologischen Analyse und Interpretation von Beschwerdeursachen

---

[60] Es ist wohl wahr, wenn C.G. Jung erklärt (s. Zitat Kap. 10.2): „Der Inder kann weder den Körper noch den Geist vergessen, der Europäer vergißt immer das eine oder das andere."

sehr zurückhaltend und im Grunde abstinent zu zeigen, um folgenreiche Fehlinterventionen und verletzte Gefühle der Übenden zu vermeiden.
Eine weitere Neigung besteht darin, Probleme, Lebenskrisen oder auch Begebenheiten des Alltags zu *spiritualisieren* und ihnen damit eine besondere Bedeutung zuzuweisen (bei sich selbst, gerne aber auch bei anderen). Wer sich bei einem Autounfall einen Bänderriß zugezogen hat, erhält wissende Blicke und erfährt sodann, daß sich alle in seiner Umgebung einig seien, er habe da etwas in seinem Leben 'überzogen', sei zu weit gegangen und habe jetzt - karmisch gesehen - ein folgerichtiges Ereignis auf sich gezogen. Eine solche Banalisierung des Begriffs *karma* kann zu makabren Blüten führen wie der Einstellung, körperbehindert oder in soziale Armut hineingeboren zu sein, eine schwere Erkrankung oder der Verlust eines nahen Menschen, sei eben das diesem Menschen eigene *karma* und Konsequenz früherer Verhaltensweisen (Schlagwort: „Du hast es dir ja so gewählt"). Derartig oberflächliche Deutungen und Interpretationen können - im Yoga-Einzelunterricht angewandt - bei dem Betreffenden nicht nur das Gefühl erzeugen, nicht ernsthaft wahrgenommen zu werden, sondern, wenn eine emotionale Abhängigkeit von dem wohlmeinenden Yoga-Lehrer hinzukommt, zu problematischen Verzerrungen des Selbstbildes führen, falls solche Deutungen unkritisch internalisiert werden. Nach unserer Überzeugung gibt es keine feststehende und objektivierbare Bedeutung eines Lebensereignisses per se, die von anderen Menschen 'erkannt' oder karmisch 'analysiert' werden könnte. Wie auch die Be-Deutung eines Traumes letztlich nur durch den Träumer möglich ist, so verhält es sich auch mit der deutenden Rückschau auf das eigene Leben und spezifische Lebensereignisse. Gespräche mit anderen, so auch in der Psychotherapie, können hilfreich sein und wertvolle Impulse geben, zu der jeweils eigenen Deutung zu gelangen - und dies ist die einzig wesentliche, weil sie der gegenwärtigen subjektiven Wirklichkeit einer Person entspricht, die sich - wie wir gesehen haben (Kap.5) - durchaus ändern kann. Von anderen versuchtes Hineinlegen von Bedeutung in die Lebensereignisse einer Person, ohne deren eigene Suche danach zu unterstützen, ist deshalb oft eine Projektion der Vorstellungen eben dieser anderen.
Eine wichtige Aufgabe für den Yoga-Lehrer kann hingegen darin bestehen, eine konstruktive Haltung gegenüber Lebenskrisen zu vermitteln. Gerade im Einzelunterricht geht es oft auch um allgemeine Lebensfragen, Sinnfindung und Umbruchsituationen in der persönlichen Biogra-

phie. Hier ist es hilfreich zu sehen, daß jede Krise eine Wachstumsmöglichkeit in sich trägt. Zum Lebenslauf eines Menschen gehören in natürlicher Weise immer wieder Phasen der allgemeinen Verunsicherung oder schmerzhaften Verstörung, in denen ein Entwicklungsimpuls reifen kann, um sich dann im folgenden auszudrücken. Hier kann der Yogalehrende durch menschliche Präsenz und spirituelle Inspiration Begleiter sein in dem Bemühen des Übenden, Antworten auf Fragen des Lebens selbst zu finden.

8

Veränderungen durch den Yoga: Forschungsergebnisse und Beobachtungen

☛ Dieses Kapitel stellt einige wesentliche Forschungsergebnisse und Beobachtungen der westlichen Psychologie zu Auswirkungen von Hatha Yoga und Meditation dar.

Bei näherer Untersuchung ... erscheint dieses Unternehmen (der Wissenschaft) als Versuch, die Natur in die vorgeformte und relativ starre Schublade, welche das Paradigma darstellt, hineinzuzwängen. In keiner Weise ist es das Ziel der normalen Wissenschaft, neue Phänomene zu finden; und tatsächlich werden die nicht in die Schublade hineinpassenden oft überhaupt nicht gesehen.

Thomas S. Kuhn

☛ Übung:

Meine eigenen Veränderungen auf dem Übungsweg

Lege Stift und Papier bereit.

Setze dich aufrecht und bequem und schließe die Augen.

Gehe in die Haltung der inneren Achtsamkeit. Sieh dir den Zustand deines Körpers an und entspanne ihn völlig.

Spüre das Fließen deiner Atmung in den Nasenflügeln. Spüre den Unterschied von Ein- und Ausatmung in den Nasenflügeln.

Nimm wahr, wie dein Atem sich in deinen Körperräumen ausdehnt und von dort in der Ausatmung wieder zu den Nasenflügeln fließt.

Atme so, wie es natürlich und angenehm für dich ist, und entspanne dich in jeder Ausatmung möglichst vollständig.

Wandere in deinem Geist zurück zu der Zeit, als du damit begonnen hast, Yoga zu üben. Sieh dich selbst vor deinem inneren Auge und ver-

suche ein Bild von dir damals zu gewinnen. Wer warst du damals und *wie* warst du?
Gleichsam im Zeitraffer gehe im Geist durch die Jahre bis zur Gegenwart und sieh dich erneut vor deinem inneren Auge. Wer und wie bist du heute?
Sieh, ob aus deinem Geist etwas aufsteigt, wenn du dich fragst: Welche Veränderungen in meinem Denken, Fühlen und äußeren Verhalten haben etwas mit meinem Yoga-Üben zu tun?
Ohne etwas zu erzwingen, sieh und horche in dich hinein.
Nach einer Weile schließe die Übung auf deine Weise ab, komme schrittweise aus der Entspannung heraus, und mache dir einige Notizen in Stichworten, falls du Anworten auf deine Fragen erhalten hast.

Wir haben in den vorangegangenen Kapiteln Bereiche der Selbstveränderung durch den Yoga dargestellt, wie sie wohl jedem Übenden in der einen oder anderen Weise aus der eigenen Erfahrung bekannt sind. Die westliche Psychologie hat sich deshalb dafür interessiert, diese Veränderungen in mehr systematischer Weise zu untersuchen und zu beschreiben. Das übliche Vorgehen besteht vereinfacht darin, nach bestimmten Kriterien (Alter, Geschlecht usw.) zwei möglichst ähnliche Gruppen von Personen zusammenzustellen und beide Gruppen hinsichtlich der interessierenden Persönlichkeits- und Verhaltensmerkmale zu untersuchen. Gruppe A (die 'Experimentalgruppe') beginnt nun Yoga zu üben, während Gruppe B (Kontrollgruppe) keine besondere oder eine alternative Behandlung, auf jeden Fall aber keinen Yogaunterricht erhält. Nach Ablauf einer bestimmten Zeit (z.B. eines halben Jahres) werden beide Gruppen erneut genau wie vor der Übungsphase hinsichtlich der interessierenden Merkmale (z.B. 'Ängstlichkeit' oder 'vegetative Beschwerden') untersucht und ggf. auch nach erlebten Veränderungen befragt und sodann miteinander verglichen.[61] Wir wollen uns im folgenden die wesentlichen Ergebnisse dieser Untersuchungen ansehen, dabei jedoch 'im Hinterkopf' behalten (s. Kap. 1), daß diese Art des Vorgehens stets innerhalb eines bestimmten theoretischen Rahmens, also bestimmter Vorannahmen stattfindet, und daher etwas 'übersehen' werden kann, was möglicherweise auch auf dem Übungsweg des Yoga entstehen

[61] Natürlich ist es auf diese Weise auch möglich, zwei verschiedene Übungsweisen in ihren Effekten miteinander zu vergleichen, wie z.B. Yoga und autogenes Training.

mag.[62] Kurzum: Die Antworten, die ein Forscher erhält, sind ganz entschieden von den Fragen abhängig, die er stellt.

8.1 Erhöhung von innerer Achtsamkeit; Gewahr sein

Alle Übungen des Yoga haben die Entwicklung dieser inneren Haltung zum Ziel; gleichzeitig stellt diese eine Voraussetzung dar, um überhaupt eine Übung als yogisch zu bezeichnen. Es wird eine innere Zentrierung, ein Wahrnehmen der inneren Welt erlernt. Das 'Außer-mir-Sein', das Verlieren in der äußeren Welt und der daraus oft entstehende massive Handlungsdruck werden gemildert. Für einen Yoga-Übenden mag diese Veränderung lediglich als eine Vorbedingung für Weiteres erscheinen. Für die psychologische Forschung ist sie ganz wesentlich, da die Herstellung des Kontaktes nach innen auch eine zentrale Voraussetzung für die Wirksamkeit psychotherapeutischer Interventionen ist. Vor dem Hintergrund dieser Basisveränderung sind die weiteren Auswirkungen zu verstehen. [63]

! Das häufige Erwähnen von 'innerer Achtsamkeit' kann zu einem Mißverständnis führen, welches einer möglichen Fehlentwicklung auf dem Übungsweg zugrundeliegt. 'Innere Achtsamkeit' bedeutet nicht nur bewußtes Beobachten der Bewegungen meines Geistes, also der *Inhalte meines Bewußtseins*. Darüberhinaus ist es ein nicht-bewertendes und damit nicht-identifiziertes Zulassen von dem, was ist. Dadurch wird der schmale, an mein bewußtes Ich gekoppelte Wahrnehmungsausschnitt erweitert. Mit dem Ich *gewollte* innere Wahrnehmung bedeutet häufig auch Bewertung, Kontrolle und Konstruktion. Das gesamte Feld meines Geistes - das, was ist - geht weit über dieses Fenster meines bewußten Ich hinaus. Es umfaßt mein ganzes Sein, und dies ist das Spektrum, welches der inneren Achtsamkeit zur Verfügung steht.

---

[62] Besonders evident wird dies durch die oft notwendige zeitliche Begrenzung von psychologischen Untersuchungen - einige Veränderungen durch den Yoga finden sicherlich erst nach Jahren statt und fallen womöglich durch das Raster der Untersuchungsmethoden (z.B. wenn durch psychologische Testverfahren Persönlichkeitsveränderungen durch den Yoga gemessen werden sollen).

[63] Einen guten und leicht lesbaren, wenn auch teilweise etwas unkritischen Überblick über die psychischen Auswirkungen von Yoga und Meditation geben Kabat-Zinn (1995) und Carrington (1992). Ausführlich ebenfalls (jedoch nur für die Meditation) Engel (1995) sowie in einem kurzen Review Engel (1998).

Zugang hierzu kann jedoch nur über einen zulassenden und loslassenden Wahrnehmungsmodus erreicht werden. Loslassen von Erwartungen und Ängsten, Zulassen von Unerwartetem, Abgelehntem und nicht zu meinem Bild von mir und der Welt Passendem. So verstanden und praktiziert erweitert die innere Achtsamkeit den Raum meiner Wahrnehmung und eröffnet eine existentielle Tiefendimension. Mein bewußtes Ich ist an Gedanken, Gefühle und Sprache gebundene Oberfläche, mein umfassendes, nicht-bewußtes Sein ist nicht-sprachliche, nicht an Bewußtseinsinhalte gebundene Tiefe, die Annäherung an mein Selbst. Innere Achtsamkeit in einseitiger Konzentration auf das bewußte und willentliche Ich-Erleben kann als Fehlentwicklung gerade zu einer Abwehr von existentieller Tiefe führen. Sie zeigt sich in einer als quälend erlebten, überzogen deutlichen, grüblerischen und kontrollierenden Wahrnehmung von Gedanken, Gefühlen oder einer bis ins ängstlich-neurotische übersteigerten Wahrnehmung von Körperfunktionen (zu den Fehlentwicklungen s.a. Kap. 10).

8.2 Vertiefung und Differenzierung des Kontaktes nach innen

Der Übende erfährt eine größere Nähe zu sich selbst. Diese besteht in einer früheren und feineren Wahrnehmung der eigenen Bedürfnisse: Wie geht es mir? Was brauche ich? Was tut mir gut bzw. was behindert mich? Ebenfalls sind ein verstärkter Kontakt mit der eigenen Gefühlswelt (positive und negative Stimmungen) und eine intensivere Wahrnehmung der eigenen Gedankentätigkeit und des sog. ‘Selbstdialogs’ damit verbunden. Insgesamt wird häufig von einer Verstärkung des Identitätsgefühls gesprochen (‘Ich habe mich selbst mehr kennengelernt’). Diese Entwicklungen machen besonders die Meditation geeignet, eine parallel durchgeführte psychotherapeutische Behandlung in ihrer Wirksamkeit zu unterstützen. Verschiedentlich wird ein intensiveres Lebensgefühl oder ‘mehr Lebendigkeit’ erwähnt. Es geht an dieser Stelle also gerade nicht um das oft falsch verstandene ‘yogische Ideal der Ent-Ichung’, dem Zurückdrängen von Gefühlen und Bedürfnissen, sondern um ein intensives Kennenlernen meiner selbst, ein Anschauen, wer ich bin, was mich ausmacht, wo ich stehe - und zwar wahrhaftig im Sinne des Selbststudiums mit all meinen Schwächen und Ungereimtheiten. Denn ich kann nur verändern, was ich annehme als Teil meiner selbst; ich kann nur loslassen, was ich zunächst *habe* (worauf Jack

Engler und Ken Wilber verschiedentlich hingewiesen haben). Jede Facette meines Seins, die verzerrt, ignoriert oder verdrängt - kurz: abgelehnt wird, kann nicht Gegenstand einer konstruktiven Transformation sein.

8.3 Verstärkte Selbstannahme

Die achtsam beobachtende, nicht bewertende Haltung sich selbst gegenüber im Verlauf der konkreten Hatha- und Meditationsübung wird häufig in den alltäglichen Bereich generalisiert. Zuvor stark negativ bewertete, zensierte Gefühle oder Gedanken - ganz allgemein Anteile der eigenen Person, die abgelehnt oder ausgeblendet wurden - werden teilweise in das Selbstbild integriert, so daß dieses entsprechend erweitert und angepaßt werden kann. Eine Vergrößerung der Kongruenz[64] und persönlichen Authentizität ist die Folge; konkret werden die Wahrnehmungs- und Handlungsmöglichkeiten erweitert.
Verschiedene Studien haben eine Zunahme positiver Selbstbildaspekte wie Selbstachtung, Selbstakzeptanz und Selbstsicherheit gefunden. Dabei stehen eine größere Stabilität und Positivität des Selbstbildes und ein konstruktiverer Selbstdialog im Vordergrund. Besonders wurden das Auseinanderfallen von Selbst- und Wunschbild und die damit einhergehende Konfliktspannung verringert (erhöhte Selbstaktualisierung im Sinne von Rogers). Therapiebegleitend hat sich die Meditation als hilfreich erwiesen, die konstruktive Auseinandersetzung des Klienten mit sich selbst zu fördern und ausgeprägte Selbstunsicherheiten zu verringern.

8.4 Verminderung von emotionaler Labilität und Angsterleben

Insgesamt sind gute Wirkungen des Yoga bei vielen Funktionen zu beobachten, die dem psychosomatischen Bereich zugeordnet werden. Dieses bezieht sich insbesondere auf streßbedingte Symptome wie etwa funktionelle Hypertonie, Spannungskopfschmerz, Schlafstörungen, Unruhezustände usw., häufig unter dem Begriff 'vegetative Dystonie' zusammengefaßt. Nicht nur der körperliche, sondern auch der psychische

---

[64] Grad der Übereinstimmung von Selbstbild und gemachten Erfahrungen einer Person, aber auch von ihrem eigenem Erleben und dem äußeren Verhalten (Selbstbild und Fremdbild).

Ausdruck von innerer Spannung und Angst ist durch Hatha Yoga bzw. Meditation gut erreichbar. Zahlreiche Studien belegen, daß das subjektive Erleben von Ängstlichkeit und emotionaler Labilität sowie die Irritierbarkeit durch äußere Umstände abgenommen haben. Teilweise sind Übungen aus dem Yoga im Zuge eines Angstbewältigungstrainings eingesetzt worden.

Schon die physiologischen und biochemischen Veränderungen während der Meditation (auch zu diesem Bereich liegen viele, jedoch auch inkonsistente Untersuchungen vor) weisen auf ein verringertes Erregungsniveau ('arousal') hin. Damit wird ein Zustand erzeugt, der dem Angsterleben entgegengerichtet ist. Die Ergebnisse in den Untersuchungen fallen häufig um so deutlicher aus, je länger und regelmäßiger die Übungspraxis ist.

Hinsichtlich sogenannter Neurotizismuswerte (Nervosität, Depressivität, emotionale Labilität, Feindseligkeit, Gehemmtheit usw.) sind bei Meditierenden - ebenfalls nach Länge und Regelmäßigkeit der Praxis - Veränderungen in Richtung einer Stabilisierung gefunden worden (so z.B. der Überblick von Howald, 1989, in Bühler & Wolz-Gottwald, 1989).

Von beeindruckenden Ergebnissen zur Wirksamkeit des Yoga bei psychosomatischen Symptomen berichtet Bley (1997; 1998). In einer von Krankenkassen und der Berliner Humboldt-Universität in den Jahren 1993 bis 1995 begleiteten Studie wurden bei Kopfschmerzen 60%, bei Schlafstörungen 71%, bei Hypertonie 68% sowie bei chronischen Rükkenschmerzen 85% spürbare Verbesserungen der Beschwerden nach einer Projektdauer von sechs Monaten gefunden. Darüberhinaus traten signifikant positive Veränderungen im Bereich ‚Lebenszufriedenheit', ‚emotionale Gehemmtheit', ‚Erregbarkeit' sowie ‚emotionale Labilität' bei denjenigen Teilnehmern auf, die sich zuvor diesbezüglich als deutlich beeinträchtigt beschrieben hatten.

8.5 Reduzierung depressiver Tendenzen

In verschiedenen Untersuchungen wurde eine Abnahme der Häufigkeit und Intensität depressiver Zustände gefunden. Es gibt jedoch Hinweise, daß diese positive Auswirkung des Yoga-Übens auf eher leichtere Formen der neurotischen Depressivität (die dennoch anhaltend und sehr beeinträchtigend sein können) und auf reaktive Depressionen (ausgelöst durch belastende Lebensereignisse) eingeschränkt ist. Eine schwere und akute depressive Symptomatik (auch im Rahmen psychotischer Erkrankungen) wird hingegen nicht günstig durch die *Meditation* beeinflußt.

Einerseits sind kontraproduktive Entwicklungen möglich (s. Kap. 10) und andererseits ist die sog. Abbruchquote sehr hoch. In akuten und tiefgreifenden depressiven Zuständen kann in der Regel gar nicht meditiert werden, weil die dafür notwendige Selbststeuerung und Haltung der distanzierten, nicht wertenden Beobachtung auch ansatzweise nicht möglich sind, sondern sogar eine weitere Verstrickung mit den Bewegungen des Geistes (Identifikationen) entstehen kann. Hingegen können die *Körperübungen* des Yoga durchaus auch hier hilfreich sein, wenn sie eher aktivierend als meditativ angeleitet werden.

In dieser den Körper aktivierenden Wirkung begründet sich sicherlich zu einem Teil der 'anti-depressive' Effekt des Yoga. So finden wir auch bei anderen Formen der Körperübung (z.B. einfaches Jogging) eine stimmungshebende Wirkung. Zusätzlich wirken die oben beschriebenen Basisveränderungen im Lauf des Yoga-Übens einer depressiven Haltung entgegen, indem das Lebensgefühl, der Kontakt zur eigenen Identität sowie Selbstannahme und Selbstvertrauen gestärkt werden. Gerade im Hinblick auf den konstruktiven Einfluß des Yoga bei der sehr weit verbreiteten depressiven Grundhaltung (und dies gehäuft bei Frauen) drängt sich auf, wie wesentlich sich die *Art und Weise des Yoga-Lehrens* im Unterricht in der Wirksamkeit beim Einzelnen bemerkbar machen kann (s. Kap. 6).

8.6 Verringerung von Abhängigkeitshaltungen

Insbesondere bei Langzeitübenden konnte eine Abnahme des Konsums von legalen Drogen (Alkohol, Nikotin, Koffein, Medikamente) und eine Abschwächung von anderen belastenden Verhaltensmustern beobachtet werden (z.B. Ernährungsverhalten, exzessiver Fernsehkonsum). Dies ist auch dann der Fall, wenn eine Yogaunterrichtung nicht explizit auf die konstruktive Veränderung einer bestimmten Verhaltensweise ausgerichtet ist. Aus psychotherapeutischer Sicht erschließt sich durch den yogischen Übungsweg eine breite Palette von Möglichkeiten, an Gewohnheiten auf der Ebene des Körpers, der Atmung, des Geistes und insgesamt der Lebensführung zu arbeiten (s. Kap. 3). Wie bei den vegetativen Funktionen im Rahmen der Streßbewältigung finden wir auch im psychischen Bereich durch den yogischen Übungsweg eine Aktivierung von konstruktiver Selbstorganisation des Organismus ('Selbststeuerung'). Basis hierfür ist die oben genannte Entwicklung von innerer Achtsamkeit, die Vertiefung und Differenzierung des Kontaktes zum eigenen Erleben und das Etablieren eines inneren Beobachters. Ebenfalls sei erwähnt, daß es eine Reihe von Veröffentlichungen in wissenschaftlichen Zeitschriften gibt, die von einer erfolgreichen Anwendung von Meditation im Rahmen von Suchttherapien (Drogen, Alkohol) berichten. Ein großer Teil dieser Studien stammt aus dem Umfeld der Transzendentalen Meditation.[65]

8.7 Stärkung der Selbststeuerung und Eigenverantwortung

Durch vertieften Kontakt zu sich selbst und Zugang zu den inneren Prozessen wird ein heute weit verbreitetes Erleben reiner Fremdbestimmung und Reaktivität auf die äußere Welt ergänzt durch die Wahrnehmung eigener Anteile. Projektionen auf andere Menschen und Rechtfertigungen des eigenen Verhaltens durch äußere Umstände treten zurück hinter die Übernahme von Verantwortung für sich selbst; das Erleben der Fremdbestimmung kann vermehrt durch Selbststeuerung ersetzt werden. Die typische Wahrnehmungsstruktur 'Was haben meine Mitmenschen und die Welt insgesamt dazu beigetragen, daß es mir so schlecht geht?' verändert sich schrittweise in die Frage: 'Was habe ich selbst dazu beigetragen, daß es mir so geht?'. In der Psychologie spricht man hier von Attribuierung der Kausalität, also einer individuellen Bewertung der Ursachenzuschreibung. Ob eine Kausalattribuierung intern oder extern vorgenommen wird, schafft wichtige Vorbedingungen, inwieweit eine Veränderung des Einzelnen in seinem Erleben und seinem Verhalten möglich wird. Denn es folgt daraus unmittelbar, ob eine Person die Veränderung von außen (externe Ursachenzuschreibung) oder von sich selbst (interne Ursachenzuschreibung) erwartet. Die hier beschriebene Veränderung der Wahrnehmung und Bewertung der eigenen Befindlichkeit stellt ein Kernelement jeder Psychotherapie und damit auch der verändernden Wirksamkeit des Yoga dar.

Meditierende erscheinen stärker innengeleitet und leben eher in der Annahme, zukünftige Ereignisse und die Entwicklung ihres Lebens sei mehr durch eigenes Handeln als durch Außenereignisse bestimmt. Be-

---

[65] Obwohl es viele sehr sorgfältige Untersuchungen von Effekten der TM gibt, fällt doch mitunter eine 'stromlinienförmige' Positivität der gefundenen Ergebnisse auf, einhergehend mit einem Mangel an kritischer Reflektion der eigenen Untersuchungsmethodik und dem Bemühen, die TM als außergewöhnlich effektiv von anderen Meditationsformen abzugrenzen.

lohnung und Verstärkung werden eher durch das eigene Wertesystem als durch äußere Konsequenzen erlebt.

☛ Diese Ergebnisse der psychologischen Forschung weisen auf den *Freiheits- und Befreiungsaspekt* des Yoga hin.

8.8 Das Ich als Konstruktion

Erich Fromm erklärt in seinem Beitrag *Psychoanalyse und Zen-Buddhismus* (1972), „... daß sich der Durchschnittsmensch in Wahrheit in einem Halbschlaf befindet, während er glaubt, wach zu sein. ... Das meiste von dem, was er für Wirklichkeit hält (außerhalb und innerhalb seiner selbst), ist eine Reihe von Fiktionen, die sein Geist konstruiert. ... Er ist sich der Wirklichkeit in dem Ausmaß bewußt, in dem das Ziel des Fortbestehens ein solches Bewußtsein notwendig macht. (S. 138f)"

Die bislang beschriebenen Auswirkungen des Yoga auf der psychischen Ebene können schrittweise in einen Prozeß einmünden, durch den der Übende sein eigenes Ich, welches ursprünglich als einheitlich, kontinuierlich und letztlich unveränderlich erlebt wurde, als wechselnde Identifikationen und damit Konstruktionen seines Geistes erkennt. Die Erfahrung der Beobachtbarkeit der Identifikationen kann zu der Erkenntnis führen, daß ich durch diese wechselnden Bewegungen in meinem Geist (Gedanken und Gefühle) nicht vollständig bestimmt bin, daß der Beobachter mit dem Beobachteten nicht vollständig identisch sein kann. Gleichfalls nehmen Erfahrungen zu, daß Identifikationen sich nicht nur ständig verändern, sondern teilweise auch selbstgesteuert veränderbar sind.[66]

Ken Wilber beschreibt (1985) in *Ein Entwicklungsmodell des Bewußtseins*, daß der Prozeß der Meditation (und allgemein des Wachstums auf einem spirituellen Weg) vier Phasen aufweist. Ausgangspunkt ist eine vollständige *Identifikation* mit einem bestimmten Konzept von sich selbst, einem anderen Menschen oder einem bestimmten Bild der 'Wirklichkeit'. Durch *Differenzierung* wird in einem ersten Entwicklungsschritt sodann eine gegebene Struktur bewußt und zunehmend fei-

---

[66] Zu diesem selbstverändernden Aspekt des Yoga liegen nach unserer Kenntnis noch keine veröffentlichten Forschungsergebnisse vor, wohl aber zahlreiche Erfahrungsberichte. Es wäre sicherlich fruchtbar, diesen Bereich tiefgehender Selbstveränderung von Yoga-Übenden durch entsprechende Untersuchungen zu beschreiben (s. Kap. 9.5 zu den Erklärungsversuchen der systemischen Psychologie).

ner wahrgenommen. Die *Disidentifikation* führt nachfolgend allmählich dazu, sich aus bestehenden Mustern zu lösen, die bisher die Wahrnehmung und das Bild von sich, von anderen und von der Welt gestaltet haben. In der dritten Phase der *Transzendenz* wird die Grenze der betreffenden Identifikation überschritten, so daß danach in der *Integration* das frühere Bewußtseinsfeld, die zuvor das ausschließliche Ganze dargestellt hat, nunmehr als Teil in eine erweiterte Struktur integriert wird.
Was auf der einen Ebene die beherrschende Grundstruktur des Erlebens war, wird auf der nächsten Ebene nach der Transformation zu einer Möglichkeit neben anderen. Das vorherige Ganze wird zu einem Teilaspekt eines umfassenderen Entwurfes. So etwa der Entwicklungsschritt bei einem Kind, bei dem der Absolutheitsanspruch der subjektiven Weltsicht (das heißt vollständige Identifikation) transformiert wird in eine *mögliche* Sicht, einen *möglichen* Standpunkt unter vielen anderen, die gleichberechtigt sind. Welch ein Schritt, wenn ein Kind erkennt, daß es durch das Zuhalten seiner Augen nicht mehr unsichtbar für die Welt wird! Gleichermaßen können gelungene psychotherapeutische Prozesse bei Erwachsenen häufig dadurch beschrieben werden, daß eine Loslösung aus einer vormals allein möglichen Identifikation (zum Beispiel Selbstbildorganisation: 'Niemand mag mich richtig') und Transformation in ein umfassenderes Konzept von sich selbst und der Welt erfolgte.

8.9 Fazit

Es liegen viele und gut bestätigte Ergebnisse zu positiven Auswirkungen des Yoga vor. Auf mögliche Nebenwirkungen und Kontraindikationen gehen wir weiter unten ein (Kap. 10). Auch wird bei einer Sichtung der vorhandenen Studien deutlich, daß uneinheitliche und widersprüchliche Ergebnisse durchaus vorkommen, die sicherlich zu einem Teil der Uneinheitlichkeit des jeweiligen Untersuchungsaufbaus und der verwendeten diagnostischen Instrumente zuzuschreiben sind. Im *klinisch-therapeutischen Bereich* sind vordringlich die Meditation, seltener andere Übungsverfahren des Yoga angewandt worden, jedoch meist in Kombination mit anderen therapeutischen Methoden, so daß die Beurteilung des Yoga als alleiniges 'therapeutisches' Verfahren bei den verschiedenen psychischen Beeinträchtigungen noch verfrüht erscheint. Es zeichnet sich jedoch ab, daß im klinischen Kontext die Kombination von Yoga-Übungsweisen mit anderen, westlichen psychotherapeutischen Ansätzen die günstigsten Ergebnisse zeigen (so z.B. auch Carrington, 1992, S. 175 ff).

Wir wollen noch eine Studie von Glueck & Stroebel erwähnen, die schon 1975 an einer amerikanischen psychiatrischen Klinik durchgeführt und recht bekannt wurde. In drei Gruppen bekamen Patienten Unterricht entweder in Muskelentspannungstraining, Biofeedback oder in Meditation. Während die Patienten das Üben des Entspannungstrainings und des Biofeedbacks schon nach wenigen Wochen einstellten, meditierten die Patienten der dritten Gruppe recht regelmäßig, so daß Nachuntersuchungen bis zu zwei Jahren möglich waren.
Damit wird aufgezeigt, daß im Rahmen einer präventiven Gesundheitsversorgung die Akzeptanz der angebotenen Verfahren im Alltag des Einzelnen von ausschlaggebender Bedeutung für den gesamtgesellschaftlichen Nutzen sein wird. Will Yoga hier eine wesentliche Rolle spielen - und er bringt alle Voraussetzungen dafür mit - dann muß er neben aller Ernsthaftigkeit auch Spaß machen. Daß die Selbstveränderung spannend sein kann; daß Yoga eine faszinierende Forschungsreise in die eigene innere Welt bedeuten kann; daß das Leben nicht unbedingt leichter, aber viel lebendiger wird; daß man sich selbst auf diesem Wachstumsweg mit einem leisen Lächeln zusehen kann beim Tanz des zwei Schritte vor und einen zurück - all dies als Yogalehrende(r) auch zu vermitteln, erscheint in diesem Zusammenhang wesentlich.
Jonathan Smith (1975, 1986, 1990) nennt in seiner Aufarbeitung der Meditationsforschung drei Grundfertigkeiten des Geistes, die durch den Yoga (insbesondere bezogen auf die Meditation) entwickelt werden:

❍ *Fokussieren*: Die Fähigkeit, einen bestimmten eingeschränkten Inhalt über längere Zeit im Bewußtsein zu halten (z. B. Körperachtsamkeit, Atem, *mantra*).

❍ *Loslassen*: Die Fähigkeit, für eine bestimmte Zeit zielgerichtete Handlungen und analytische Aktivitäten zurückzustellen. Dabei wird einem handlungsorientierten Impuls nicht nachgegeben und die damit einhergehende innere Spannung bewußt gelöst.

❍ *Rezeptivität*: Der Übende ist sich seiner selbst gewahr; er nimmt ohne Bewertung und ohne einzugreifen achtsam wahr.

Diese Basisfaktoren sprechen Grunddimensionen eines jeden psychotherapeutischen Prozesses an und geben so einen Hinweis, warum der Yoga selbstverändernd wirken kann. In Hinblick auf die zahlreichen empirischen Untersuchungen über Yoga und Meditation wird deutlich, daß eine Reduktion des Yoga auf standardisierte und technisierte Interventionen seiner Wirksamkeit auf der psychischen Ebene nur unzureichend

gerecht werden kann, solange nicht gleichzeitig die von Smith genannten Basishaltungen an den Übenden vermittelt werden können.
Durch Yoga-Übungen entwickeln sich verschiedene komplexe innere Haltungen und Fähigkeiten. Diese werden bei jedem Übenden durch einen sinnvollen Aufbau von Übungen über lange Zeit allmählich entwickelt. Das bloße Ausführen einer Technik - und sei es auch einer yogischen - wird nicht zu entsprechenden konstruktiven Veränderungen führen. Die Frage 'Können Yoga und Meditation selbstverändernd wirksam sein' können wir nicht so stellen, als ob es sich um ein Medikament oder um eine feststehende Technik handeln würde.

☛ Verändernd und transformierend auf der psychischen Ebene wirken nicht die Übungen selbst, sondern die durch sie erzeugten und geförderten inneren Prozesse und Einstellungen. Man kann scheinbar Yoga üben, aber in dem *Wie* des Übens genau an diesen Basisveränderungen und damit an der transformierenden Kraft des Yoga insgesamt vorbeigehen.

Auch in den Patañjali Yoga-Sutras wird dieses *Wie* betont:

> Die Kontrolle der Bewegungen des Geistes erlangt man durch Übung und Leidenschaftslosigkeit.
> Von diesen beiden wird das Bemühen um Stille und Stabilität des Geistfeldes Übung genannt.
> Diese Übung wird nur zu einer festen Grundlage, wenn sie ausdauernd und genau über eine lange Zeit, ohne Unterbrechung mit einer positiven Haltung der Hingabe ausgeübt wird (PYS I, 12-14).

Weil wir uns in diesem Kapitel auf dem Boden einer Analyse im Rahmen der westlichen Psychologie befinden, wollen wir mit Absicht die spirituelle Dimension des Yoga zurückstellen, obwohl auch ihr eine erhebliche 'psychotherapeutische Potenz' zugewiesen werden kann (etwa in dem Finden eines über das Ich und die eigenen Bedürfnisse hinausweisenden Lebenssinns).

Wir haben die Übung vom Anfang dieses Kapitels mit vielen Gruppen von Yoga-Übenden und Teilnehmern der Yogalehrausbildung durchgeführt. Die folgenden Stichworte geben einen repräsentativen Eindruck von der Bandbreite der erlebten Veränderungen.[67]

---

[67] Natürlich kann diese Art des Fragens nach Veränderungen nur einen allgemeinen Eindruck vermitteln (der vor allem für einen selbst interessant sein

Verändertes Körpergefühl
Innere Stärke und Sicherheit
Mehr Individualität/Identität
Heiterkeit und Ruhe
Mehr Geduld und Gelassenheit
Bewußter leben
Bewußtere Gedanken
Ich habe Zutrauen zu mir
Mein Fühlen ist tiefer geworden
Mehr Offenheit und Toleranz
Ich fühle mich gesünder
Mehr Verständnis für andere
Ich verurteile nicht mehr gleich
Nicht mehr rauchen
Mehr Unabhängigkeit
Mehr Achtung vor mir und anderen
Meine Einstellung zu mir ist anders
Mich selbst besser kennengelernt
Meine Lebensweise ist anders
Lebenswertes Leben
Erhöhte Selbstannahme
Ich bin, wie ich bin
Verstärkte Beziehung zur Natur
Ich gehe liebevoller mit mir um
Meine Bedürfnisse kennengelernt
Selbstunsicherheit hat abgenommen
Schuldzuweisungen sind weniger
Habe meinen Lebensweg gefunden
Weniger Zerstreuung (TV, Radio)
Mehr Vertrauen

Wir wollen uns im nächsten Kapitel der Frage zuwenden, wie aus der Sicht der westlichen Pychologie die gefundenen Wirkungen erklärt werden können.

---

kann) und stellt keine wissenschaftlich fundierte Erhebung dar. Auch wenn ich selbst der festen Überzeugung bin, eine bestimmte persönliche Veränderung sei durch mein Yoga-Üben entstanden, ist dies lediglich meine subjektive 'Kausalattribuierung'.

9

Westliche Erklärungsmodelle

- ☛ Wie erklären westliche psychotherapeutische Schulen die konstruktiven Veränderungen bei Yoga-Übenden?
- ❍ Die Annahmen von Psychoanalyse, Verhaltenstherapie, Humanistischer Psychotherapie und der Systemischen Therapie über die Hintergründe der Wirksamkeit des Yoga werden dargestellt.
- ❍ Dieses Kapitel setzt einiges an theoretischem Grundwissen über wichtige psychotherapeutische Ansätze voraus. Es kann übersprungen werden, ohne daß das weitere Verständnis beeinträchtigt wird.

Nicht darum handelt es sich, daß man unorganisch Fremdes imitiert oder gar missioniert, sondern daß man die abendländische Kultur, die an tausend Übeln krankt, an Ort und Stelle aufbaut und dazu den wirklichen Europäer herbeiholt mit seiner westlichen Alltäglichkeit.

J.W. Hauer

Nachdem die Psychologie immer genauer die Auswirkungen des Yoga auf Praktizierende untersucht hat und zu den im letzten Kapitel dargestellten Ergebnissen gekommen ist, ist folgerichtig die Frage gestellt worden, wie es zu diesen Effekten kommt, wie also der Wirkungszusammenhang zwischen den Übungen des Yoga und den Veränderungen bei dem Übenden gedacht werden kann. Dabei haben sich die Erklärungsversuche besonders auf den Prozeß der Meditation bezogen. Die Bandbreite der Theorien spiegelt wider, daß die Psychologie wie schon erwähnt selbst in verschiedene Modelle oder 'Schulen' zergliedert ist (angefangen vom Menschenbild bis zu den therapeutischen Konzepten). Obwohl diese Segmentierung zunehmend durch integrative Ansätze überwunden wird, wollen wir uns hier entsprechend unserem Anliegen einer Grundlagenvermittlung den klassischen psychologischen Schulen mit ihren jeweils sehr unterschiedlichen Menschenbildern zuwenden.

9.1 Allgemeine Psychologie

In den verschiedenen theoretischen Erklärungsansätzen wird häufiger genannt, daß bei der Meditation durch die besondere Aufmerksamkeitshaltung der sonst unbewußt oder vorbewußt, quasi automatisch ablaufende kognitive Verarbeitungsmodus von der Sinnesempfindung bis zur Verhaltensplanung und -ausführung wahrgenommen, d.h. beobachtet werden kann. In diesem Sinne ist von einer De-Automatisierung der Wahrnehmung und Informationsverarbeitung die Rede. In der Fokussierung auf einen geistigen Inhalt (*mantra*, Atem usw.) bei der konzentrativen Meditation wird ein relativ 'leeres' Bewußtseinsfeld geschaffen in einer Haltung des nach innen gerichteten Beobachtens, so daß Inhalte eher als im üblichen Alltagsbewußtsein wahrgenommen werden können, die sonst wegen der Vielzahl der Bewegungen des Geistes aus dem 'Hintergrundrauschen' nicht hervortreten können. Dabei kann der Prozeß des Aufsteigens, der achtsamen Zuwendung und des Gehenlassens eines Bewußtseinsinhaltes - also die *Struktur der Informationsverarbeitung* - wahrgenommen werden, ohne auf den Inhalt, d.h. die subjektive Bedeutung, zu fokussieren. Es kann dadurch gewissermaßen zur 'Wahrnehmung an sich' kommen, die weniger mit den sonst automatisiert ablaufenden Prozessen der Selektion, Verzerrung, Bewertung und Handlungsplanung vermischt ist.[68]

Meditation wird verschiedentlich vor dem Hintergrund einer bimodalen Funktionsweise des Geistes interpretiert.[69] Dabei soll ein rezeptiver Modus (nicht-identifizierte Beobachtung, Durchlässigkeit für Erfahrungen) gegenüber einem aktiven, auf Analyse und Zielorientierung gerichtetem Modus vorherrschen. Eng daran schließt sich der Vorschlag an, meditative Zustände insgesamt rechtshemisphärischen Prozessen zuzuordnen. Ende der sechziger Jahre wurden durch Operationen an Patienten, denen aus therapeutischen Gründen (Epilepsie) die Verbindungsfasern zwischen beiden Großhirnhälften durchtrennt wurden, aufsehenerregende Untersuchungen über die unterschiedliche Funktionsweise beider Hirnhemisphären möglich. Danach verarbeitet die linke Hemisphäre sprachlich, logisch, analytisch-rational und linear, die rechte Hirnhälfte hingegen weitgehend nicht-sprachlich, intuitiv, bildlich und nicht-linear. Die

---

[68] Hier wie auch bei den folgenden psychologischen Konzepten ist es spannend, immer wieder die Parallelen zu Kap. 2.2 und 2.3 (*Sāṃkhya*-Philosophie) zu entdecken.

[69] Einen kurzen Überblick gibt z.B. Delmonte (1990) in West (1990)

rechtshemisphärische Zuordnung meditativer Zustände stieß verschiedentlich auf Kritik. Zum einen, weil die Zuordnung bestimmter Wahrnehmungs- und Verarbeitungsmodi als solche zu einer der Hemisphären nicht so streng wie ursprünglich gedacht möglich ist; zum anderen, weil sich unterschiedliche Phasen und Techniken der Meditation finden lassen und weil sich Hauptkriterien für meditative Zustände wie etwa die nicht-identifizierte, nicht bewertende Beobachtung sowohl auf rechts- wie auf linkshemisphärische Prozesse beziehen können. Die Ergebnisse der sog. 'split-brain' Versuche lassen sich nur bedingt auf die Prozesse eines intakten, als Einheit organisierten Gehirns übertragen. Es konnten zwar die voneinander operativ getrennten Hirnhälften gleichsam isoliert in ihren Funktionen untersucht werden. Normalerweise sind sie jedoch durch Millionen von Faserverbindungen miteinander verbunden, 'kommunizieren' über diese und wirken als Ganzes zusammen. Eine abgeschwächte Form der hemisphärischen Theorie besteht in der Annahme, daß durch die Meditation die im normalen Bewußtseinszustand vorherrschende Dominanz der linken Hirnhälfte in eine ausgewogene Aktivität beider Hemisphären auf insgesamt niedrigerem Erregungsniveau überführt wird.[70]

Ein Erklärungsansatz an der Schnittstelle von Informationstheorie und Kognitionswissenschaft ergibt sich durch die Tatsache der äußerst begrenzten Bandbreite unseres Bewußtseins. Unsere Sinnesorgane stellen uns zwar in jeder Sekunde viele Millionen Bit (1 bit ist eine Informationseinheit) zur Verfügung, bewußt wahrnehmen können wir jedoch pro Sekunde lediglich *einige wenige Bit.* Die Schätzungen schwanken hier je nach Untersuchung und Sinnesmodalität zwischen 1 und 40 Bit. Bekannt wurde die Regel von Miller (1956) „the magical number seven, plus or minus two", also eine pro Sekunde maximal bewußt zu verarbeitende Informationsdichte von 7+/-2 Bit.[71] Die genaue Zahl ist hier nicht so wesentlich wie die faszinierende Tatsache, daß die Hauptaufgabe unseres Gehirns in einer massiven *Reduzierung von Information* zu bestehen scheint, und zwar um den Faktor von ungefähr 1 zu 1 Million. All dies wird notwendig, um kleine Portionen von wenigen Bit jeweils zur bewußten Wahrnehmung aufzubereiten. Es leuchtet unmittelbar ein,

---

[70] Engel (1995) gibt einen ausführlichen Überblick zu den physiologischen Korrelaten meditativer Zustände und den hierzu entwickelten Erklärungsmodellen.

[71] Eine unterhaltsame Einführung gibt Nørretranders (1994)

daß diese enorme Informationskompression nicht ohne Verlust, Verzerrung und geradezu atemberaubenden Vereinfachungen auskommt.
Im Kap. 5 haben wir die daraus folgenden Konsequenzen auf unsere Wirklichkeitskonstruktion diskutiert. Hier wollen wir nun die Verbindung zur *mantra*-Meditation aufzeigen wie auch zu fortgeschrittenen Konzentrations- und Entspannungsverfahren. Unter dem Blickwinkel der Informationstheorie besteht die Wirkung solcher Übungen darin, daß sie durch bewußte Konzentration auf ein Objekt, Inhalt usw. (also z.B. Atmung, *mantra*, Gebet) die zur Verfügung stehende Bandbreite des Bewußtseins vollständig ausfüllen, so daß andere ins 'Bewußtseinsfenster' drängende Inhalte nicht wahrgenommen, verarbeitet oder 'weitergedacht' werden können. Oder in Computer-Deutsch ausgedrückt: Der Arbeitsspeicher ist voll, weitere Daten von der Festplatte können auf dem Bildschirm nicht dargestellt werden. Was bedeutet dies hinsichtlich der psychischen Wirkung derartiger Meditations- und Entspannungsverfahren? Belastende Gedankenketten, Grübeleien, Ängste, insgesamt also das unstete Hin- und Herrasen von Gedanken und Gefühlen, wird im Verlauf der Übung gedämpft und zur Ruhe gebracht in dem Maße, wie die Konzentration auf das *mantra* oder die innere Entspannungsanweisung gehalten und damit die Bandbreite des Bewußtseins ausgefüllt werden kann.
Der häufige Einwand, besonders von Kritikern, die mit dem Yoga wenig vertraut sind, hier handle es sich um Verdrängung oder 'Wegdrücken der inneren Stimme', geht an dieser Stelle fehl (in anderer Hinsicht halten wir diese Kritik allerdings für bedeutsam; s. Kap. 10). Es wird hier nicht das 'Wegmachen' psychischer Inhalte angestrebt, sondern vielmehr, nicht unter gewohnheitsmäßigen und ggf. belastenden oder sogar destruktiven Verhaltensmustern des Geistes zu leiden. Anstatt von diesen dominiert zu werden, wird dem Geist eine neutrale und selbstgewählte 'Aufgabe' zugewiesen, die seine bewußte Informationskapazität auslastet und dadurch zu einer Unterbrechung von belastender und häufig unproduktiver psychischer Aktivität führt. Der Unterschied zur Verdrängung besteht darin, daß die zeitweilige Ausblendung bestimmter Bewußtseinsinhalte *selbstbestimmt* erfolgt und daß sich der Einzelne ihnen durchaus wieder zuwenden kann, nun aber in einem möglicherweise konstruktiveren Zustand des Geistes.

9.2 Psychoanalyse

Immerhin hat sich Oscar A.H. Schmitz schon 1923 über 'Psychoanalyse und Yoga' Gedanken gemacht: „Was haben nun die beiden miteinander zu tun? Mir scheint, daß sie sich eben ihrer Gegensätzlichkeit wegen ergänzen müssen, daß es dem europäischen Okkultisten an kritischer Psychologie, dem Analytiker an erlebnismäßiger Synthese fehlt. ... Hier nun werden beide Systeme miteinander verbunden, in der Absicht, damit ein Yogasystem für Europäer zu begründen" (S. 16f).

Das psychoanalytische Modell der psychischen Instanzen gliedert sich in das Es mit den unbewußten Inhalten und das Ich bzw. Über-Ich mit den bewußten bzw. vorbewußten Inhalten auf. Inhalte des unbewußten Es sind verdrängte, weil abgewehrte Anteile der Person; dazu zählen Triebimpulse, starke Bedürfnisse und allgemein mit dem Ich bzw. Über-Ich inkompatible Inhalte. In der Psychoanalyse können wir die Verdrängung als einen sowohl individuellen wie auch sozialen Filter verstehen, der zu einer spezifischen Sicht der Wirklichkeit und der eigenen Person führt. Schmitz spricht von unbewußten, in den ersten Lebensjahren erworbenen Leitvorstellungen, die per Autosuggestion unsere Umwelt (d.h. unsere subjektive Wirklichkeit) erschaffen. Ziel der Psychoanalyse ist eine Erweiterung des bewußten Bereiches: Aus Es soll Ich werden.

Wir finden hier eine Parallele zum Modell des Geistes im Yoga, wo auch unbewußte Anteile (*saṃskāras*) das psychische Geschehen deutlich beeinflussen. Aus dem Blickwinkel der Psychoanalyse wird das yogische Üben, speziell die Meditation, zu einer Methode, den Widerstand gegenüber verdrängten unbewußten Inhalten abzuschwächen und diesen insofern zu ermöglichen, leichter als im normalen Bewußtseinszustand die Barriere zwischen Es und Ich zu überwinden und bewußtseinsfähig zu werden. Einige Forscher (wie z.B. Russell, 1986) halten dies allerdings ausschließlich für die Achtsamkeitsmeditation, nicht jedoch bei der konzentrativen Meditation (Fokus des Geistes auf einen Inhalt wie z.B. *mantra*) für möglich. Nach und nach werden so die unbewußten Anteile, die sozusagen unbemerkt auf unser Erleben Einfluß nehmen können, verringert und der Bereich des bewußten Ich dehnt sich zunehmend aus[72]. Das bewußte Bild des Einzelnen von sich selbst,

[72] Im Gegensatz zu neueren psychoanalytischen Ansätzen der Yogaforschung hielt es Schmitz (1923) allerdings für den Europäer „fast mit Sicherheit" für unmöglich, auf diese Weise von dem Yoga zu profitieren, weil dieser sein Unbewußtes fürchte und den Widerstand allein durch Yoga nicht überwinden kön-

seine Erlebnis- und Handlungsmöglichkeiten können sich erweitern. C.G. Jung bezeichnete die (buddhistische) Meditation als einen Zugang zum *kollektiven* Unbewußten, also zu den der Menschheit allgemein innewohnenden archetypischen Erlebnismustern, und erweitert insofern noch den individualpsychologischen Erklärungsansatz.[73]
Der Primärprozeß ist entsprechend der Psychoanalyse die Organisationsform des Unbewußten und des frühkindlichen Ich, gekennzeichnet durch analoge, bildhafte, animistische und trieborientierte Abläufe. Zugang zum Primärprozeß besteht nach dieser Theorie etwa in Träumen, in Fehlleistungen oder der freischwebenden Aufmerksamkeit in der analytischen Therapie. Psychoanalytische Erklärungen der Meditation betonen nun die Dominanz des primärprozeßhaften Modus in Abgrenzung zum Sekundärprozeß (bewußt, Ich-nah) und damit ebenfalls die Umschaltung in eine andere psychische Funktionsweise. Einige psychoanalytische Autoren bezeichnen meditative Zustände deshalb als Regression (Zurückgehen zu frühen und basalen Funktionsweisen der Psyche), wozu demnach auch z.B. das Erfahren mystischer Einheit gehört. Diese Form der Regression wird jedoch von der Psychoanalyse als willentlich ausgelöst, als im „Dienste des Ich stehend“ und daher als nicht pathologisch angesehen (*adaptative Regression*). Bei dieser Interpretation ist zu fragen, inwieweit sie durch die Limitierung des psychoanalytischen Modells selbst erzeugt wurde, da dort eine Entwicklung über die Ich-Grenzen hinaus nicht vorgesehen ist und daher veränderte Bewußtseinszustände theoriebedingt als primärprozeßhaft, präpersonal und damit als regressiv eingestuft werden (so z.B. auch religiöse Erfahrungen). Tatsächlich ist in der psychoanalytischen Literatur sogar vereinzelt der Vergleich meditativer Erfahrungen mit psychotischen Zuständen versucht worden. Ken Wilber hat an verschiedener Stelle auf den „Prä-Trans-Irrtum“ hingewiesen, aber auch mit der Anmerkung, daß häufig als spirituell bezeichnete Bewußtseinszustände nicht als transrationale Weiterentwicklungen, sondern als Regression auf prärationale Stadien der Bewußtseinsentwicklung anzusehen sind (z.B. magisches oder animistisches Denken). Es kommt dann zu einer „Vermischung und Verwechslung von vor-Ichhafter Phantasie mit über-Ichhafter Vision, von vor-begrifflichen Gefühlen mit Begriffe transzendierenden Einsichten, von präpersonalen Wünschen mit transpersonalem Wachstum,

---

ne. Schmitz dient daher dem Yoga die Psychoanalyse als „notwendige analytische Hilfe“ an.

[73] Zur Kritik von Jung am ‘Yoga im Westen’ s. Kap. 10.

vom Schwelgen in vor-Ichhaften Zuständen mit das Ich transzendierender Befreiung“ (Wilber, 1980; zitiert nach Epstein & Lieff, 1988).

Die Methode des Durchlässigmachens der Grenze zwischen bewußt und unbewußt im Yoga ist der Rückzug der Sinne von außen nach innen und eine nicht bewertende achtsame Haltung. Der Geist wird in seiner Funktionsweise beobachtet. Verschiedentlich werden Parallelen gezogen zur Methode der freien Assoziation in der Psychoanalyse, wobei hier jedoch die beobachtende Instanz durch den Therapeuten nach außen verlagert ist. Äußere Ähnlichkeit besteht bei der klassischen Psychoanalyse ebenfalls in der eingenommenen entspannten Körperhaltung und den geschlossenen Augen. Insgesamt eignen sich die psychoanalytischen Erklärungsversuche daher gut, um die auf dem Yoga-Übungsweg besonders zu Beginn häufiger auftretenden Erinnerungen, Bilder, Assoziationen und Emotionen während der Meditation erklären zu können.

Eine der ausführlichsten und differenziertesten Versuche eines Vergleiches zwischen dem Yoga und den tiefenpsychologischen Ansätzen stammt von Geraldine Coster (1954). Die erste Parallele sieht Coster in der Motivation sowohl des Yoga-Übenden wie auch des „Analysanten“, sich auf einen tiefgreifenden Prozeß der Selbstveränderung einzulassen. Diese Motivation besteht in einer Unzufriedenheit „mit dem Verhältnis zum Leben und zur äußeren Welt“ und Beschwerden als Folge von Konflikten und Spannungen. Desweiteren biete die Psychoanalyse wie auch der Yoga „eine Methode der inneren Suche und Erfahrung..., die sowohl für den Nicht-Gläubigen wie für den Religiösen zugänglich ist.“ Beide Ansätze würden behaupten, das Leiden der Menschen entstehe durch Unwissenheit, nämlich Unkenntnis des eigenen Selbst. Die Heilung bestehe in beiden Fällen in der Selbsterkenntnis, und sowohl der Yoga wie auch die Tiefenpsychologie seien Methoden hierzu.[74] Und weiter: “Das Bild, das Patanjali von dem Geisteszustand des Yoga-Schülers entwirft, ist fast wörtlich eine Beschreibung des typischen Patienten, der die analytische Therapie aufsucht, weil der Krankheitszustand seines Geistes oder Körpers ihm unerträglich geworden ist.“ Auch die ersten Schritte der Therapie und des Yoga würden sich ähneln: „Sowohl nach Ansicht des Yogi wie des Analytikers kann nichts unternommen werden, ehe der Betreffende nicht gewillt ist, seine ganze Denkgewohnheit und

---

[74] Coster reflektiert durchaus die unterschiedlichen Bedeutungen von „*Selbsterkenntnis*“ innerhalb der Psychoanalyse (personal oder archetypisch) und Yoga (transpersonal, spirituell)

Gefühlseinstellung von Grund auf zu verändern." Der in YS II;1 definierte *kriyā-yoga* als Weg zur Beseitigung des Leidens könne, angewandt auf die Psychoanalyse, ebenfalls gültig sein in folgender Auslegung: „Selbstdisziplin, Studium geeigneten Materials und eine positive Haltung gegenüber dem Leben." Letztlich würden diese Aspekte in jeder analytischen Therapie eine wichtige Rolle spielen, so „daß der vorbereitende Yoga *kriyā-yoga* ein der analytischen Therapie verwandter Vorgang ist."[75] Auch die in YS II;3-9 definierten *kleśas* stellten wichtige Themen einer jeden Psychoanalyse dar (S. 149 ff), nämlich (1) mangelndes Wissen über sich selbst, besonders unbewußte Anteile und Verdrängungsstrategien (*avidyā*); (2) Auseinandersetzung mit dem Narzißmus und daraus resultierenden Identifizierungen (*asmitā*); (3) mangelndes Ablösen aus Gefühlserfahrungen (*rāga*); (4) Abneigung oder Sich-Zurückziehen als mangelnde soziale Anpassung (*dveṣa*) und (5) Lebensunsicherheit und Angst als „hauptsächlichste Ursache aller Neurosen" (*abhiniveśa*).

Wir können hier nicht weiter auf den interessanten und von theoretischer Offenheit gekennzeichneten Ansatz von Coster eingehen. Sie selbst sieht abschließend durchaus die Grenzen eines solchen Vergleiches aufgrund der unterschiedlichen Entwicklungsziele von Psychoanalyse und Yoga. „Die analytische Therapie des Westens ist eine sehr neue und junge Erfahrung, Yoga im Osten eine sehr alte und reife Technik." Man solle sich daran erinnern, „daß der Gedanke der Befreiung im Sinne des Yoga so viel umfassender ist als die 'freie Seele' im Sinn der Analyse, daß beide in Wirklichkeit nicht miteinander zu vergleichen sind." Auch der Analytiker solle in Zukunft von dem Vorgang der Meditation etwas wissen oder erfahren haben, um inneres Gleichgewicht und geistige Einsicht zu erreichen. Der Yoga sei ebenso anwendbar wie die Tiefen-

---

[75] Jedoch schränkt Coster die Parallelität stark ein: „Wir sahen schon, daß es zweierlei Arten von Patienten gibt, ... jenen, der von einer quälenden und seine Leistungen herabmindernden geistigen und körperlichen Verfassung befreit werden möchte und der zufrieden ist, wenn er eine Erleichterung in dieser Beziehung erhält, und jenen andern, der ernsthaft nach Selbsterkenntnis und Neuorientierung verlangt. Selbstverständlich hat der erste Typ keine Ähnlichkeit mit dem Yoga-Schüler und soll deshalb aus dieser Erörterung herausgelassen werden" (S. 145). Diese inzwischen mehr als 40 Jahre alte Beschreibung und Unterteilung des 'normalen Yoga-Schülers' trifft u.E. überhaupt nicht mehr den Regelfall eines Kursteilnehmers. Fällt dieser nicht häufig *auch* in die von Coster genannte 'erste Art'?

psychologie, wenn die Methode den Erfordernissen des Westens angepaßt werde. Anders als Schmitz (1923) tendiert Coster nicht zu einer gewissen abendländischen Überheblichkeit, sondern setzt sich für einen offenen und gleichberechtigten Dialog zwischen westlicher und östlicher Psychologie ein.

Für unser Anliegen wird deutlich, daß auf dem Übungsweg des Yoga verändernde Faktoren wirksam sind, die sich parallel ebenfalls in der psychoanalytischen Therapie finden lassen, wodurch einige Entwicklungen bei dem Yoga-Übenden auch aus tiefenpsychologischer Sicht erklärbar werden.

9.3 Verhaltenstherapie

Die Verhaltenstherapie, basierend auf den in Kap. 3 genannten Lerngesetzmäßigkeiten, ging in ihrer ersten Phase davon aus, daß lediglich meßbares und von außen beobachtbares Verhalten in die psychologische Analyse eingehen könne, und die gesamten, zwischen Reizsituation und Antwortverhalten stattfindenden inneren Prozesse zu vernachlässigen seien. Nach der sog. 'kognitiven Wende' jedoch mußte die Verhaltenstherapie den maßgeblichen Anteil gedanklicher und gefühlsmäßiger Prozesse an der Verhaltenssteuerung einräumen und hat sich besonders in der therapeutischen Praxis dem Studium und der Veränderung dieser inneren Vorgänge (sog. ‚Kognitionen') gewidmet. Es liegt nahe, daß viele Autoren versuchen, dieses Methodeninventar zur Erklärung der durch Yoga erzeugten Veränderungen anzuwenden.

Die Verhaltenstherapie geht davon aus, daß der größte Teil des menschlichen Verhaltens gelernt ist und entsprechend wieder verlernt werden kann, während wiederum neue Verhaltensweisen aufgebaut werden. Ganz allgemein ist das Schlagwort *Konditionierung* in dem Zusammenhang bekannt geworden. Diese Lernprozesse sind auch anwendbar in Bezug auf Verhaltensmuster des Geistes. Bei der Diskussion der gefundenen psychotherapeutischen Wirkungen im Kap. 8 wurde erwähnt, daß bei Yoga-Übenden eine Abnahme schädlicher oder belastender Gewohnheiten bzw. Abhängigkeiten beobachtet wurde. Auch konnte gezeigt werden, daß Yoga-Übungen und Meditation erfolgreich zur Therapie von selbstschädigenden Verhaltensmustern eingesetzt wurden. Ebenfalls wurde die Wirksamkeit in der Angst- und Streßbewältigung erwähnt.

Die Verhaltenstherapie erklärt diese Wirkungen des Yoga zunächst mit der Achtsamkeitsschulung für die Wahrnehmung innerer Prozesse, also

Körpersignalen, Gedanken und Gefühlen. In der Psychotherapie wird der Klient zunächst zu genau dieser Innenwahrnehmung geführt (ggf. durch spezifische Achtsamkeitsübungen), damit die Methoden zur Verhaltensmodifikation überhaupt vermittelt und sodann von dem Klienten selbständig angewandt werden können. Im Yoga wird eine solche Grundlage zwanglos von vornherein geschaffen.
Eine weitere Erklärung zur Wirksamkeit des Yoga wird mit dem Prinzip der *systematischen Desensibilisierung* gegeben, die in der therapeutischen Praxis wie folgt angewandt wird: Der Klient (der zum Beispiel unter einer Phobie leidet) wird zunächst in einem Entspannungsverfahren unterrichtet, bis er die Entspannungsreaktion sicher beherrscht und abrufen kann. Sodann werden die angstauslösenden Situationen - von der 'leichtesten' bis zur 'schwersten' - in einer Rangfolge geordnet und, beginnend mit der leichtesten, möglichst genau imaginiert (bildlich vorgestellt). Bei den ersten subjektiven Anzeichen einer auftretenden Angst wird die Entspannungsreaktion abgerufen. Nach und nach ist es so möglich, die maximal angstbesetzte Situation sich vorzustellen (oder in der Realität zu durchleben), ohne daß sich die übliche Angstreaktion einstellt. Diese ist gehemmt (und wird allmählich 'verlernt'), weil ein mit der Angstreaktion unvereinbares Verhalten (die Entspannungsreaktion) gelernt und abgerufen wurde (*reziproke Hemmung*).
Entsprechendes soll für den Prozeß der Meditation gelten, der vom verhaltenstherapeutischen Standpunkt aus als selbstgesteuerte systematische Densensibilisierung angesehen wird. In der Meditationsübung (und auch im Hatha Yoga) wird eine möglichst entspannte körperliche und psychische Verfassung hergestellt. Die sodann auftauchenden Bewegungen des Geistes (z.B. streßauslösende Gedanken) würden im normalen Alltagsbewußtsein die daran konditionierten Reaktionen (Muskelspannung, vegetative Erregung, innerer Dialog usw.) hervorrufen. Das haben wir an anderer Stelle *Identifikation* genannt (Kap. 2.3.3). Ähnlich wie in der Verhaltenstherapie steht dem aber während der Meditation der damit unvereinbare Zustand der körperlichen Tiefenentspannung und psychischen Disidentifikation entgegen. Der Übende befindet sich in einer Haltung der neutralen Beobachtung, wie die Gedanken und Gefühle kommen und gehen, ohne sich wertend und damit reagierend an sie zu binden. Die meditative Haltung bezieht sich sowohl auf negative, angsterzeugende oder streßauslösende psychische Inhalte als auch auf angenehme und attraktive gleichermaßen. Es findet also nicht wie üblich eine ständige Wiederholung und damit Verstärkung von üblichen Reiz-

Reaktionsketten statt, sondern allmählich eine Abschwächung und Löschung.[76]/[77] In Yoga-Terminologie heißt dies 'Verbrennen von *karma* oder von *saṃskāras*' - so unterschiedliche Modelle und Begriffe beschreiben ein und denselben Sachverhalt.

Eine Erweiterung der verhaltenstherapeutischen Desensibilisierung 'im Geist' ist das *in vivo* Verfahren, bei welchem der Klient tatsächlich die angstbesetzten Situationen erlebt, erneut nach Bedrohlichkeit geordnet und beginnend mit den weniger belastenden Situationen. Auch hier wird zuvor ein Entspannungsverfahren sicher abrufbar erlernt (meist die progressive Muskelrelaxation nach Jacobson). Unter Begleitung des Therapeuten beobachtet sich der Klient in der für ihn schwierigen Situation dahingehend, wann sich erste Anzeichen einer Angstreaktion einstellen (z.B. Körpersignale). Aus einer solchen inneren Achtsamkeit heraus wird dann die Entspannung abgerufen und so das Anwachsen der Angstreaktion verhindert und sukzessive gelöscht. Der Klient muß hier in der tatsächlichen und lebendigen Konfrontation mit der angstauslösenden Situation sowohl über innere Achtsamkeit wie über die Entspannungsreaktion verfügen. Beides sind Basisfertigkeiten auf dem Yoga-Übungsweg. Es wird daher argumentiert, daß sich Yoga-Übende durch dieses 'Inventar' häufig insgesamt sicherer und weniger irritierbar in Belastungssituationen zeigen, weil sie die in den Übungen gelernten Selbststeuerungsverfahren auf andere Situationen übertragen können (*generalisieren*).

Häufig wird bei der verhaltenstherapeutischen 'In-vivo-Desensibilisierung' versucht, die Entspannungsreaktion an ein bestimmtes 'Schlüs-

---

[76] Goleman (1976) beschreibt vor demselben theoretischen Hintergrund die Meditation als „self-regulation and retraining of attentional habits. ...the meditator seems to reprogram basic patterns of perception and cognition. ... Meditation may function as a stress therapy, on the psychologic as well as the purely somatic levels, facilitating more rapid recovery from the psychologic and physiologic coping processes mobilized in stress situations. As such, meditation may prove a useful adjunct to any modern psychotherapy.“

[77] Eine Zusatzannahme dieser verhaltenstherapeutischen Interpretation (Carrington, 1992, S. 296 ff) besteht darin, daß während der Meditation hauptsächlich nur die 'Problembereiche' bewußt wahrgenommen werden, die gerade noch das Aufrechterhalten der meditativen Haltung ermöglichen, wodurch ja erst der therapeutische Effekt der reziproken Hemmung entsteht. Diese interne Selektion entspricht in der Therapie der anfänglichen Rangordnung der Problemsituationen, die der Therapeut mit dem Klienten erarbeitet.

selwort' zu koppeln (z.B. *entspannen! ruhig!*), welches in Gedanken gesprochen die Entspannung abrufen soll. In einigen Beiträgen wird hier eine Parallele zur *mantra*-Meditation gesehen, indem an das *mantra* über wiederholtes Üben sowohl die Entspannungsreaktion wie auch die beobachtende, nicht-identifizierte Haltung gekoppelt wird und diese dann auch außerhalb der Übungssituation im Alltag bei belastenden oder verunsichernden Situationen über das Denken oder innere Tönen des *mantra* abgerufen werden kann.

Aus der Terminologie der Verhaltenstherapie stammende Begriffe wie 'Reizkontrolle', 'Selbstinstruierung', 'Selbstaufmerksamkeit', 'Aufmerksamkeitslenkung', 'Selbst-Vertrag' oder 'Gedankenstop' wurden ebenfalls zur Beschreibung und Erklärung meditativer Zustände verwandt. Wir wollen uns noch dem Ansatz der 'Meditation als *Diskriminationstraining'* kurz zuwenden: Der Meditierende bewegt sich beständig zwischen einem Sich-Verlieren in Gedanken/Gefühlen (*Identifikationen*) und ihrer Betrachtung aus der Beobachterhaltung heraus hin und her. Es handelt sich gewissermaßen um eine ständige Übung in der Unterscheidung von inneren Abläufen (verhaltenstherapeutisch: *Kognitionen*; entsprechend dem Yoga: *vṛttis*). Dies kann lernpsychologisch als Diskriminationstraining aufgefaßt werden, indem verschiedene Bewußtseinsinhalte differenziert und mit bewußter Aufmerksamkeitslenkung wahrgenommen werden. Dadurch wächst die Fähigkeit zu angemessenen Verhaltensentscheidungen und die Möglichkeit, Kognitionen als Produkte des Geistes und nicht als allgemeine Realität anzusehen.

Bei der therapeutischen Arbeit an selbstschädigenden Verhaltensmustern ist häufig eine hohe Änderungsresistenz zu beobachten. Letztere liegt nach lernpsychologischer Auffassung darin begründet, daß diese Verhaltensmuster in der Regel nach Ausführung unmittelbar zu positiv erlebten Konsequenzen führen (Verstärkung), während die selbstschädigenden Konsequenzen erst als Langzeitfolge auftreten. Die häufiger zu beobachtende konstruktive Veränderung von derartigen Verhaltensmustern parallel zum Übungsprozeß im Yoga führt das verhaltenstherapeutische Wirkmodell darauf zurück, daß aufgrund der erhöhten Achtsamkeit und Innenwahrnehmung unmittelbar nach einem potentiell selbstschädigenden Verhalten zusätzliche Auswirkungen wahrgenommen werden, die negativ bewertet und damit verhaltenssteuernd werden. Die Schulung des inneren Beobachters schafft zudem erst die Bedingungen, sich eines schädlichen Verhaltensmusters (d.h. einer Abhängigkeit) überhaupt bewußt zu werden und die damit verbundene Automatisierung zu überwinden (für Einzelheiten s. Kap. 3).

9.4 Humanistische Psychologie

Gemeinsam sind Yoga und der humanistischen Psychologie die Annahme einer potentiell konstruktiven, sozialisierten und nach Entfaltung strebenden Persönlichkeit (ausführlicher zu den Grundlagen s. Kap. 4). Das Störungskonzept der humanistischen Psychologie geht davon aus, daß psychisches Leiden bei einer Person dann entsteht, wenn große Anteile von Erfahrungen mit sich selbst oder der Welt ignoriert oder verzerrt werden müssen, weil das Selbstkonzept zu eng und rigide organisiert ist, um diese Erfahrungen integrieren zu können. In dem Selbstkonzept sind alle existentiellen, schon aus Erfahrungen der Kindheit gewachsenen Annahmen über sich selbst und die Beziehung zu der Welt enthalten. Je schwächer das Selbstkonzept organisiert ist und je weniger Selbstwertgefühl daraus erhalten werden kann, desto mehr müssen Erfahrungen verleugnet oder verzerrt werden, die das ohnehin schwache Selbstbild noch weiter ‘bedrohen’. Wir finden hier eine interessante Parallele zu der Annahme von ‘falschen Identifikationen’ in der *Sāṃkhya*-Philosophie, die nicht nur zur Verzerrung von Wahrnehmungen der Welt und des Selbst führen (entsprechend dem Zustand des Geistes), sondern auch Leiden erzeugen.

Das Behandlungsmodell der humanistischen Psychologie erklärt, daß einer solchen Person ganz bestimmte therapeutische Bedingungen angeboten werden müssen, damit sie wieder in einen Prozeß der fließenden Anpassung zwischen Selbstkonzept und Erfahrungen treten kann (*Sāṃkhya*-Vokabular: Erkennen und Lösen von leidenerzeugenden Identifikationen). Diese Bedingungen sind:

- Ein Helfer bemüht sich einfühlend und nicht bewertend, die innere Welt einer Person zu verstehen;
- Der Helfer lebt eine Haltung der Achtung, Wärme und Sorge;
- Der Helfer wird von der Person weitgehend als echt und fassadenfrei erlebt (s. ausführlicher Kap. 4).

Bei Yoga-Übenden wurde häufig von einer günstigen Entwicklung des Selbstkonzeptes, einer wachsenden Selbstannahme und Zunahme der Selbstexploration (Erforschung der eigenen inneren Welt) berichtet. Dies sind genau die gleichen Effekte, die in der klientenzentrierten Gesprächspsychotherapie gefunden werden. Die humanistische Psychologie erklärt dies damit, daß die oben beschriebenen drei therapeutischen

Grundhaltungen, die üblicherweise zwischen Therapeut und Klient hergestellt werden, *intraindividuell* in der Meditation oder auch beim Hatha-Yoga verwirklicht werden. Der Übende tritt sich voller Aufmerksamkeit und nicht bewertend gegenüber. Dabei wird eine Haltung der Akzeptanz und Gewaltlosigkeit eingenommen. Zunehmend wird Echtheit, d. h. Ehrlichkeit und Offenheit sich selbst gegenüber geübt. Durch diesen quasi selbsttherapeutischen Prozeß werden nachvollziehbar ähnliche konstruktive Entwicklungen wie in der humanistisch geprägten Psychotherapie hervorgerufen. Dies gilt vermutlich um so mehr - und hier befruchtet die Anwendung psychologischer Theorien auf den Yoga unser eigenes Verständnis vom Yogalehren - wenn bei der Vermittlung des Yoga und beim Üben diese konstruktiven Grundhaltungen auch verwirklicht, d.h. gelebt werden (wir haben dieses Thema eingehend in Kap. 4 und 7 behandelt).

In einigen wissenschaftlichen Studien wird darauf hingewiesen, daß bei psychologischen Beratern bzw. Psychotherapeuten das Ausmaß der *Empathie* zunimmt, wenn sie meditieren. Empathie ist ein Maß für die Einfühlungsfähigkeit des Therapeuten gegenüber Klienten, inwieweit dieser die innere Welt einer Person in achtender und nicht-wertender Weise verstehen kann. Diese Ergebnisse werden damit erklärt, daß die meditierenden Therapeuten *sich selbst gegenüber* in der Meditation eine Haltung der offenen, intuitiven, nicht zielgerichteten Aufmerksamkeit mit einer Gegenwartszentrierung einnehmen. Solche Befunde bekräftigen den oben beschriebenen Versuch, konstruktive Veränderungen der Persönlichkeit bei Yoga-Übenden aus der Sicht der humanistischen Psychologie nachvollziehbar zu machen.

9.5 Systemische Therapie

Die systemische Therapie hat ihre Wurzeln zum einen in den familientherapeutischen Schulen, die sich selbst wiederum stark auf die kommunikationstheoretischen Ansätze stützen, zum anderen gibt es enge Verbindungen zu neueren Erkenntnis- und Systemtheorien aus Biologie, Philosophie und Soziologie (besonders dem *Konstruktivismus*).[78]

Hier sollen nur einige der für uns in diesem Zusammenhang wichtigen Grundthesen genannt werden:

---

[78] Einen guten Überblick geben z.B. Ludewig (1992) aus psychotherapeutischer Sicht, interdisziplinär von Glasersfeld (1985) und von Foerster (1985).

- Es gibt eine objektive äußere Welt.
- Von dieser objektiven Welt der Gegenstände (*Realität*) bleiben wir grundsätzlich ausgeschlossen, d.h.: Durch unsere Sinnesorgane ist uns eine 'wahre Erkenntnis' der äußeren Welt nicht möglich.
- Erkennen heißt unterscheiden. Beschreiben heißt Unterschiede machen.
- Die Grundelemente der menschlichen Welt sind Beschreibungen. Beschreibungen sind von dem Beschriebenem verschieden.
- Alles Gesagte wird von einem Beobachter gesagt.
- Jede Beschreibung verweist auf ihren Beobachter zurück.
- Wirklichkeiten sind immer von einem bestimmten Beobachter hervorgebracht. Sie entsprechen seiner Struktur (z.B. dem Bau seiner Sinnesorgane) und seinem Zustand (z.B. seinen aktuellen Gedanken und Gefühlen).
- Der Mensch ist in seiner inneren Welt (*Wirklichkeit*) gefangen. Es gibt weder eine direkte Wahrnehmung der äußeren Welt (*Realität*) noch eine direkte Wahrnehmung der inneren Welt eines anderen Menschen.
- Sogenannte äußere Wahrnehmung beruht daher ausschließlich auf einer Zustandsänderung im Organismus selbst (z.B. der Umwandlung von Lichtwellen in elektrische Signale im Sehnerv), die sodann zur Konstruktion einer äußeren Welt herangezogen werden.
- Durch Kommunikation wird eine soziale Wirklichkeit geschaffen.
- Der Gehalt von Kommuniziertem richtet sich nach der Struktur und dem jeweiligen Zustand des Empfängers.
- Ethik im systemischen Sinne verweist auf die Verantwortung, sich der eigenen Hervorbringung der Wirklichkeit und der inneren Bedingungen, die zu eben dieser und keiner anderen Wirklichkeit geführt haben, bewußt zu sein, ohne auf objektive, äußere Erkenntnis (*Realität*) verweisen zu können.
- Soziale Ethik meint in diesem Zusammenhang, jedem anderen Menschen das Hervorbringen seiner eigenen Wirklichkeit zuzugestehen und sich durch Kommunikation auf die Grundregeln einer gemeinsamen Welt zu einigen.

Wir sehen in diesem Ansatz nicht nur in der Betonung des *Unterscheidens* im Erkenntnisprozeß, sondern auch in der Ansicht, daß die vermeintlich 'erkannte' äußere Welt eine von unserem Geist erschaffene ist und seinen Zustand reflektiert, starke Parallelen zur *Sāṃkhya*-Philosophie (s. Kap. 2 und 5).

Ganz ähnlich ebenfalls aus der Sicht einer östlichen Philosophie (Theravada Buddhismus) formuliert Engler (1988): „Mit anderen Worten, das 'Selbst' wird buchstäblich aus unserer Erfahrung mit der Objektwelt heraus *konstruiert*. ... Selbst als Repräsentation ist es keine festgelegte Einheit oder Prägung, sondern eine zeitliche Abfolge einzelner Bilder, von denen jedes eine neue Konstruktion, eine neue Synthese im gegenwärtigen Augenblick der Erfahrung darstellt" (in Wilber et al., 1988, S. 36).

Psychische Probleme oder Leiden entstehen immer in der *Wirklichkeit* einer Person. Die Systemische Therapie versucht, durch geeignete Anstöße ein System (Einzelne, Familien, Teams) dazu anzuregen, aus sich selbst heraus alternative Möglichkeiten der Wirklichkeitskonstruktion und damit Handlungsorganisation hervorzubringen.

Wie kann dieser theoretische Ansatz hilfreich sein, um persönliche Veränderungen auf dem Yoga-Übungsweg zu erklären? Der Übende etabliert konsequent eine innere Beobachterinstanz. Dadurch wird er geschult, den Prozeß wechselnder Identifikationen und damit wechselnder Konstruktionen über sich selbst und die Welt zu beobachten. Dies genau ist die Haltung, die in der systemischen Therapie versucht wird zu erzeugen. Feste, erstarrte und möglicherweise hinderliche Konzepte über das, was ist oder was sein sollte, werden durch die Erfahrung eines dynamischen Wechsels von Wirklichkeitsinterpretationen abgelöst. Der Klient wird so ermutigt, sich nicht an eine bestimmte, möglicherweise überkommene Sicht seines Selbst oder der äußeren Wirklichkeit zu klammern, sondern andere Entwürfe zuzulassen, die dann ebenfalls als vorübergehend und konstruiert erkannt würden.[79]

In der Meditation wird das unaufhörliche Fließen von Konstruktionen auf der Basis früherer und gegenwärtiger Eindrücke durch die Einschränkung der geistigen Bewegungen verlangsamt und ggf. im Zustand tiefer Meditation vollständig zur Ruhe gebracht. Besonders durch das Zurücktreten von verbalen kognitiven Inhalten, dem unablässigen inne-

---

[79] Wie kann der konstruktivistische Grundgedanke auf die Auseinandersetzung der Verfasser mit dem Yoga und auf dieses Buch angewandt werden? Jeder Versuch, etwas als wahr (z.B. über den Yoga) in Worte zu fassen, wird scheitern müssen. Worte können nur abbilden und auf eine hinter ihnen liegende subjektive Wirklichkeit verweisen.

ren Dialogisieren, kommt es zu einem Modus nonverbal geprägter Erfahrungen (Bilder, Töne, Körpersensationen, Stimmungen), die beobachtet, aber nicht zur sonst quasi automatisierten Konstruktion neuer Annahmen, Modelle usw. verfolgt werden. Dadurch wird *der Prozeß der Konstruktion als solcher* beobachtbar (nämlich in seiner Verlangsamung und Einengung auf ein Objekt, zu dem stets in der Konzentration oder Meditation zurückgekehrt wird). Darüberhinaus erscheint es möglich, daß durch diese Unterbrechung eingefahrener Konstruktionen auch außerhalb der Meditationsübung neue Wirklichkeitsinterpretationen im Sinne einer kognitiven Umstrukturierung („Reframing“) zugelassen werden können.
Das Verlangsamen der Konstruktion wird durch Einengung des Bewußtseinsfeldes erklärt. Je mehr sich die gegenwärtigen Bewußtseinsinhalte ähneln, je monotoner und weniger sie werden, desto weniger Material steht für die sonst ständig aktive Konstruktionsleistung zur Verfügung, die allmählich zur Ruhe kommt. Je ruhiger und leerer das momentane Bewußtseinsfeld ist, desto mehr verliert sich die Notwendigkeit ständiger Entwürfe über sich selbst und die Welt.

9.6 Zusammenfassung

Es ist deutlich geworden, daß die westliche psychologische Forschung eine ganze Bandbreite therapeutischer Effekte des Yoga gefunden hat. Die jeweiligen Schulen bieten verschiedene Modelle an, wie diese Wirkungen aus ihrer jeweiligen Sicht zu erklären sind. Dies ist bislang jedoch lediglich für diejenigen Aspekte des Yoga gelungen, die von einer bestimmten psychologischen Theorie abgebildet werden konnten. Hierdurch bleiben viele Bereiche des Yoga aus der Sicht der westlichen Psychologie ‘unerklärlich’ (mitunter als ‘unwissenschaftlich’ bzw. obskurer Aberglaube abgetan) oder aber sie werden in die westliche Theorie mißverstanden hineingepreßt, weil keine adäquate Erklärung zur Verfügung steht. Einer der Hauptgründe für den bislang nur kleinen Bereich der Überlappung der Psychologie des Westens und der des Yoga wird darin zu sehen sein, daß sich beide auf unterschiedliche Bereiche der menschlichen Bewußtseinsentwicklung beziehen und damit verschiedene Gültigkeitsbereiche haben. Darauf haben verschiedene Autoren und unter ihnen wohl besonders prägnant Ken Wilber hingewiesen.[80] Hinzu

---

[80] Wilber (1988); aber auch Engler (1988) und Tart (1985)

kommt das schon erwähnte Problem vieler begrifflicher Unvereinbarkeiten.

Diese abgrenzenden Eigenschaften von östlicher und westlicher Psychologie gelten allerdings nicht mehr für die verschiedenen neueren Ansätze der *Transpersonalen Psychologie* (z.B. die Beiträge von Ken Wilber oder die Psychosynthese nach Assagioli u.a.). Hier wird im Gegenteil das Spektrum der Bewußtseinsentwicklung über die Konstituierung eines stabilen Ich bzw. eines kongruenten persönlichen Selbst hinaus in die transpersonale und damit spirituelle Dimension erweitert. Die in diesem Zusammenhang entwickelten psychologischen Theorien und Begriffssysteme versuchen eine Synthese östlicher und westlicher Ansätze. So definiert z.B. Ferrucci (1986): „Das Ziel der Psychosynthese ist, vor allem die Ganzheit des menschlichen Wesens zu wecken und den Zugang zur Integration auf einer höheren Ebene zu erweitern." Und Assagioli (1993; im englischen Original bereits 1965) führt aus: „Überdies setzt Psychosynthese viele aktive psychologische Techniken ein, die zuerst auf eine Entwicklung und Vervollständigung der Persönlichkeit zielen, dann auf ihre harmonische Koordination und zunehmende Vereinigung mit dem <höheren; Anm. d. Verf.> Selbst. Diese Phasen mag man entsprechend 'personale' und 'spirituelle (transpersonale)' Psychosynthese nennen" (S. 38).

In diesem Buch wollen wir auf die genannten Ansätze jedoch nicht weiter eingehen. Unser Anliegen ist es, die *klassischen* psychologischen Theorien in ihrer Begegnung und ihrem Spannungsfeld mit dem Yoga vorzustellen. Zum einen ist die wissenschaftliche psychologische Diskussion im Westen immer noch weitgehend durch diese ursprünglichen Ansätze gekennzeichnet, während die transpersonale Psychologie als neuere Entwicklung hier noch kaum eine Rolle spielt. Zum anderen hielten wir es für sinnvoll, die klassischen Schulen der westlichen Psychologie dem Leser sozusagen in ihrer jeweiligen 'Reinkultur' vorzustellen. Damit wird nicht nur die Wissenschaftsgeschichte der Psychologie nachvollziehbar, sondern auch ein Stück Geistesgeschichte des Westens im 20. Jahrhundert. Diese Wurzeln trägt jeder von uns in sich, häufig ohne sich dessen bewußt zu sein. Die Fragen der westlichen Psychologie an den Yoga und das sich dadurch ergebende produktive Spannungsfeld verstehen wir daher auch als Spiegel der Fragen und Unsicherheiten des Einzelnen an östliche Traditionen überhaupt. Hier lag unser Hauptinteresse im Sinne einer 'Übersetzungshilfe' und eines Dialogs. Auch sind wir der Meinung, daß übergreifende, auf Synthese

abzielende Ansätze (also im Grunde 'Metatheorien') besser verstanden und gewürdigt werden können, wenn zunächst ihre 'historischen Bausteine' studiert werden. Dies kann davor schützen, komplexe und aus vielen Wurzeln entstandene übergreifende Ansätze in ihrer Tiefendimension zu verkennen und in einer griffigen Oberflächlichkeit zu banalisieren.
Insofern stellt z.B. die Psychosynthese einen eigenen psychologischen Weg in die transpersonale Dimension und damit schon eine Integration westlicher und östlicher psychologischer Ansätze dar. Weiterhin gibt es nicht *die* transpersonale Psychologie, sondern auch dort verschiedene Schulen und Ansätze. Wir hätten deshalb den thematischen Rahmen dieses Buches in erheblicher Weise ausdehnen müssen, ohne dennoch verhindern zu können, auf diese wertvolle Erweiterung westlicher psychologischer Ansätze nur sehr unbefriedigend einzugehen.

!

Die ‚westliche' Prägung unseres Denkens
Viele Menschen, die in der westlichen Kultur aufgewachsen sind, wenden sich der Beschäftigung mit den spirituellen Traditionen und damit auch dem Yoga zu, auch aus einer Enttäuschung heraus über die westliche Wissenschaft, die als materialistisch und reduktionistisch abgelehnt wird. In dem Bemühen, durch den spirituellen Weg und in den östlichen Traditionen 'höhere', d. h. angeblich gültigere, über das Übliche hinaus weisende Erklärungsmodelle zu finden, bleibt mitunter die Denkstruktur, von der man sich glaubte abgewandt zu haben, vollständig erhalten. So werden linear-kausale Denkmodelle in der spirituellen Bewegung bevorzugt, die sich oft durch ad hoc Zusatzannahmen unablässig selbst bestätigen und gegen Kritik immunisieren. Das dabei (meist unbewußt) implizit vorgetragene Weltbild entspricht häufig dem des simplen, nun aber 'spirituellen' Materialismus. In dem Bemühen, mit einem alternativen, offenen und erweiterten Weltbild ein Gegengewicht zur vermeintlich rein materialistisch ausgerichteten westlichen Naturwissenschaft zu bilden, schleichen sich sehr leicht unter spiritueller Überschrift genau die Schwächen wieder ein, die man so heftig zuvor kritisiert hatte. Während die westliche Wissenschaft schon seit Jahrzehnten die einseitig reduktionistische Sichtweise, das linear-kausale Modell, die strenge Subjekt-Objekt-Trennung und damit insbesondere die naiven Weltmodelle (zumindest in der Theorie) hinter sich gelassen hat, fällt manch spirituell Inspirierter genau auf diese Denkstrukturen zurück, auch deshalb, weil eine Auseinandersetzung mit der westlichen

Bewußtseins- und Wissenschaftsentwicklung häufig kaum stattgefunden hat. So fällt oft beeindruckend auf, wie die Begriffe *karma*, Reinkarnation, *prāṇa* oder *kuṇḍalinī* in derart erschreckender Vereinfachung Verwendung finden, daß dies einer Reduzierung der menschlichen (und gleichzeitig kosmischen) Komplexität auf simpelste mechanistische Abläufe mit linearen Ursache-Wirkungs-Verkettungen gleichkommt. Wir sind alle in derartige Denkmuster hineingeboren, und allein die Hinwendung zu neuen Inhalten (und seien sie noch so östlich und spirituell) verändert per se keineswegs die uns seit der Kindheit prägenden Denkmuster unseres Geistes. Allein schon das Suchen und Finden von 'einfachen Wahrheiten' sollte Anlaß sein, uns selbst gegenüber achtsam zu werden. Manchmal wirken hier nur unsere alten Denkgewohnheiten weiter, nun aber im spirituellen Gewand.

10

Fehlentwicklungen und Risiken auf dem Übungsweg

☛ Dieses Kapitel beschäftigt sich mit folgenden Inhalten:

- ❍ Welche Entwicklungen oder Veränderungen auf dem Yoga Übungsweg werden *subjektiv* als nicht förderlich oder gar belastend empfunden?
- ❍ Darstellung und Diskussion der Kritik von C.G. Jung am Yoga
- ❍ Welche Entwicklungen sind *aus psychologischer Sicht* als kontraproduktiv anzusehen?
- ❍ Welche Regeln gelten für den Yoga im Zusammenhang mit bestimmten psychischen Erkrankungen?
- ❍ Was sind spirituelle Krisen?
- ❍ Kann man durch Yoga seine persönliche Identität verlieren?
- ❍ Unterstützt die karmische Sichtweise eine passive Lebenshaltung?
- ❍ Werden durch den Yoga Verdrängung und Unterdrückung gefördert?

Die Erkenntnis der Erkenntnis verpflichtet. Sie verpflichtet uns zu einer Haltung ständiger Wachsamkeit gegenüber der Versuchung der Gewißheit. Sie verpflichtet uns dazu einzusehen, daß unsere Gewißheiten keine Beweise der Wahrheit sind, daß die Welt, die jedermann sieht, nicht ***die*** *Welt ist, sondern* ***eine*** *Welt, die wir mit anderen hervorbringen. Sie verpflichtet uns dazu zu sehen, daß die Welt sich nur ändern wird, wenn wir anders leben. Sie verpflichtet uns, da wir, wenn wir wissen, daß wir wissen, uns selbst und anderen gegenüber nicht mehr so tun können, als wüßten wir nicht.*

Humberto Maturana & Francisco Varela

Wenn Sie die Übung zu Beginn des Kapitels 8 durchgeführt haben, werden Sie möglicherweise in Ihren Notizen ausschließlich positive persönliche Veränderungen finden, welche Sie Ihrem Yoga-Übungsweg zuschreiben. Tatsächlich entspricht es sowohl unserer eigenen Erfahrung mit zahlreichen Gruppen von Langzeitübenden, als auch den Ergebnissen der psychologischen Yoga-Forschung, daß die durch den Yoga ausgelösten Prozesse und Entwicklungen größtenteils positiv bewertet werden. Dennoch gibt es vereinzelt auch Veränderungen, die von Übenden selbst oder aus psychologischer Sicht als nicht förderlich empfunden werden. Diese sollen im folgenden besprochen werden.

10.1 Öffnung und Sensibilisierung

Yoga-Übende und Yoga-Lehrende berichten nicht selten (und dies trifft besonders auf Langzeit-Übende zu), daß sich ihre Wahrnehmung nicht nur sich selbst, sondern auch anderen Menschen gegenüber verfeinert habe. Hierdurch kann es zu einer zunehmenden Sensibilisierung und damit 'Offenheit' für äußere Einflüsse kommen, deren Auswirkungen von dem Übenden selbst feiner und damit intensiver als zuvor wahrgenommen werden. Als ob 'Schutzpanzer' sich aufgelöst hätten, wird mitunter auch eine größere Verletzlichkeit gegenüber Außeneinflüssen erlebt. Im sozialen Bereich kann es entsprechend zu einem verstärkten Mitgefühl und vergrößerter Liebesfähigkeit kommen, welches im Extrem erneut als zu großes Mitschwingen und damit als belastend erlebt werden kann. Insgesamt zeichnen sich diese Berichte dadurch aus, daß psychische Schutz- und Abwehrstrategien abgebaut und die allgemeine 'Durchlässigkeit' erhöht wird. In der Übersteigerung führt dies zu dem Gefühl des mangelnden Schutzes und der zu geringen Abgrenzungsfähigkeit. Anders als bei oft euphorisch geprägten Einheitserfahrungen oder sogenannten 'Gipfelerlebnissen' wird der Zustand des Zerfließens in der Welt bzw. des Verschmelzens mit dem Gefühlsleben von anderen Menschen als zu große Öffnung erlebt. Im Einzelfall kann sich sogar eine gewisse Lebensuntüchtigkeit zeigen, indem der Betroffene durch die übersteigerte Verletzlichkeit glaubt, der 'Härte des Lebens' gegenüber nicht mehr standzuhalten.

Es gibt viele fundierte Hinweise, daß sich durch den Yoga tatsächlich innere Verhärtungen und über Jahre und Jahrzehnte bestehende Wahrnehmungsmuster umorganisieren können im Sinne einer schrittweisen Differenzierung und Verfeinerung des Kontaktes nach innen. Gerade das Schulen der Wahrnehmungsbereitschaft und der Offenheit für Empfindungen stellt ja ein ganz wesentliches Element der inneren Haltung beim konkreten Üben dar. Um aber eine Fehlentwicklung in die oben beschriebene Richtung zu vermeiden, darf dieser Prozeß der zunehmenden Öffnung nicht einseitig verlaufen. Vielmehr sollte er integriert werden durch die wachsende Fähigkeit, sich aus Identifikationen zu lösen und die innere, nicht bewertende Beobachterinstanz zu schulen. Hierdurch ergibt sich die Möglichkeit des Mitfühlens, jedoch nicht Mitleidens; der Offenheit, jedoch nicht des Zerfließens; der Empfindungsfähigkeit, nicht jedoch der zu starken Empfindlichkeit. Sicherlich kann es in einer langfristig insgesamt ausgewogenen Entwicklung zeitweilig zu einer zu großen Verletztlichkeit kommen, die dann aber als ein (wiederkehrendes) Übergangsstadium verstanden werden kann, in welchem sich alte Wahrnehmungsmuster, gewachsene Sensibilisierung und die Fähigkeit zur Nicht-Identifikation in ihren Grenzen neu organisieren. Dies geschieht in dem Versuch, in der Welt zu sein, ohne von dieser verzehrt zu werden, wie es in der Bhagavad Gita beschrieben wird.

10.2 C.G. Jung und die Kritik am Yoga im Westen: Rigide Unterdrückung der menschlichen Natur

Als einer der bekanntesten westlichen Psychologen hat sich Carl Gustav Jung sehr intensiv nicht nur mit dem Yoga, sondern auch mit anderen östlichen Traditionen wie etwa dem Buddhismus auseinandergesetzt und daraus wertvolle Hinweise für die Entwicklung seiner psychologischen Theorien gefunden. Jung war Schüler von Sigmund Freud, dem Begründer der Psychoanalyse, hat dann aber seine eigene tiefenpsychologische Schule entwickelt und insbesondere das psychische Instanzenmodell von Freud erweitert um das kollektive Unbewußte, in welchem kollektive Wahrnehmungs- und Verhaltensmuster enthalten sind. Jungs kulturanthropologische Studien der Märchen, Mythen und Religionen, insbesondere auch der östlichen Traditionen (die seiner Meinung nach auch Hinweise auf das der Menschheit gemeinsame kollektive Unbewußte geben), haben großen Anregungswert und können auch für Yoga-Übende interessant sein. Zur kritischen Auseinandersetzung mit dem Yoga sind insbesondere die Jung'schen Beiträge *'Yoga und der Westen'*, *'Zur Psychologie östlicher Meditation'* sowie *'Über den indischen Heiligen'* von Bedeutung.[81] Vor allem in *'Yoga und der Westen'* äußert sich Jung als einziger uns bekannter westlicher Psychologe der damaligen Zeit (der Text entstand 1936) ausführlich und kritisch zu dem Yoga. Der Jung'sche Beitrag erscheint in einigen Aspekten bis heute aktuell, so

[81] C.G. Jung: Gesammelte Werke, Band 11

daß wir die wichtigsten Passagen nun zitieren wollen:[82]

„Insofern der Protestantismus seinen Hauptschlag gegen die Autorität der Kirche führte, erschütterte er hauptsächlich den Glauben an sie als die unerläßliche Vermittlerin des göttlichen Heils. Dadurch fiel natürlich dem Individuum die Last der Autorität zu und damit eine bisher nie dagewesene religiöse Verantwortlichkeit. ... Durch den Wegfall der wirksamen heiligen Handlung fehlte nun die Antwort Gottes auf den Vorsatz des Einzelnen. Aus diesem Ungenügen heraus erklärt sich das Verlangen nach Systemen, welche jene Antwort, nämlich ein sicht- oder merkbares Entgegenkommen eines Anderen (Höheren, Geistigen oder Göttlichen) versprechen. Da der protestantische Mensch eines vorgezeichneten Weges ermangelt, ist ihm sozusagen jedes System, das einen erfolgreichen Entwicklungsgang verspricht, willkommen. Er sollte ja das tun, was die Kirche als Mittlerin stets getan hatte, und nun weiß er nicht, *wie*. ... Wenn sich daher eine 'religiöse' Methode gleichzeitig als 'wissenschaftlich' empfiehlt, so kann sie im Westen ihres Publikums sicher sein. *Der Yoga erfüllt diese Erwartung*. Ganz abgesehen vom Reiz des Neuen und von der Faszination des Halbverstandenen hat der Yoga aus guten Gründen viele Anhänger. Er gibt nicht nur den viel gesuchten Weg, sondern auch eine Philosophie von unerhörter Tiefe. ...
Die Wegelosigkeit bei uns grenzt an seelische Anarchie. Infolgedessen bedeutet jede religiöse oder philosophische Praktik eine *psychologische Disziplinierung,* also eine *Methode seelischer Hygiene*. ... Der Westen aber mit seiner schlechten Gewohnheit des Glaubenwollens einerseits und seiner ausgebildeten wissenschaftlichen und philosophischen Kritik andererseits fällt entweder in die Fallgrube des Glaubens und schluckt Begriffe wie Prâna, Âtman, Châkra, Samâdhi usw. unbesehen ein. Die wissenschaftliche Kritik aber stolpert schon über den Begriff des Prâna und des Purusha. Die Spaltung des westlichen Geistes verunmöglicht daher schon von allem Anfang an die adäquate Verwirklichung der Intentionen des Yoga. Entweder ist er eine strikt religiöse Angelegenheit oder ein Training wie Mnemotechnik, Atmungsgymnastik, Eurhythmie etc. Aber von jener dem Yoga eigentümlichen Einheit und Ganzheit des Wesens findet sich keine Spur. Der Inder kann weder den Körper noch den Geist vergessen, der Europäer vergißt immer das eine oder das andere. ... Der Inder kennt nicht nur seine *Natur*, sondern er weiß auch, bis zu welchem Grade er sie selber ist. Der Europäer dagegen hat eine *Wissenschaft* von der Natur und weiß von seiner eigenen Natur, der Natur in ihm, erstaunlich wenig. Es ist dem Inder eine Wohltat, um eine Methode zu wissen, welche ihm hilft, die Allgewalt der Natur innen und außen zu beherrschen. Für den Europäer ist es Gift, seine bereits ver-

[82] ebd., S. 571 ff

stümmelte Natur noch gänzlich zu unterdrücken und einen ihm zusagenden Robot daraus zu machen. ...
Mehr 'Kontrolle', mehr Macht über die Natur in und um uns kann ich als Europäer dem Europäer nicht wünschen. ... Er bedarf der Rückkehr ... zu *seiner Natur*. Seine Aufgabe ist es, den *natürlichen Menschen* wieder aufzufinden. Er möchte aber stattdessen nichts lieber als Systeme und Methoden, um den natürlichen Menschen, der ihm überall in die Quere kommt, zu unterdrücken. Er wird unfehlbar einen falschen Gebrauch vom Yoga machen, denn seine seelische Disposition ist eine ganz andere als die des östlichen Menschen. ... Der westliche Mensch bedarf der Überlegenheit über die Natur außen und innen *nicht*. Er hat beides in beinah teuflischer Vollendung. Was er aber nicht hat, ist die bewußte Anerkennung seiner *Unterlegenheit* unter die Natur, um ihn und in ihm. Was er lernen sollte ist, daß er nicht kann, wie er will. Lernt er das nicht, so wird seine eigene Natur ihn zerstören.
Der Yoga im tiefsten Sinne ... will viel mehr, nämlich, wenn ich es richtig verstehe, die endgültige Lösung und Befreiung des Bewußtseins von aller Objekt- und Subjektverhaftung. Da man sich aber von nichts befreien kann, das einem unbewußt ist, so muß der Europäer sein Subjekt zuerst kennenlernen. Dies ist, was man im Westen *das Unbewußte* nennt. Die Yoga-Methode wendet sich nun ausschließlich an das Bewußtsein und an den bewußten Willen. Eine solche Unternehmung ist aber nur dann erfolgversprechend, wenn das Unbewußte kein nennenswertes Potential besitzt, d. h. wenn es nicht große Teile der Persönlichkeit enthält. Tut es dies, so ist alle bewußte Anstrengung erfolglos. Was bei dieser Krampfhaftigkeit herauskommt, ist ein Zerrbild oder sogar das genaue Gegenteil von dem, was das natürliche Resultat sein sollte.
Wenn ich mich dermaßen kritisch ablehnend gegenüber dem Yoga verhalte, so bedeutet das keineswegs, daß ich diese geistige Errungenschaft des Ostens nicht für etwas vom Größten halte, was menschlicher Geist je geschaffen hat. Ich hoffe, es geht aus meiner Darlegung mit genügender Deutlichkeit hervor, daß meine Kritik sich einzig und allein gegen die Anwendung des Yoga auf den westlichen Menschen richtet. ... Die westliche Zivilisation ist kaum tausend Jahre alt und muß sich zuerst noch von ihren barbarischen Einseitigkeiten befreien. Dazu gehört vor allem tiefere Einsicht in die Natur des Menschen. Durch Unterdrückung und Beherrschung aber gewinnt man keine Einsicht und am wenigsten durch Nachahmung von Methoden, die unter ganz anderen psychologischen Bedingungen entstanden sind."

Ergänzend soll angemerkt werden, daß Jung in diesem Beitrag einerseits die „Exerzitien der Kirche" wie auch die von ihm mitvertretene Psychoanalyse, wie auch das Autogene Training von J.H. Schultz als westliche

Methoden nennt, unbewußte Anteile bewußt zu machen und damit die „krampfhafte Intensität und Beschränktheit" des Bewußtseins aufzuheben, um es „aus seiner Erstarrung zu befreien".[83]
Jung geht von einer Auffassung des Yoga aus, wie sie sich damals zwischen dem 1. und 2. Weltkrieg gesellschaftlich präsentierte. Dabei steht insbesondere der kontrollierende, asketische und gleichsam unterdrükkende Aspekt des Jung'schen Bildes vom Yoga im Vordergrund. Folgerichtig nimmt er in seiner Kritik an, daß der Yoga eine Methode darstellt, die sich ausschließlich an das Bewußtsein richtet und gleichsam über bewußte Kontrolle und willentliche Steuerung eine Veränderung des Geistes herbeiführt. Dadurch komme es, so Jung, zwangsläufig zu einer erhöhten Verdrängung und Unterdrückung des Unbewußten, welches „sich selbstmörderisch gegen ihn (den Übenden) empört".
Diese grundlegenden Voraussetzungen der Kritik, durch die Jung kategorisch eine Anwendung des Yoga im Westen ablehnt, sind aus unserer Sicht so nicht mehr zu halten. Zum einen haben sich das Bild des Yoga in der westlichen Kultur und die Art der Vermittlung entscheidend verändert. So wie heute der Yoga im Westen vielfach gelehrt wird, steht gerade die 'bewußtseinsentkrampfende' Wirkung mit den Aspekten des Zulassens und Loslassens im Vordergrund. In hunderten von psychologischen und medizinischen Untersuchungen wurde mittlerweile die streß- und angstmindernde sowie insgesamt psychosomatisch stabilisierende Wirkung des Yoga nachgewiesen. Auch die Annahme von Jung, der Yoga richte sich lediglich an das Bewußtsein, entspringt dem damaligen zeitgenössischen Bild des Yogis, der sich bewußt kontrolliert und in asketischer Übung lebt. Besonders die Erforschung der Meditation (während Jung offenbar hauptsächlich vom Hatha-Yoga spricht) hat demgegenüber deutlich aufgezeigt, daß Parallelen zum psychotherapeutischen Prozeß bestehen, indem der Zugang zu unbewußten und abgewehrten Anteilen erleichtert und die Selbstauseinandersetzung gefördert wird.

---

[83] Auch Hauer (1958) schließt sich in seinem Standardwerk „Der Yoga - ein indischer Weg zum Selbst" unter ausdrücklichem Bezug auf C.G. Jung dessen Einschätzung an: „Aber auch hier ist davor zu warnen, daß man die in Indien geprägten Begriffe und Anschauungen einfach übernimmt. Je mehr ich mich mit diesen Problemen beschäftige ... desto entschiedener ist meine Stellungnahme gegen jeden Versuch, den indischen Yoga, so wie er sich uns in den Schriften darbietet ... als Heilsweg einzuführen, den wir nur zu wissen und zu gehen brauchten, um ans Ziel zu kommen" (S. 409).

Wenn wir dennoch derart ausführlich auf den Jung'schen Beitrag eingehen, geschieht dies nicht nur aus Gründen der historischen Relevanz, sondern weil wir einen Kernaspekt seiner Kritik nach wie vor für gültig halten: Der Yoga kann in der Tat dogmatisch aufgefaßt und in eine schon zuvor bestehende rigide Persönlichkeitsstruktur 'perfekt' integriert werden. Selbstverständlich enthält der Yoga Anteile, die in Richtung auf eine innere Kontrolle und Selbststeuerung abzielen. Diese Aspekte des Yoga fügen sich jedoch mit seinen lösenden und an einengenden Identifikationen arbeitenden Elementen zu einem ganzheitlichen Wachstumsweg zusammen. Gerade rigide organisierte Persönlichkeiten neigen jedoch zu einer *selektiven und damit höchst einseitigen Aufnahme und Umsetzung des Yoga im Sinne einer Instrumentalisierung* zum Nutzen von schon bestehenden psychischen Verhaltensmustern. Veränderung von Gewohnheiten, Selbsttransformation und '*tapas* üben' wird mit Rigidität, Verdrängung und Unterdrückung verwechselt. Yoga kann so zu einem Werkzeug vergrößerter negativer Selbstkontrolle und Ausbeutung werden. Selbstbeobachtung und innere Achtsamkeit entgleiten gleichsam in die innere Zensur, in das 'Neben-sich-Stehen' und die Unterdrückung von Spontaneität und Lebensfreude. Der Yoga-Übende tritt dann gewissermaßen gegen sich selbst an und versucht, eine Veränderung zu erzwingen.[84]
Jack Kornfield hat diese „falsche Auffassung von Ichlosigkeit" prägnant beschrieben: „Es ist eine alte religiöse Idee, das Ich/Selbst loswerden zu wollen, Verlangen, Ärger und Ichzentriertheit zu reinigen, auszurotten oder zu transzendieren, kurz, ein Selbst zu besiegen, das 'schlecht' ist. ... Schlimmer noch ist, daß sie (die asketischen Praktiken, d.Verf.) die Vorstellung nähren, unser Körper, unser Geist, unser 'Ego' seien irgendwie sündig, schmutzig und voller Täuschung ... Innere Reinigung, Freundlichkeit und Aufmerksamkeit können unsere Gewohnheiten bes-

---

[84] Auch Coster (1954) greift dieses Thema auf: „Ebenso wie eine übertriebene körperliche Anstrengung sich des Erfolges berauben und zu einer Verkrampfung führen kann ..., so kann große Anstrengung bei dem Versuch, das seelische Gleichgewicht zu erlangen,... gerade die nicht erwünschte Haltung betonen und verstärken, gegen die diese Übungen sich richten (S. 35). ... daß eine beträchtliche Anzahl westlicher Schüler, die sich für Yoga interessieren und diese Methode (Richten der Gedanken auf das Gegenteil; die Verf.) ernsthaft anwandten, um ihre Gewohnheiten und ihren Charakter zu verändern, durch die Übungen sich eher verkrampften und lächerlich machten, als daß sie geheilt wurden" (S. 194).

sern; aber keine noch so große Selbstverleugnung oder Selbstfolter befreit uns von einem Selbst, weil es ein solches nie gegeben hat - nur unsere Identifikation läßt uns das glauben" (Kornfield, 1995; S. 247).
Die Art der Vermittlung des Yoga durch den Yoga-Lehrenden hat entscheidenden Einfluß darauf, inwieweit derartige Fehlentwicklungen ggf. noch gefördert werden. Insbesondere eine leistungsbezogene und sich an den Polaritäten von richtig und falsch, besser und schlechter ausrichtende Kursatmosphäre vermag ein solches Zerrbild des Yoga genauso zu fördern, wie werbewirksame Versprechungen, durch den Yoga die Schlafdauer reduzieren und die allgemeine Leistungsfähigkeit erhöhen zu können. Derartige Aussagen werden hochgradig selektiv von Personen aufgenommen, die sich durch eine ehrgeizige und kämpferisch-kontrollierende Einstellung sich selbst gegenüber auszeichnen (dies betrifft insbesondere auch männliche Yoga-Übende). Dadurch führt der Yoga gerade nicht zu einer Wahrnehmung schon bestehender Verhaltensmuster und deren Veränderung, sondern zu mehr „vom Schlechten des Guten" (so ein Buchtitel von Watzlawick, 1991). Gerade unsere westliche Leistungsgesellschaft, und hier knüpfen wir erneut an C.G. Jung an, zeichnet sich durch eine Förderung dieser inneren Haltung des zielorientierten Leistungsstrebens aus zum Preise der Unterdrückung von damit scheinbar unvereinbaren persönlichen Anteilen. Hier besteht eine wichtige Aufgabe für die Yoga-Lehrenden, durch eine entsprechende Atmosphäre im Unterricht und die Art der Übungsvermittlung genau dieser zu starken und zu einseitigen leistungsorientierten (Fehl-) Haltung entgegenzuwirken und damit die oben beschriebene mögliche Fehlrezeption des Yoga zu vermeiden. Dadurch kann sich eine gesellschaftliche Dimension des Yoga eröffnen, die gerade darin zu sehen ist, daß er dieser quasi automatisierten Wahrnehmungs- und Verhaltensstruktur eine andere, komplementäre entgegensetzt, woraus sich eine wesentliche präventive Bedeutung des Yoga in der Gesundheitsversorgung ergeben kann (s. Kap. 11).

10.3 Weitere kontraproduktive Entwicklungen

❍ Schwache und zur Außenorientierung und Abhängigkeit neigende Menschen können in ungünstiger Weise Konzepte und Zielvorstellungen des *Yoga als stabilisierendes 'Korsett'* übernehmen. Auf dem Übungsweg bilden dann weniger die eigenen Erfahrungen und Auseinandersetzungen mit sich selbst den Inhalt des Yoga, sondern eher die Anlehnung an ein dogmatisch ausgelegtes Glaubenssystem. Durch moralisierendes

Verweisen auf 'höhere Entwicklungsideale' (z.B. *yama* und *niyama*) wird den eigenen Unsicherheiten, Schwächen und einer lebendigen Selbstauseinandersetzung ausgewichen. In diesem Zusammenhang ist auch der Versuch zu nennen, das zu der eigenen Entwicklung und den eigenen Lebenszusammenhängen unpassende Verhaltensmodell eines Lehrers oder Gurus möglichst vollständig zu übernehmen oder in eine von Abhängigkeit, Außenorientierung und dem Wunsch nach weitgehender Führung geprägte Beziehung zu diesem einzutreten.[85] Zusammenfassend wird Yoga dann nicht als ein Weg und ein Prozeß der ständigen Selbstveränderung gesehen, sondern als ein feststehendes System von scheinbar Sicherheit und Orientierung gebenden Regeln und universell gültigen Erklärungen. Die mächtige transformierende Dimension des Yoga, nämlich alle scheinbaren Überzeugungen und liebgewordenen 'Wahrheiten' und sogar sich selbst, die eigene Identität, radikal in Frage zu stellen, wird umgangen, indem der Yoga nicht als Frage, sondern als Antwort, nicht als Weg, sondern als zu übernehmendes Ziel begriffen wird. Der Yoga-Lehrende kann außerordentlich wirksam einer solchen Fehlentwicklung vorbeugen, indem er die Übenden dazu anregt und ermutigt, zu fragen und in Frage zu stellen. Ohne sogleich als Lehrer scheinbar einfache Antworten bereit zu haben oder vorzugeben, die Wegerfahrungen schon zu kennen, vermag der Yoga-Lehrer eine Haltung des Staunens und der Offenheit anzuregen und in die Welt der Philosophie und auf eine Forschungsreise nach innen zu führen. Die Fehlentwicklung wird indes gefördert, wenn der Yoga-Lehrende sich mißverständlich so darstellt, als ob er die Reise schon abgeschlossen habe und andere führen könne in dem Sinne, daß der Yoga lediglich ein Wandeln auf ausgetretenen Pfaden in den Fußstapfen eines anderen bedeutet.

> **!** Yoga ist eine erprobte Anleitung, *wie* man sich mit sich selbst auseinandersetzt; *wie* man einen Weg in die innere Welt findet. Yoga bietet keine eindeutige Antwort darauf, *was* jeder Einzelne auf dieser Entdeckungsreise erfahren wird. Yoga ist eine Erfahrungswissenschaft. Er bietet keine innere Sicherheit im Sinne einer in sich geschlossenen Ideologie.

85 Uns hat zu diesem Thema die Diskussion von Kornfield (1995) beeindruckt (S. 275 ff: Kapitel 16: Es geht nicht allein: Die Beziehung zu einem Lehrer/einer Lehrerin)

❍ Insbesondere bei Jugendlichen, aber auch allgemein in altersphasenspezifischen Umbrüchen, können in problematischer Weise mit Hinweis auf die eigene 'spirituelle Entwicklung' der soziale Rückzug und das Ausweichen vor altersentsprechenden Lebensaufgaben und Reifungsschritten (auch vor sich selbst) gerechtfertigt werden. Nichtanhaftung, Gleichmut und Loslassen werden insofern mit Gleichgültigkeit, Ausweichen vor sozialer Verantwortung und Entscheidungsschwäche verwechselt (Kornfield: „Spirituelle Matschköpfe"[86]). *Mit dem Verweis auf höhere Ideale kann der Yoga als Alibi dienen*, sich schulischen Leistungsanforderungen zu entziehen, Prüfungen auf unbestimmte Zeit zu verschieben, partnerschaftlicher oder familiärer Verantwortung auszuweichen oder sich für immer längere Zeiten aus den sozialen Zusammenhängen zurückzuziehen. Bei der Vermittlung des Yoga ist in Hinblick auf diese mögliche Problematik zu betonen, daß auch in der traditionellen östlichen Auffassung von spiritueller Entwicklung die hauptsächliche Konzentration darauf der letzten Altersphase zuerkannt wurde, nachdem die Pflichten und Verantwortungen der Existenzsicherung, Partnerschaft und Familie erfüllt worden waren. Ebenfalls kann es hilfreich sein, die seit jeher bestehende soziale Dimension der spirituellen Entwicklung zu betonen, die sich an dem dienenden Handeln *in der Welt* ausrichtet.

Christian Scharfetter (1991) hat als westlicher Psychiater und gleichzeitig kritischer Förderer spiritueller Traditionen derartige Fehlentwicklungen wie folgt zusammengefaßt:

„Es ist zu bedenken, dass gefährdete Persönlichkeiten, ich-schwache, schlecht integrierte Persönlichkeiten ..., Menschen, die Meditation als Abwehr oder als Flucht benützen, die in eine starke Abhängigkeit vom Leiter geraten und sich selbst dabei aufgeben, in besonderem zu solchen Verfahren (der Meditation, d.Verf.) Zuflucht suchen, ohne dass sie von der Persönlichkeits- und Ich-Entwicklung her dafür vorbereitet wären. Solche vulnerablen Persönlichkeiten sind gefährdet, in übermässige Abhängigkeit zu kommen, in Isolation, Einsamkeit, Angst, Depression und Depersonalisation. Sie sind gefährdet, den Kontakt mit der Alltags-

---

[86] In: Grof & Grof (Hrsg.), 1990, S. 175 („Hindernisse und Wechselfälle in der spirituellen Praxis"). Kornfield betont weiter (S. 178), daß der Übende sich seiner neurotischen Muster bewußt werden sollte, so daß er sich in der Übungspraxis nicht darin verfange: „Andernfalls werden die Gier-Typen gierig nach spirituellen Erfahrungen, spirituellem Wissen, spirituellen Freunden, Formen und Zeremonien sein und den neurotischen Aspekt darin übersehen."

wirklichkeit zu verlieren und den darin gegebenen Aufgaben und Verpflichtungen nicht mehr nachzukommen. Durch ihre starke Abhängigkeit vom Lehrer sind sie auch gefährdet, durch den Lehrer missbraucht zu werden im Sinne der Indoktrination, des materiellen oder sexuellen Ausnützens.“ (S. 56; siehe zu diesem Thema auch Engler, 1988).
Die Beschäftigung mit umfassenden östlichen Philosophien in Verbindung mit der Erfahrung tiefer Entspannungserlebnisse oder veränderter Bewußtseinszustände im Rahmen einer Gruppe von gleichfalls inspirierten Übenden kann einen sog. Konversionsprozeß fördern. Dies bezeichnet ein Phänomen „bei dem sich ein Individuum, das sich vorher gespalten, unzulänglich und unglücklich und mit einem falschen Bewußtsein ausgestattet empfindet, plötzlich eins mit sich, überlegen und glücklich fühlt, und zwar als Konsequenz des Anschlusses an eine religiöse Gemeinschaft“ (Niebel & Hanewinkel, 1997, S. 26). Durch die Gruppenbindung kann ein erheblicher Entlastungseffekt eintreten und damit die Gefahr, Einzelne in sektenähnliche Gemeinschaften einzugliedern und dort zu halten. Gemeinsame spirituelle Erfahrungen vermischen sich im Falle destruktiver Kulte mit der Steuerung des Verhaltens und Erlebens der Mitglieder. „Es eröffnet sich dadurch verstärkt die Möglichkeit, statt eines verantwortlichen Umgangs mit außergewöhnlichen Wahrnehmungen während der Meditation manipulativ in die hypnagogen (d.h. hypnoseähnlich; d. Verf.) Zustände einzugreifen, Ideen der Sekte zu implementieren und die Hingabe an die Sektenführer anzubahnen“ (ebd., S. 29). In diesem Zusammenhang wird ein wesentliches Kriterium für den Mißbrauch von spirituellen Erfahrungen in Gruppen sein, inwieweit eigenständiges und in Frage stellendes Denken gefördert bzw. sanktioniert wird und wie hoch der psychische Aufwand für den Einzelnen ist, sich aus einer Gruppe zu lösen.[87]

❍ Verschiedentlich findet sich besonders in Yoga-Kursen die Tendenz, im ‘spirituellen Jargon’ über innere Beobachtungen und Übungserfahrungen zu berichten. Durch entsprechendes Lehrerverhalten kann dieses sogar noch verstärkt werden, so daß es in bestimmten Kursen geradezu ansteckend um sich greifen kann. Solche Äußerungen (‘Mein Herz-*cakra* hat sich gerade geöffnet’; ‘Da habe ich *kuṅḍalinī* -Energie aufsteigen gespürt’) gehen gerade nicht, wie oft angenommen, in die Tiefe der Selbstwahrnehmung, sondern führen von dieser weg, weil die Ebene

---

[87] s. a. Berufsverband Deutscher Psychologen (Hrsg.); Report Psychologie, Themenheft ‘Destruktive Kulte’ (4;1994)

des konkreten, persönlichen Erlebens von Gefühlen, Sinneserfahrungen usw. verlassen und durch etikettierende Begriffe und Interpretationen ersetzt wird. Nicht selten haben schon Teilnehmer von Anfängerkursen durch entsprechende vorherige Lektüre (leider weist der spirituelle Büchermarkt auch erschreckend Triviales auf) recht feste und farbige Vorstellungen davon, was durch Yoga-Übungen alles passieren kann und wie derartige Erfahrungen fachgerecht zu bezeichnen sind. Hier können Suggestion von außen (z. B. durch Medien, aber auch durch den Yoga-Lehrer selbst), Autosuggestion und Imagination vorliegen. Es sei daran erinnert, daß gerade Suggestion und Konditionierung alltägliche Verhaltensstrukturen sind, die im Rahmen des Yoga-Unterrichtes möglichst nicht vertieft werden sollten. Ram Dass (1990[88]) spricht in diesem Zusammenhang von einem „spirituellen Materialismus" („Hatten wir einen Ford in der Garage, so hatten wir in unserem Schlafzimmer mindestens ein Astralwesen").
Der Yoga-Lehrende kann dem entgegenwirken, indem er bei entsprechenden Äußerungen die Teilnehmer ermutigt, zu der konkreten Sinneserfahrung zurückzugehen („Was genau hast du beobachtet?") und diese zu benennen („Ich habe Traurigkeit gespürt", „In meiner Brust war ein Brennen"; „Im Lendenwirbelbereich ist eine große Hitze entstanden" usw.), ohne sie sogleich in eine bestimmte Richtung zu etikettieren und zu interpretieren.

❍ In tiefen und langen Entspannungs- und Meditationsübungen können die Reduzierung der körpereigenen Wahrnehmung und das Absenken des allgemeinen vegetativen Erregungsniveaus als unangenehm und verunsichernd erlebt werden. Nicht selten ist auch das sog. 'Übermeditieren' im Sinne einer überzogen langen Übungszeit besonders in der Anfängerphase. Aber auch nach längerer Übungspraxis kann es während der Übung zu veränderten Körperempfindungen wie Leichtigkeit, Verzerrungen oder Auflösung der Körperwahrnehmung kommen, die mit halluzinatorischen Sinneswahrnehmungen, dem Gefühl eines mangelnden Realitätskontaktes oder gar Depersonalisationserlebnissen einhergehen können, wodurch oft Verunsicherung oder Angst ausgelöst werden. In aller Regel liegen hier keine höheren spirituellen Entwicklungsstufen oder sog. transzendente Erfahrungen vor. Es handelt sich vielmehr um völlig normale und seit langem auch im Westen bekannte physiologische Reaktionsmuster unserer Sinnesorgane und unseres Ner-

---

[88] In Grof & Grof (1990), S. 217

vensystems. Sie sind vergleichbar mit den Phänomenen unter sensorischer Deprivation (anhaltender Entzug von Sinnesreizen), wodurch zentralnervös spontan halluzinatorische Sinneswahrnehmungen entstehen können. In langen Übungssitzungen im Zustand der regungslosen Tiefenentspannung kommt es zu einer Reduzierung der gesamten propriozeptiven Rückmeldung an das Zentralnervensystem. Dadurch sind veränderte Körperwahrnehmungserlebnisse möglich bis hin zu dem Gefühl des Schwebens, des Neben-sich-Stehens usw..[89]
Wird von diesen Übungserfahrungen als angsterregend oder ablenkend berichtet, empfiehlt sich eine Reduzierung der Übungszeit, wie es auch im Rahmen des Kursunterrichtes für einige Teilnehmer ratsam sein mag, beim Aufkommen derartig beunruhigender Empfindungen während der Entspannungsübung die Augen zu öffnen oder durch zwischenzeitiges leichtes Bewegen der Muskeln die Körperwahrnehmung neu zu organisieren.

❍ In einigen Fällen kann es ebenfalls, besonders im Verlauf von langen und intensiven Entspannungs- oder Meditationsübungen, dazu kommen, daß tiefe, sonst zurückgehaltene und kontrollierte Gefühle wie Trauer, Angst, Einsamkeit usw. stark empfunden werden, möglicherweise einhergehend mit der Befürchtung, von diesen ‘überschwemmt’ zu werden. Viele Yoga-Lehrende berichten, daß es bei Kursteilnehmern schon während oder im Anschluß an derartige Übungen zu heftigem Aufsteigen von Traurigkeit und Weinen gekommen sei. Insgesamt kann dies der lösenden und zulassenden Wirkung des Yoga zugeschrieben werden, besonders wenn solche Erfahrungen durch eine akzeptierende Kursatmosphäre unterstützt werden. Der Yoga-Lehrer sollte sich dem betreffenden Teilnehmer zuwenden, um damit gleichzeitig den übrigen Übenden zu signalisieren, daß die Person in ihrem Erleben wahrgenommen wurde. Dabei erscheint es günstig, eine zu starke Betonung zu vermeiden, indem auch derartige Erfahrungen als mögliche unter vielen anderen normalisiert werden. Unter Umständen mag der Teilnehmer im Anschluß an den Kurs über die Hintergründe seines starken Erlebens sprechen, so daß der Lehrer spezielle Übungsempfehlungen geben kann.

---

[89] Zur propriozeptiven Wahrnehmung (körpereigenen Sinneswahrnehnung) tragen u.a. die ‘Meldungen’ der Muskelspindeln, Golgi-Sehnenorgane und der Gelenkrezeptoren bei.

Im Verlauf des yogischen Übungsweges wird sich der Einzelne mitunter persönlicher Schwierigkeiten bewußt, die er selbst nicht mehr bewältigen kann. Diese mögen aus der zurückliegenden persönlichen Lebensgeschichte oder auch aus gegenwärtigen Umständen herrühren. Nicht immer lösen sich derartige teilweise schwere Belastungen ‚von selbst' im Verlauf des spirituellen Übens. In dem Fall wiegt es noch schwerer, wenn der Übende meint, dies sei ein Hinweis, daß er nicht 'richtig' oder nicht genug geübt habe. Wir haben weiter oben wiederholt erwähnt (s. Kap 3 und 4), daß sich grundlegende Muster unseres Geistes allmählich transformieren, ohne daß sich die Übungen speziell darauf ausgerichtet hätten. Jahrelanges Üben kann jedoch auch bestimmte Bereiche der Persönlichkeit unberührt und damit unverändert lassen, obwohl auf dem spirituellen Weg Fortschritte gemacht werden. Eine psychologische Beratung oder Therapie ist hier oft sehr sinnvoll, ohne daß dadurch der Yoga-Weg in seiner Bedeutung geschmälert oder in Frage gestellt würde. Der Yoga wie auch andere spirituelle Wege sind nicht 'höher' als westliche Psychotherapie und machen diese nicht in jedem Fall überflüssig. Es ist sowohl möglich, nach jahrelanger mehr oder weniger unbefriedigender Psychotherapie enorme Entwicklungsschübe im Yoga zu erfahren, - wie auch andererseits nach längerem spirituellen Üben sich durch eine parallele psychologische Beratung von belastenden Problemen zu befreien. Ram Dass (1990) betont dies in erfrischender Weise: „In der gesamten Zeit bin ich nicht eine einzige meiner Neurosen losgeworden. Das einzige, was sich geändert hat: Während es zuvor jene riesigen Monster waren, die da ständig auf der Lauer lagen, um Besitz von mir zu ergreifen, kommen sie heute nur noch ziemlich trottelig daher... Es ist für mich jetzt so, daß ich in einen anderen Zusammenhang eingebettet bin, wodurch ich sehr viel weniger mit meinen eigenen Neurosen, mit meinen eigenen Begierden identifiziert bin" (S. 222).

❍ Wir wollen jedoch auch festhalten: Durch Übungen des Yoga, und hier besonders *prāṇāyāma* und Meditation, können veränderte Bewußtseinszustände im Sinne außergewöhnlicher Erfahrungen auftreten. Diese wirken in aller Regel auf den Übenden beglückend, befreiend und inspirierend, mit dem Übungsweg fortzufahren. Sie können mit aufwühlenden Erregungszuständen, beeindruckenden Körpersensationen, dem Wahrnehmen von Farben, Tönen oder tiefen Einheitserlebnissen einhergehen. Die *Verarbeitung* solcher Erfahrungen kann jedoch eine massive Fehlentwicklung auf dem spirituellen Weg darstellen.

Jack Kornfield (1995) drückt es prägnant wie folgt aus: „Die Erfahrung transzendenter Zustände kann unter Umständen eine zutiefst heilende und verwandelnde Wirkung haben, doch ihre Gefahren und die Möglichkeiten des Mißbrauchs sind ebenso groß. Vielleicht entwickeln wir das Gefühl, jemand ganz Besonderer zu sein, weil wir sie erlebt haben; wir können leicht von ihnen abhängig werden; und die dramatischen Erlebnisse, körperliche Sensationen, Erregung und Visionen können süchtig machen und unsere Gier und unser Leiden noch verstärken. Die größte Gefahr ist jedoch der Mythos, daß diese Erfahrungen uns von Grund auf verwandeln würden, daß von einem Augenblick der 'Erleuchtung' oder Transzendenz an unser Leben ganz und gar besser sei. Das trifft in den seltensten Fällen zu, und das Haften an solchen Erfahrungen führt allzu leicht zu Selbstzufriedenheit, Hybris und Selbsttäuschung (S. 154 f).“[90]

Kornfield weist eindrücklich darauf hin, „daß alle spirituellen Phänomene Nebenwirkungen sind“ (S. 165). Als solche zeigen sie keine wirkliche und anhaltende Transformation alter Muster unseres Denkens und Fühlens an. Sie stellen aber gleichsam Markierungen am Wegrand dar, die ich vielleicht nach Jahren des unspektakulären Übens unverhofft erreiche, bevor ich sodann weiterschreite. Denn sie zeigen mir nur eins, und das allein ist schon wunderbar: *Ich habe mich bewegt.*

10.4 Yoga und psychotische Erkrankungen

Wenn in der Vorgeschichte eines Yoga-Übenden paranoide, schizophrene oder manisch-depressive Erkrankungen schon aufgetreten sind, besteht die Gefahr, daß es durch tiefe Entspannungsübungen, Entspannungszustände und Meditationen zu einer psychotischen Dekompensation kommt, wodurch sich dann eine akute Symptomatik zeigt. Die für die genannten Störungen typische brüchige oder schwache Grenze zwischen Innen und Außen, Ich und Nicht-Ich, Bewußt und Unbewußt kann durch stark nach innen führende Übungen kollabieren, so daß es zu einer Inflation von sonst verdrängtem, unbewußten psychischen Material kommt, welches die zuvor vielleicht gerade noch angemessene Integrationsleistung überfordert.

Jack Engler (in Wilber et al., 1988; S. 49f) hat für die Meditation einige psychische Leistungen formuliert, zu denen ein Übender grundsätzlich

---

[90] Vor den Gefahren der im Yoga entwickelten besonderen 'Kräfte' (*siddhis*) warnt schon PYS III; 38 als Ablenkung vom eigentlichen Ziel.

(d.h. nicht immer und durchgehend) in der Lage sein sollte:

❍ *Innere Achtsamkeit* (Engler: „Technische Neutralität“) als Beobachtung ohne Reaktion, d. h. ohne Identifikation, ohne ‘Sich-darin-Verlieren’. Jede Reaktion wird potentiell selbst zum Gegenstand der Achtsamkeit.
❍ *Nicht bewerten* (Engler: “Zensurfreiheit“): Sämtliche Gedanken, Gefühle und Bilder dürfen ohne Bewertung ins Bewußtsein treten.
❍ *Abstinenz*: Wünsche, Begierden, Handlungsimpulse werden nur beobachtet, jedoch nicht befriedigt. Hier wird die notwendige Fähigkeit zum Trieb- und Befriedigungsaufschub deutlich.
❍ *Therapeutische Spaltung*: Ich bin Zeuge meiner eigenen Erfahrung. Ich beobachte die Bewegungen in meinem Geist, mit denen ich mich üblicherweise identifiziere. Ich beobachte, wie ich die Bewegungen in meinem Geist beobachte usw.

Bei einer grundlegenden Integrationsschwäche mit psychotischer Krankheitsgeschichte kann der innere Beobachter leicht, zum Beispiel im Zuge einer paranoiden Tendenz, mit einer äußeren Beeinflussung verwechselt werden oder innere Sinneserfahrungen wie Licht und Töne mit von außen kommenden Eindrücken. Die Haltung der inneren Achtsamkeit und der Nichtbewertung kann bei einer Inflation mit unbewußten, nicht integrationsfähigen psychischen Inhalten nicht mehr beibehalten werden. Die zuvor schon instabilen Ich-Grenzen werden zu stark belastet, die schwache Ich-Struktur zersplittert und die akute Symptomatik tritt auf (nicht selten auf spirituelle Inhalte und Bilder zurückgreifend). Die *selbstgesteuerte* sogenannte therapeutische Spaltung nach Engler mündet dann in eine außerhalb der Kontrolle stehende Persönlichkeitsspaltung.
Es gibt zwar einige wenige Erfahrungsberichte, daß auch an Patienten, deren Krankheitsbilder in den psychiatrischen Bereich hineinreichten, auf vorsichtige Weise Meditationsübungen herangetragen wurden. Für alle Übenden und Lehrenden ohne berufliche Qualifikation im therapeutischen Bereich gilt jedoch, daß psychotische Krankheitsbilder, die in der Vorgeschichte einer Person aufgetreten sind, eine absolute Kontraindikation für die Unterrichtung in Meditation und Tiefenentspannungsübungen darstellen. Dieses ist selbstverständlich um so mehr der Fall bei einer akuten Symptomatik. In beiden Fällen kann der Yoga-Lehrende nur mit ausdrücklicher Genehmigung des behandelnden Facharztes die Unterrichtung fortführen, wobei weiterhin das oben darge-

stellte Gefährdungspotential durch entsprechende Auswahl der Übungen berücksichtigt werden sollte.[91] Insbesondere sind Übungen zu empfehlen, die das Wahrnehmen und Erleben des eigenen Körperschemas stärken und zu einer achtsamen Zentrierung auch nach außen (Stärkung des Realitätskontaktes) führen. Auch gilt hier der so oft zitierte Satz von Engler: „Sie müssen zuerst jemand sein, ehe Sie niemand werden können“ (1988, S. 38). Es bedarf zunächst eines Ich, einer relativ starken Identität und der Überzeugung, ‘das bin ich’, bevor eine Person in der Lage sein kann, diese Grundüberzeugungen von sich selbst erneut in Frage zu stellen und an dem Lösen dieser Identifikationen zu arbeiten.
Zurückkommend auf die vier o. g. Grundanforderungen im Rahmen eines spirituellen Übungsweges: Wenn das persönliche Ich schon nicht in der Lage ist, Bewußtseinsinhalte zumindest zeitweilig nicht bewertend und abstinent wahrzunehmen, sich also aus der Identifikation mit ihnen zu lösen, erscheint es grundsätzlich nicht sinnvoll und sogar gefährlich, daran arbeiten zu wollen, die (‘falsche’) Identifikation zwischen wahrnehmendem höheren Selbst und dem persönlichen Selbst zu lösen. Deshalb besteht der erste Schritt des Yoga-Übungsweges darin (siehe Kap. 4) sich dem eigenen Ich anzunähern, es kennenzulernen, es anzunehmen auch in den Schattenseiten als ‘das bin ich auch’, um sodann (vielleicht) darüber hinausschreiten zu können.
Die hier beschriebenen psychotischen Dekompensationen, die durch Yoga-Übungen angestoßen werden, sind sehr selten. Der Yoga-Lehrende wird seiner Verantwortung gerecht, indem er mit jedem neuen Teilnehmer ein kurzes Vorgespräch führt. Weiterhin sollten die Teilnehmer aufmerksam dabei beobachtet werden, wie sie mit den Übungen umgehen und auf diese reagieren. Bei außergewöhnlichen Beobachtungen kann sodann erneut das Gespräch gesucht werden. Wenn ein Teilnehmer schon beim kurzen Schließen der Augen von inneren Bildern, Eindrükken, Tönen oder Stimmen bedrängt bzw. geängstigt wird, oder schon bei kurzen Entspannungen eine starke Unruhe und der Zwang, die Augen zu öffnen, entsteht, oder auch im Gespräch die Kommunikationsfähigkeit beeinträchtigt erscheint, *können* dies Hinweise auf eine ernsthaftere psychische Problematik sein. Der Yoga-Lehrende ohne fachspezifische Ausbildung wird in solchen Fällen dem Teilnehmer stets dazu raten, ärztliche bzw. psychotherapeutische Beratung in Anspruch zu nehmen.

---

[91] Ein großer Teil des hier Dargestellten läßt sich auch auf sog. Borderline-Persönlichkeits-Störungen übertragen.

10.5 Spirituelle Krisen

Der Begriff der spirituellen Krise ist in den letzten Jahren zunehmend diskutiert worden. Es werden darunter außergewöhnliche Körperempfindungen, Visionen, magische Erlebnisse, tiefe Gefühle verstanden, insgesamt also unbekannte und veränderte Bewußtseinsinhalte oder Zustände im Rahmen eines spirituellen Entwicklungsschrittes, die von dem Betroffenen allein nicht mehr angemessen eingeordnet oder bewältigt werden können.[92]

„Es beginnt eine durch die subjektive Erfahrung der Auflösung gekennzeichnete Periode, in der bisher solide Aspekte der Persönlichkeit aufzubrechen beginnen und dem Meditierenden keinen festen Boden mehr lassen, auf dem er stehen kann. Das ist traditionell die Zeit spiritueller Krise, charakterisiert durch das 'große Entsetzen'..." (Epstein & Lieff, 1988; S. 75 f)

Bei der spirituellen Krise handelt es sich nicht um vereinzelte Meditationserlebnisse oder sog. Gipfelerfahrungen, und es ist ebenfalls keine *Reaktion* auf außergewöhnliche Lebensumstände oder Schicksalsereignisse, sondern ein Ausdruck einer tiefgreifenden Transformation, d. h. Neuorganisation der Persönlichkeit im Verlauf eines in aller Regel länger währenden Übungsweges.[93] Es können dabei starke Verwirrungszustände, Depersonalisationserfahrungen (Auflösung des eigenen Identitätsgefühls) und halluzinatorische Sinneserlebnisse auftreten, so daß von der Symptomatik her scheinbare Ähnlichkeiten mit psychotischen Zuständen bestehen. Deshalb erscheint der Begriff 'spirituelle Krise' so notwendig, um eine Abgrenzung von krankheitsbedingten Zuständen zu ermöglichen, denn eine spirituelle Krise kann nur angemessen vor dem Hintergrund eines spirituellen begrifflichen Rahmens erkannt, verstanden und begleitet werden.[94] Dem gegenüber gibt es jedoch auch psycho-

---

[92] Das Thema kann hier nur kurz angesprochen werden. Verwiesen wird auf Grof u. Grof (1991): Die stürmische Suche nach dem Selbst; dies. (Hrsg., 1990): Spirituelle Krisen; Unger, Carsten (1992): Spirituelle Krisen und ihre Bewältigung; insbesondere aber Belschner & Galuska (1999).

[93] Zur Illusion einer spirituellen Krise, „um vor sich und anderen gleichsam Zeugnis abzulegen, daß man auf dem Weg ist ..." und zur spirituellen 'Verbrämung' allgemeiner menschlicher Schwierigkeiten und Probleme siehe den anregenden Artikel von Schmidt (1996).

[94] Deshalb ist es begrüßenswert, daß die Diagnose 'Spirituelle Störung' 1994 Eingang gefunden hat in die überarbeitete Fassung des DSM IV (Diagnostisches und Statistisches Manual Psychischer Störungen, 4. Revision).

pathologische Prozesse, die vor dem Hintergrund von westlicher Psychologie und Psychiatrie zu verstehen sind. Deshalb sind zwei Fehlerquellen möglich:

❍ In der westlichen psychologischen oder psychiatrischen Fachwelt werden aufgrund des eingeschränkten Krankheitsmodells spirituelle Krisen häufig pathologisiert und dadurch falsch behandelt. Es herrscht weitgehend 'spirituelle Blindheit'.
❍ Unter Vertretern der spirituellen Entwicklungswege, wozu Yoga-Übende und Yoga-Lehrende gehören, werden psychiatrische Krankheitsverläufe und neurotische Persönlichkeitsstrukturen häufig spiritualisiert. Ein nicht angemessenes, manchmal sogar schädliches Eingehen auf die Störung ist die Folge. Es herrscht weitgehende 'klinische Blindheit'.

Ken Wilber hat in seinem Modell der verschiedenen Stufen der Bewußtseinsentwicklung den Versuch unternommen, jeder der Entwicklungsphasen bis hin zu den transzendenten Bewußtseinszuständen bestimmte Krisen, Störungsformen und spezifische Behandlungsmöglichkeiten zuzuordnen.[95] In sechs von zehn Entwicklungsphasen des Bewußtseins werden dabei Krisen beschrieben, die einem Prozeß der *Persönlichkeits*entwicklung zuzuordnen sind. Mögliche Leitfragen sind in diesem Bereich 'Muß ein individuelles Selbst insgesamt noch entwickelt werden?' oder aber 'Muß ein bestimmter Aspekt des individuellen Selbst stabilisiert oder integriert werden?'. Dieser Bereich ist angemessen von der westlichen Entwicklungspsychologie und Psychopathologie beschrieben worden, Behandlungsansätze sind aus diesem Kontext ableitbar und entsprechen weitgehend den westlichen Psychotherapien.
Demgegenüber führt die Leitfrage 'Drängen Anteile der Persönlichkeit nach Überschreitung der individuellen Grenzen in Richtung auf den transpersonalen Bereich?' zu dem eigentlichen Begriff der spirituellen Krise. Dabei hilft das von Wilber vorgestellte Modell von der letztlich bewertenden Entscheidung 'Psychopathologie versus spirituelle Entwicklung' wegzukommen, indem es überleitet zu der grundsätzlichen Frage: Welcher sich gerade vollziehende, sich ankündigende oder noch blockierte Entwicklungsschritt drückt sich in einer manifesten Krise als

---

[95] Bezuggenommen wird hier auf Wilber et al., 1988, mit den Beiträgen von Wilber „Das Spektrum der Entwicklung", „Das Spektrum der Psychopathologie" sowie „Behandlungsmodalitäten: Therapie oder meditative Praxis?"

Wachstumskrise aus?[96] Nicht eine bestimmte Person ist gesund oder krank, sondern ein bestehender krisenhafter Prozeß drückt ein bestimmtes Entwicklungsbedürfnis aus. In den ersten Wilberschen Bewußtseinsstufen werden weit überwiegend westliche Psychotherapien Anwendung finden, weil es sich um Krisen handelt, die den Aufbau und die Stabilisierung der Persönlichkeit und des individuellen Selbst begleiten. Genauso wie es unpassend erscheint, derartige Entwicklungen mit dem Begriff 'spirituelle Krise' zu bezeichnen (und damit zu spiritualisieren), ist es ebenso unpassend, Entwicklungskrisen im transpersonalen Teil der Bewußtseinsphasen zu pathologisieren und mit Störungen der ersten Phasen gleichzusetzen. Im ersten Fall liegt die Gefahr in einer nicht erkannten psychischen Erkrankung und der Konfrontation des Betroffenen mit spirituellen Übungen, die den Krankheitsprozeß erst recht provozieren können. Im zweiten Fall hingegen kann durch die Pathologisierung ein beginnender konstruktiver spiritueller Entwicklungsschritt z.B. durch medikamentöse Behandlung oder unangemessene psychotherapeutische Intervention gedämpft und damit unvollendet bleiben.

Der Yoga-Lehrende außerhalb eines therapeutischen Berufes sieht sich häufig folgenden Schwierigkeiten gegenüber:

❍ Wenig eigene psychologische Kompetenz und Wissen über psychische Erkrankungen;

❍ Meist wenig oder keine eigenen Erfahrungen mit sog. höheren oder transzendenten Bewußtseinszuständen;

❍ Die Delegation an einen Psychologen/Psychiater ohne spirituellen Hintergrund wird eine Krise in der Regel pathologisieren.

Die *sehr selten* auftretenden krisenhaften Entwicklungen bei einzelnen Yoga-Übenden überfordern üblicherweise die Kompetenzen eines Yoga-Lehrenden, darauf adäquat einzugehen. Dennoch erscheint es wesentlich, daß jeder Unterrichtende um die Möglichkeit derartiger krisenhafter Zustände weiß, um sodann betroffenen Teilnehmern Empfehlungen geben zu können, durch wen eine weitere Abklärung und ggf. Begleitung erfolgen kann. Über die Kontaktstelle des SEN (Spiritual Emergence Network) können die Adressen von entsprechend ausgebildeten Therapeuten oder dafür vorbereiteten Kliniken erfahren werden (Adresse siehe Anhang).

---

[96] So Pater Williges Jäger 1995 in einem Vortrag auf dem Kongreß des Berufsverbandes Deutscher Yogalehrer

10.6 Zusammenfassung

❍ Auch im Yoga können neben den weit überwiegend positiven Wirkungen Fehlentwicklungen auftreten. Sie werden durch Variablen in der Persönlichkeit des Schülers wie auch durch Verhaltensweisen des Yoga-Lehrenden begünstigt.

❍ Zu den prognostisch ungünstigen Faktoren auf Seiten des Yogaschülers zählen eine rigide Charakterstruktur, eine Neigung zu Abhängigkeit und Außenorientierung, eine ausweichende Tendenz gegenüber Anforderungen und Lebensentscheidungen, eine akute oder zurückliegende psychotische oder Borderline-Erkrankung.

❍ Von Lehrerseite können Fehlentwicklungen begünstigt werden durch eine dogmatisch oder ideologisch gefärbte Vermittlung des Yoga, die Betonung leistungsbezogener Aspekte im Sinne von richtig vs. falsch, das rollenhafte Darstellen seiner selbst scheinbar entsprechend des Yoga, mangelnde Ermutigung zur eigenständigen Überprüfung und zum Infragestellen des Yoga, das spirituelle Überhöhen von Übungserfahrungen bei sich und anderen bis hin zu dem Spiritualisieren von psychischen Problemen.

❍ Yoga ist ein Instrument der Selbstveränderung auf allen Ebenen des menschlichen Seins. Die *Art der Anwendung* dieses Instruments entscheidet über Nutzen oder Schaden. Möglicher Schaden kann nicht in der Verantwortung des Instruments, also hier dem Yoga, liegen, wohl aber bei dem Nutzer und demjenigen, der andere in der Nutzung unterweist.

❍ Dennoch läßt sich nicht jede Fehlentwicklung vermeiden. Dies als Lehrer vollkommen zu versuchen, würde heißen, den Übenden zu stark in seiner Eigenverantwortung zu beschneiden, den Anspruch des Übenden auf Entwicklung seiner Selbststeuerungsfähigkeit zu umgehen und damit den grundlegenden Freiheits- und Befreiungsaspekt des Yoga zu ignorieren. Auch gilt die Erfahrung praktisch jedes Übenden, daß viele Selbstveränderungen erst möglich werden, wenn durch Übungen ‘schwierige Zustände’ sowohl auf körperlicher wie auch auf geistiger Ebene provoziert und in einem Wachstumsschritt bewältigt werden.

10.7 Kritische Fragen

Kann ich meine persönliche Identität durch Yoga verlieren?

Viele Yoga-Übende haben gehört oder gelesen, daß das Ziel des Yoga darin besteht, das persönliche Ich aufzulösen oder gar 'die Identität zu zerschmettern'. Daraus leitet sich die Angst ab, sich selbst zu verlieren und in unserer Gesellschaft nicht mehr lebensfähig zu sein. Dies ist auch ein häufig genannter Vorbehalt von Kritikern am Yoga.

Der Yoga, so wie wir ihn verstehen, vertritt eine realistische Grundhaltung. Es gibt eine äußere Welt, und jeder Mensch muß in dieser Welt der Polaritäten und materiellen Gegebenheiten leben. Dies bedeutet, daß jeder Mensch sich abgrenzen muß, um Schutz (z.B. vor Kälte durch Kleidung) und die notwendige Selbsterhaltung (z.B. durch Essen und Trinken) zu erreichen. Dafür ist eine klare Identität und eine angemessene Durchsetzungsfähigkeit erforderlich. Deshalb betont der im Westen gelehrte Yoga, daß es zunächst um das Wachstum und die Stabilisierung der eigenen Persönlichkeit geht. Dabei wird gerade der Kontakt zu sich selbst, zu den eigenen Gefühlen und Gedanken gefördert, die eigenen Bedürfnisse kennengelernt und dadurch die Möglichkeit erlangt, besser entscheiden zu können, welche Verhaltensweisen der eigenen Entwicklung förderlich sind oder dieser entgegenstehen. Die in Kap. 8 aufgezeigten psychologischen Untersuchungsergebnisse über den Yoga stützen eindeutig dessen Auswirkungen in Richtung auf eine integrierte und stabile Persönlichkeit. Gleichzeitig gibt es aber viele Identifikationen, d. h. Grundüberzeugungen über uns und die Welt, die uns in unserer Entfaltung beengen und begrenzen. Hierzu gehören etwa rigide Abgrenzungen gegenüber anderen Menschen oder das Dominiertwerden durch eigene Bedürfnisse, wie auch überkritische oder ablehnende Einstellungen uns selbst (und damit auch anderen) gegenüber, die uns in unserer Lebendigkeit und Ausdrucksmöglichkeit begrenzen. Der Yoga zielt darauf ab, derartige einschränkende Identifikationen bewußt zu machen und in ein *erweitertes Identitätskonzept* zu integrieren, indem neben der Sorge für sich selbst auch die Fähigkeit zur Sorge für andere steht; neben einer selbstkritischen Haltung die Selbstakzeptanz; neben der Abgrenzung auch die Öffnung. Ein solches verändertes Persönlichkeitskonzept *erweitert* die Wahrnehmungs- und Handlungsmöglichkeiten eines Menschen. Der Yoga-Übende versucht durch Stärkung des Unterscheidungsvermögens *buddhi* seine Persönlichkeit gleichsam als ein Instrument zu entwickeln, um die Aufgaben in der Welt erfüllen zu können, ohne sich jedoch durch diese persönliche Identität determiniert oder programmiert zu fühlen. Es geht also letztlich um das Lösen von 'zwangsweisen' Identifikationen und um die Erweiterung der individuellen Möglichkeiten des Denkens, Fühlens und Handelns im Sinne einer Befreiung. Wir brauchen und 'benutzen' ein Ich, aber es bestimmt mich nicht vollständig. Ich bin mehr als mein Ich.[97]

Verleitet die Philosophie des karma nicht letztlich zu einer passiven und fatalistischen Lebenshaltung?

In der Tat wird dieses Vorurteil immer wieder als Kritik gegenüber dem Yoga genannt. Es speist sich jedoch aus einem zu engem Verständnis der indischen Philosophie und gründet zudem auf sehr westlichen Vorstellungen von 'Vorsehung', 'Erbsünde' und einer 'Aufrechnung' der Taten zum Zeitpunkt des Jüngsten Gerichts.

Das nach der östlichen Philosophie universelle Gesetz des *karma* beschreibt den Zusammenhang von Ursache und Wirkung in Bezug auf das menschliche Handeln. Jedes äußere und innere Handeln (Gedanken, Gefühle, d.h. Bewegungen des Geistes, *vṛttis*) hinterläßt einen Eindruck im feinstofflichen Geist, der wiederum Tendenzen legt für späteres Handeln. Jeder Mensch muß sich daher auf irgendeine Weise in diesem (und in späteren) Leben mit den Konsequenzen seines früheren Handelns auseinandersetzen.

In *jedem* Moment hat der Mensch jedoch potentiell (je nach Schulung seines Geistes) freie Entscheidung darüber, welche Handlung ausgeführt wird. Dadurch entsteht die *Wahl* über die Art der zukünftigen Konsequenzen, des *karma*, mit dem sich jeder Einzelne in Zukunft auseinandersetzen muß.

So lange, wie die Wurzel des Handelns (d.h. die *kleśas*, d. Verf.) existiert, wird sie die Art der Geburt, die Lebensspanne und die Art der Lebenserfahrung bestimmen. (PYS II;13)
Gemäß unserer guten und schlechten Taten erfahren wir unser Leben als erfreulich oder schmerzhaft. (PYS II; 14)
Künftige Leiden können und sollen verhindert werden. (PYS II; 16) (alle nach Iyengar, 1995).

---

[97] Ram Dass (1985) beschreibt die persönliche Identität mit dem Bild eines Zimmers, aus dem man ein Gefängnis oder eine 'Operationsbasis' machen könne, um weitere Zimmer zu erkunden.Wir können aber immer wieder in unsere Hauptwohnung zurückkehren, „wenn wir etwas zu erledigen haben." (S. 158 in Walsh & Vaughan, 1985).

In jedem Moment der Gegenwart wird damit der Einzelne zu einem Gestalter seiner Zukunft, zu einem Architekten seines Schicksals. Damit wird gerade die Fremdbestimmung negiert und die Außenzuschreibung von Verantwortung für das eigene Leben (an andere, an widrige Umstände usw.) erschwert. Festgelegt ist zwar entsprechend des Gesetzes des *karma*, daß ich mich mit den Auswirkungen früheren Handelns auseinandersetzen *muß*. Das *Wie* dieser Auseinandersetzung liegt andererseits als Entscheidung in der Gegenwart erneut in meiner freien Wahl.[98] Die karmische Sichtweise stellt daher keine Unterstützung einer passiven, schicksalsgläubigen Lebenshaltung dar, sondern legt im Gegenteil dem Einzelnen neben seiner individuellen Freiheit viel Verantwortung auf. Es gibt zwar einerseits keine göttlichen Strafen für die 'Sünden' der Vergangenheit, andererseits aber auch kein Beichten und keine Absolution im Sinne eines einfachen Abgebens oder 'Löschens' der Verantwortung für die Konsequenzen früheren Handelns. Jeder muß sich selbst mit sich und seinem vergangenen wie auch zukünftigen Leben auseinandersetzen. Das Modell des *karma* konfrontiert den Einzelnen mit der Polarität von Freiheit und Verantwortung. Insofern ist der Yoga ein Weg des radikalen und immer wieder neuen Infragestellens von sich selbst und des Bildens von inneren Maßstäben.

Und noch einmal die Frage: Fördert der Yoga nicht letztlich eine Verdrängung und Unterdrückung von Gefühlen?

Diese Ansicht wird immer wieder besonders in Hinblick auf die Meditation geäußert, jedoch auch insgesamt gegenüber dem Yoga. Wir haben schon auf ähnliche Vorbehalte von C.G. Jung und auf mögliche Fehlentwicklungen auf dem Yoga-Übungsweg hingewiesen, die durchaus eintreten können. Für alle Yoga-Unterrichtenden wie auch für die Übenden ist es daher von großer Wichtigkeit, dieses Thema zu durchdenken

---

[98] Diesen Satz schreibend denken wir daran, daß viele hundert Millionen Menschen unter äußeren Bedingungen leben, die ihnen nur wenige Freiheitsgrade bei ihren jeweiligen Verhaltensentscheidungen lassen. Wir denken aber auch daran, daß besonders in den Ländern der westlichen Welt ein großer Teil der Menschen unter relativ guten Bedingungen der existentiellen und materiellen Sicherheit leben, subjektiv sich aber unzufrieden, ohne Wahl und fremdbestimmt erleben. Gleichermaßen halten wir fest: Jedes Handeln, und damit auch unser Denken, Fühlen und Wollen, findet statt vor dem Hintergrund einer bestimmten Kultur und ihrer historisch gewachsenen Bedingungen, und findet darin seinen Rahmen wie auch seine Beschränkungen.

und sodann in der Übungspraxis umzusetzen. Wir wollen hierzu die Frage nochmals neu formulieren: Wodurch unterscheidet sich die yogische Technik der Nicht-Identifikation (oder des Lösens von Identifikationen) von Verdrängung und Unterdrückung?[99]

Der Yoga richtet sich nicht gegen Gefühle oder gegen andere Erfahrungen jedweder Form. Er schlägt jedoch vor, Erfahrungen in einer bestimmten Weise, mit einer spezifischen inneren Haltung zu machen. Sich von Bewegungen des Geistes überwältigen zu lassen, sich gänzlich in ihnen zu verlieren, würde heißen, sich mit ihnen zu identifizieren in der momentanen Illusion: Ich bin nichts anderes; Ich bin völlig durch sie bestimmt. Demgegenüber bedeutet die Sicht des Yoga, durchaus sämtliche Erfahrungen zu machen, jedoch in dem Bewußtsein, daß ich (hier: mein Geist) diese Erfahrungen tatsächlich *mache*, d.h. erschaffe in einem steten Fluß des Kommens und Gehens von *vṛttis*, die u.a. in den *kleśas* verwurzelt sind. Ich bin durchaus *in* der Erfahrung, durchlebe und durchleide sie, - und vermag sie gleichzeitig von einem anderen inneren Standpunkt zu beobachten. *Dabei stehe ich weder neben mir und verliere die Erfahrung, wie ich mich andererseits auch nicht in der Erfahrung verliere.* Mit der gleichen inneren Achtsamkeit bin ich sensibel dafür, wenn ich bestimmten Gefühlen oder Erfahrungen versuche auszuweichen, wenn Ängste oder heftige Bewertungen sich melden. Gerade das mag ein Hinweis sein, diesen Anteilen in mir nachzugehen, und ihnen gerade nicht auszuweichen, sie nicht zu verdrängen. Auch hier geht es also nicht darum, den Bereich des Bewußtseins durch Ausklammern oder Abspalten einzuschränken, sondern in einer Entdeckungsreise möglichst viele Anteile von mir selbst kennenzulernen, um sie in einen umfassenderen Kontext einordnen zu können. In einem solchen vorbereitenden Sinne können wir auch schon von Bewußtseinserweiterung sprechen, indem ich durch das Studium meiner Erfahrungen erkenne: ‘dies sind ja auch Teile von mir’; ‘dies ist wohl ein übliches Reaktionsmuster von mir’ usw. Der Yoga-Übende schätzt daher *jede* Erfahrung ohne vorherige ‘Sortierung’ (idealerweise ohne Bewertung) als Möglichkeit, über sich zu lernen und den inneren Horizont zu erweitern. Jede Form von Unterdrückung und Verdrängung hingegen würde sowohl das persönliche wie auch das spirituelle Wachstum beeinträchtigen.

---

99 Ausführlicher in dem Buch von Rama (1991): Creative use of emotions

11

Zum gesellschaftlichen Stellenwert des Yoga

Hielte ich mich für das, was aus mir diese Welt macht, dann kann ich wirklich nichts tun. Die Vernichtung der Erdkugel werde ich dann natürlich nicht stoppen können. Dächte ich aber daran, was ursprünglich jeder von uns ist bzw. werden könnte - unabhängig von der Weltlage - nämlich ein autonomes menschliches Wesen, verantwortungsfähig der Welt und für die Welt, dann kann ich selbstverständlich viel tun.

Vaclav Hável

Wir wollen uns in einer zusammenfassenden und abschließenden Betrachtung mit der möglichen Bedeutung des Yoga vor dem Hintergrund gesellschaftlicher Fragen beschäftigen. Die gesundheitspräventiven Wirkungen besonders im psychosomatischen Spektrum der Erkrankungen oder Symptome sind recht gut nachgewiesen worden. Hier bietet die Schulmedizin (besonders in Zeiten einer radikalen Kürzungspolitik) nur sehr eingeschränkt eine sinnvolle Behandlung an (Schlaflosigkeit wird mit Schlaftabletten, emotionale Labilität und chronische Streßzustände werden mit Psychopharmaka behandelt). Die psychosomatischen Beschwerden entziehen sich zudem häufig einer psychotherapeutischen Behandlung. Zum einen, weil die Hemmschwelle hierfür bei einem Großteil der Bevölkerung noch hoch liegt, zum anderen, weil inzwischen diese Krankheitsbilder so weit verbreitet sind, daß sie als normal angesehen werden. Da es sich dabei um subjektive Leiden handelt, die zum großen Teil aus den (krankmachenden) Strukturen unseres gesellschaftlichen Lebens resultieren, werden sie quasi als natürlicher Teil dieser Gesellschaft verstanden. Die bisherige Forschung zeigt, daß der Yoga in dem weiten Spektrum zwischen Schulmedizin und Psychotherapie dem Einzelnen ganz wesentliche Angebote für eine psychosomatische Stabilisierung machen kann

Über den gesundheitspräventiven Aspekt hinaus wollen wir nochmals aus dezidiert psychologischer Sicht die Bedeutsamkeit des Yoga heute reflektieren. Der Yoga ist keine Psychotherapie und kann eine solche auch nicht ersetzen. Gleichwohl wirkt der Yoga - und das haben wir mit diesem Buch versucht aufzuzeigen - konstruktiv verändernd in Richtung auf persönliches Wachstum, Selbstbestimmung und Unabhängigkeit. Hat dies eine gesellschaftliche Dimension? Wir wenden uns zunächst einigen grundlegenden gesellschaftlichen Entwicklungen zu, wie sie sich aus unserer Sicht darstellen:

❍ Es mangelt in der modernen westlichen Gesellschaft an einer Schulung im Umgang mit der eigenen inneren Welt. Durch familiäre und schulische Pädagogik werden das Wissen und die Kontrolle über die äußere Welt im Übermaß vermittelt und dadurch eine starke Hinwendung der sensorischen und kognitiven Fähigkeiten nach außen erreicht. Seitdem der Einfluß der Kirche auf die Pädagogik geschwächt ist, gibt es kaum noch Erziehung im Umgang mit den eigenen Gedanken, Gefühlen, Motivationen - kurzum: Es wird wenig Schulung in Psychohygiene vermittelt.

❍ Ebensowenig gibt es heute eine gesellschaftlich akzeptierte Praxis des Innehaltens, der Einkehr, der Hinwendung nach innen. Im Gegenteil sind die menschlich gemäßen Lebensrhythmen in unserer Kultur in einem Ausmaß verloren gegangen, daß es fast verdächtig oder peinlich erscheinen kann, sich der beständigen Geschäftigkeit zu entziehen, nichts äußerlich Erkennbares zu tun und einfach nur *mit sich* und *in sich* zu sein. Auch die früher noch gelebte Kultur des Gebets als allgemein praktizierte und akzeptierte Form der Hinwendung nach innen ist überwiegend zu einer belächelten Subkultur oder fassadenhaften Äußerlichkeit verkümmert.

❍ Nur selten noch gibt es Unterweisung in Hinblick auf eine spirituelle Praxis. Der Einzelne findet keine Hinweise, wie er seinem Wunsch oder gar seiner Sehnsucht nach einer religiös-spirituellen Erfahrung Ausdruck verleihen kann durch ein entsprechendes konkretes Tun (s.a. das Zitat von C.G. Jung im Kap. 10.2: “Er (der protestantische Mensch) sollte ja das tun, was die Kirche als Mittlerin stets getan hatte, und nun weiß er nicht *wie*“). Ein großer Teil der kirchlichen Vertreter scheinen weitgehend außerstande, diesem weit verbreiteten Bedürfnis Rechnung zu tragen. Vielen genügt es nicht mehr, stets nur von der Möglichkeit tiefer religiöser Erfahrungen zu hören und tatenlos auf diese zu warten. Sie wollen selbst tätig werden, selbst aufbrechen nach innen, um die Überlieferungen mit eigener Erfahrung zu prüfen, um zu einer das Ich überschreitenden Perspektive zu gelangen. Nicht selten fehlt es den kirchlichen Repräsentanten selbst an religiöser Praxis und spiritueller Erfahrung. Dadurch kann die Kirche ihrem ursprünglichen religiösen Auftrag immer weniger nachkommen und beschränkt sich häufig auf sicherlich wertvolle Sozialarbeit.

Was kann der Yoga im Hinblick auf diese aufgezeigten gesellschaftlichen Entwicklungen anbieten? [100]

❍ Der Yoga-Übende vertieft den Kontakt zu seiner inneren Welt, zu seinen Sinnesempfindungen, Gedanken, Gefühlen. Dadurch kommt es zu einer verstärkten Wahrnehmung seiner selbst, des Gewahrwerdens der persönlichen Lebenspraxis und deren Auswirkungen auf die Befindlichkeit. Die Frage 'was tut mir gut, was weniger?' wird über die momentane Bedürfnisbefriedigung hinaus in erweiterter Form immer wieder auch als Lebensfrage, als *Sinnfrage* begriffen: Was strebe ich in meinem Leben an und welches eigene Handeln führt mich in diese Richtung, welches entfernt mich davon? Durch die eigene Erfahrung (und nicht bloß von außen übernommene Konzepte) wird eine stärkere Innensteuerung erleichtert als Gegengewicht zu den überbordenden äußeren Einflüssen. Der fast radikal anmutende Imperativ der Yoga-Philosophie *'Fange bei dir selbst an!'* fördert die Unabhängigkeit von dem Sog der Außensteuerung und betont die Freiheitsgrade, aber auch die damit einhergehende Verantwortung des Einzelnen.

❍ Beispiel Medienerziehung: Der Einfluß von Medien, d.h. die zunehmende Virtualisierung von äußerer Welt und menschlichen Beziehungen durch Fernsehen, Video und Datennetzwerke, besonders auf Kinder und Jugendliche hat in den letzten Jahrzehnten in eklatanter Weise zugenommen. Der täglich mehrstündige und oft völlig ungeregelte Medienkonsum ist neben Schule und Familienmilieu zu einem wesentlichen Sozialisationsfaktor geworden. Der Yoga kann hier einen Teil der Medienerziehung unterstützen, indem er auch für Erwachsene gleichsam eine *Sinnespflege* vermittelt. Durch Schulung der inneren

---

[100] Folgende Überlegungen gelten selbstverständlich auch für andere östliche und westliche geistige Schulungswege, wie z.B. die von Rudolf Steiner begründete Anthroposophie. Ihr gesellschaftlicher Stellenwert zeigt sich nicht nur in dem wachsenden Andrang an den sog. 'Waldorf-Schulen', sondern in vielen anderen Ansätzen und Initiativen, z.B. in den Bereichen Pädagogik, Ökonomie, Gesundheitswesen und Landwirtschaft.

Achtsamkeit wird die sensible Wahrnehmung dafür erleichtert, welche Eindrücke durch die Sinne aufgenommen und welche 'Spuren' (und oftmals Verwirrungen oder Verletzungen) sie im Geist hinterlassen. Wie sich eine natürliche Abneigung gegenüber Speisen entwickelt, die sich aufgrund eigener Erfahrungen als schwer verdaulich oder gar schädlich erwiesen haben, entsteht aufgrund von innerer Achtsamkeit und Sinnesschulung eine erhöhte Sensibilität für die 'Unverdaulichkeit' so mancher Medienangebote. Dadurch wird die Fähigkeit zu einem selektiven und selbstgeleiteten Medienkonsum gestärkt.

❍ Beispiel Konsumhygiene: Die Erzeugung von immer neuen Konsumbedürfnissen ist zu einem wesentlichen Eckpfeiler unseres Gesellschafts- und Wirtschaftssystems geworden (Stichwort Konsumterror)[101]. Die Programme von Radio und Fernsehen sind in mancher Hinsicht nachgerade zu reinen Rahmenhandlungen für Werbeblöcke verkommen. Sie versuchen auf primitive Weise, den Medienkonsumenten durch geschicktes 'Anfüttern' vom Abschalten oder Programmwechsel abzuhalten, um ihn über den Konsum von Werbung zum Konsum von Waren zu führen. Im Kaufhaus werden im Erdgeschoß durch die Warenpräsentation Bedürfnisse und Träume für Gegenstände erzeugt, für die man weder das nötige Geld besitzt noch die man zuvor jemals wirklich vermißt hat. Im ersten Stock kann man mit günstigem Zins den nötigen Kleinkredit beantragen und die Ware sofort mitnehmen. Erst nach drei Monaten wird die erste Rate fällig - und diese uralte Manipulationstechnik der zeitlichen Verzögerung negativer Handlungskonsequenzen funktioniert reibungslos, weil inzwischen der Konsument auf seine erworbene Ware gar nicht mehr verzichten kann: Ihr Besitz hat eine Veränderung der Lebenspraxis zur Folge, die nur zu oft darin mündet, daß die Ware nunmehr als notwendiger Teil des Lebens unverzichtbar erscheint.
Auf der Basis des Yoga-Übens läßt sich dagegen leichter eine Konsumhygiene entwickeln. Durch innere Achtsamkeit und fortgesetztes Selbst-

---

[101] Heinrich Jaenecke schreibt in der WOCHE (17.01.97) punktgenau: „Die Marktgesellschaft, in der wir heute leben, ist eine totalitäre Gesellschaft, wenngleich sie im Gewand der Freiheit auftritt. Ihre Ideologie ist die Kommerzialisierung. Sie durchdringt alle Lebensbereiche, buchstäblich von der Wiege bis zur Bahre. Sie macht vor nichts halt, denn alles ist kommerzialisierbar, die intimste Zärtlichkeit wie die brutalste Gewalt. Der Markt bemächtigt sich der Gedanken, der Gefühle, der Sehnsüchte und Träume, das heißt: des Menschen in seiner Totalität. Er kommt ohne Zwang aus, denn seine Waffe ist die Verführbarkeit des Menschen."

studium entsteht eher ein Gespür dafür, was ich wirklich brauche - und wozu! Der Konsum, der sich inzwischen gesellschaftlich als *Wert an sich* und nicht mehr als *Mittel für etwas* etabliert hat, wird in dieser Definition hinterfragt: Wird meine Lebensqualität oder werden meine eigentlichen Lebensziele gefördert, wenn ich meinen 31-cm Fernseher durch einen 56er-Bildschirm ersetze und diesen wiederum nach 2 Jahren durch ein 16:9-Format? Was gewinne ich an tatsächlicher Lebensbereicherung, nachdem ich über Pay-TV Zugriff auf weitere 20 Programme erhalte? Dies sind Fragen, die als Schulung des Unterscheidungsvermögens abzielen auf die Differenzierung von primären und sekundären Bedürfnissen, dem Unterschied von tiefgreifender innerer Erfüllung und Ersatzbefriedung.
Der Yoga-Übende erlebt durch konkretes Selbststudium, wie die Wunschbefriedigung über äußere Objekte nur kurz anhält und schon bald in neuen Konsumbedürfnissen mündet. Diese Kette der Befriedigung äußerer und zuvor erzeugter Bedürfnisse findet eine Relativierung und Abschwächung in dem Maße, in welchem die Verankerung in der inneren Welt geschult und die spirituelle Dimension erfahren wird. Dem Übenden hilft hier eine übliche 'yogische Haltung': Sich selbst zunächst zu beobachten und zu studieren, und nicht spontan sämtlichen Befindlichkeiten, Bedürfnissen und daraus resultierenden Handlungsimpulsen nachzugeben. Es ist eine Haltung der Mäßigung, Zügelung, im besten Sinne verstandenen Genügsamkeit: Was mir genügt, ist genug - mehr ist nicht notwendig und bindet lediglich die Konzentration an Unwesentliches.

❍ Beispiel Freizeitgestaltung: Die Freizeitindustrie ist selbst zu einem Teil der bedürfniserzeugenden Konsumgesellschaft geworden. Damit haben die Grundstrukturen des öffentlichen und beruflichen Lebens dort Einzug gehalten, nämlich Ziel- und Leistungsorientierung und die Vernichtung von subjektiv zur Verfügung stehender Zeit. Trotz immer weiter reduzierter Wochenarbeitszeiten hat das individuelle Gefühl, über Zeit und Freizeit zu verfügen, immer mehr abgenommen. Die verbliebene Zeit wird mit hektischer Freizeitaktivität gefüllt, die aber die gleiche innere Haltung wie das übrige Leben außerhalb der Freizeit erzeugt, wodurch sie immer weniger ein Gegengewicht, einen zur Gesundung beitragenden Ausgleich bieten kann.
Durch Schulung des Unterscheidungsvermögens kann der Yoga-Übende erfahren, daß durch zunehmende Aktivität, durch noch mehr und noch schnellere Abfolge von Sinneseindrücken, sich weder die Lebensinten-

sität noch -zufriedenheit vergrößern - und dies besonders, wenn die Freizeitaktivitäten lediglich eine Verlängerung unserer Leistungs- und Konsumgesellschaft darstellen. Es bedarf hier vielmehr *komplementärer Erfahrungsräume*, durch die die Sinnes- und Handlungsorientierung nach außen sich nun nach innen wenden kann und der äußeren Aktivität und Schnelligkeit eine innere Achtsamkeit, Verlangsamung und Einkehr entgegengesetzt wird. Die vorherrschende Entäußerung des Einzelnen, das buchstäbliche 'Außer-sich-Sein', wird durch eine Zentrierung und Rückkehr nach innen, ein Sich-selbst-Begegnen, vermindert. Der beständigen Reizsuche und der damit einhergehenden Abstumpfung mit der Folge noch stärkerer Stimulationsbedürfnisse wird die Beruhigung der Bewegungen des Geistes gegenübergestellt. Angesichts der wachsenden Beschleunigung fast aller Bereiche des privaten und beruflichen Lebens (Motto: Schneller ist besser!) werden durch den Yoga 'Inseln der Entschleunigung' im alltäglichen Lebensvollzug geschaffen, deren Sinn in der Qualität des Seins und nicht in der Quantität des Erledigten zu finden ist. Innere Zufriedenheit und inneres Glück können auf tiefgreifende und beständige Weise in dem Maße erfahren werden, wie es überhaupt einen Zugang zu diesem, zu meinem 'Innen' gibt. Dies sind grundlegende Faktoren seelischer Gesundheit in einer aus psychologischer Sicht zunehmend pathogenen Gesellschaft.

❍ Beispiel soziale und ökologische Verantwortung: Durch Schulung der inneren Achtsamkeit und Übung in der Nicht-Identifikation werde ich in die Lage versetzt, über die unmittelbaren Grenzen meiner eigenen Bedürfnisbefriedigung hinauszublicken. Infolge spiritueller Erfahrungen kann sich die oft sehr rigide Trennung zwischen 'Ich und mein' vs. 'Du und außen' relativieren. Ich erlebe zunehmend, daß die Art meiner Wahrnehmung der sogenannten Umwelt einschließlich der mich umgebenden Menschen eine Reflektion meiner eigenen inneren, geistigen Zustände darstellt. Der Bereich, für den ich mich intuitiv mit verantwortlich fühle, vergrößert sich im Sinne eines 'erweiterten Bewußtseins' nach außen. In dem Maße, wie ich den Kontakt zu mir selbst, zu meinem eigenen Erleben vertiefe, schaffe ich die Basis, anderen Menschen in tieferer Weise zu begegnen.[102] Es gelingt leichter, die tiefe Verbundenheit von mir und anderen Menschen, von mir und der Natur zu erfahren. In einer so erweiterten 'Selbstwahrnehmung' spüre ich viel eher

---

[102] So gibt es Untersuchungen, die auf einen Zusammenhang von Meditationspraxis und vertiefter Empathie gegenüber anderen hinweisen (s.a. Kap. 9.4).

intuitiv die Auswirkungen eigenen Handelns, insbesondere bei schädlichen und verletzenden Aktivitäten.
Es besteht die weit verbreitete Kritik, der Yoga-Übende betreibe vordringlich egozentrische Nabelschau. Vielmehr erweitern sich im Verlauf einer spirituellen Praxis die Grenzen der bewußten Wahrnehmung und damit auch des Verantwortungsgefühls über die unmittelbare Körpergrenze, das eigene Ego hinaus. Dieser umfassendere Blick 'über den eigenen Tellerrand hinweg' beschränkt sich nicht nur auf den zwischenmenschlichen Bereich, sondern bezieht auch ein anderes Verhältnis gegenüber der uns umgebenden Natur mit ein. So wie ich normalerweise meinen Körper pflege und ihn vor Verletzungen schütze, *weil er zu mir gehört,* genauso werde ich eher in der Lage sein, auch Verantwortung für meine Umwelt zu übernehmen, wenn ich diese als einen Aspekt meines Seins erlebe. Dies erscheint wesentlich in Hinblick auf die existentielle Frage, wie wir Menschen uns selbst zu ökologisch sinnvollem Handeln erziehen können. An die Ratio und die Zukunftsangst appellierende Aufklärungskampagnen und Strafmaßnahmen bei Vergehen erscheinen weniger effektiv als die Förderung eines intuitiven Umweltverhaltens. Ein solches erwächst aus der Empfindung, daß alles, was meine Umgebung verletzt, auch meinen Mitmenschen und mir selbst Schaden zufügt, daß es keine absolute Trennung gibt zwischen Innen und Außen, zwischen Ich und Du. Überall dort, wo es gilt, das Bewußtsein über das eigene Ich hinaus zu erweitern und sich selbst als Teil eines umfassenderen Zusammenhanges zu begreifen (das gilt für zwischenmenschliche Beziehungen wie für gesellschaftliche und ökologische Systeme), kann eine spirituelle Praxis unterstützend wirken.

❍ Beispiel Meditation: Durch das Praktizieren von Yoga und Meditationsübungen im Alltag ist es möglich, daß der Einzelne zu einer eigenen spirituellen Praxis findet, die an keine Religion gebunden ist und welche die Vertiefung der eigenen kulturellen und religiösen Wurzeln zuläßt. Die spirituelle Praxis ist so verstanden ein konkretes inneres Tun, um über das Ich und dessen Erfahrungshorizont hinausgehende Erlebnisse zu ermöglichen. Es erscheint ganz wesentlich, daß der Yoga und andere, den Einzelnen innerlich freilassenden, traditionelle Schulungswege (auch christliche) hier Angebote machen. Sonst drücken sich die unerfüllten spirituellen Bedürfnisse und unbeantworteten Fragen aus durch Anschluß an Ideologien und Sekten, die durch straffe Führung und feststehende 'Wahrheiten' scheinbare Klarheit und Sicherheit geben. Auch die kulturelle und spirituelle Regression auf prärationale, okkulte Praktiken und obskuren Aberglauben, wie sie sich in den letzten Jahren verstärkt zeigen, sind Hinweise in diese Richtung.

Der Yoga, wie wir ihn in diesem Buch versucht haben zu verstehen, fördert die in unserer Zeit notwendige Fähigkeit des Menschen, all das *in sich selbst zu entwickeln*, was bislang von außen kommend durch Religion und vorgegebene gesellschaftliche Normen für Sicherheit im Wertesystem und in wesentlichen Lebensfragen gesorgt hat. Eine solche Evolution gleichsam *von innen heraus* hat die Schulung des menschlichen Geistes zur Voraussetzung. Es ist das Angebot von Weisheitswissen der Menschheit im Sinne einer *philosophia perennis* gefordert, die Entwicklung von 'sinnvollen Fragen' und die Zurückweisung von scheinbar einfachen Antworten, wenn sie nicht durchlebt und von Erfahrung bestätigt werden.
Die gesellschaftliche Entwicklung im Westen hat besonders in den letzten Jahrzehnten den Einzelnen in zuvor nicht dagewesener Weise in seiner Individualität, aber auch Egozentrizität gestärkt. Gleichzeitig wurde durch das wirtschaftliche Wachstum die materielle Grundlage geschaffen für ein vorher nicht bekanntes und nicht für möglich gehaltenes Ausmaß individueller Bedürfnisbefriedigung. Wir können gleichsam von einer 'Ego-Falle' sprechen, wenn wir den parallel hierzu stattgefundenen Abbau von ethischem Empfinden und die Bedürfnisse des Einzelnen übergreifenden Sinnfragen betrachten.
Angesichts existentieller gesellschaftlicher und globaler Fragen bedarf es einer Hygiene und Schulung der inneren Welt, ohne sich jedoch der gesellschaftlichen Realität im Außen zu entziehen. Immer wesentlicher wird eine zunehmende *Mündigkeit des Einzelnen* als Ergebnis eigener Erkenntnisse und Erfahrungen gegenüber den Verführungen und Konditionierungen der modernen Gesellschaft. Notwendig ist eine existentielle Vertiefung des individuellen Lebensgefühls als Antwort auf die zunehmende Fassadenhaftigkeit und Oberflächlichkeit sowohl des gesellschaftlichen wie auch privaten Bereichs. Hier kann der Yoga aus sozialwissenschaftlicher Perspektive wertvolle Beiträge leisten. Dies wird jedoch nur dann möglich sein, wenn in der Vermittlung des Yoga im Westen Dogmatik, Sektentum und Neigungen zu autoritär geprägter Lehrerattitüde vermieden werden. Hierdurch würde der Yoga zu einem Anachronismus, der entweder Widerstände erzeugt oder aber die Schwächen des westlichen Menschen noch unterstützt. Demgegenüber sollte der Yoga in seiner westlichen Verbreitung verstanden werden als

Instrument der Aufklärung. Kulturelle Grenzen und historische Epochen überschreitend bleibt es wirksam, weil es den *einzelnen Menschen* in seiner jeweils eigenen Zeit und Kultur mit den dort herrschenden Problemen in seinem Innern berührt. So verstanden als ganzheitliche Lebenskunst ist der Yoga ein Weg der Auseinandersetzung mit sich selbst und den eigenen Entwicklungsmöglichkeiten, eine Aufforderung zum Fragenstellen und die Ermutigung, sich selbst in Frage zu stellen. Die Antworten muß jeder immer wieder neu für sich selbst finden, in seiner Zeit und in seiner Kultur. Wir schließen in diesem Sinne mit einem Zitat von Rudolf Steiner:

Lasset vom Osten befeuern, was durch den Westen sich formet.

Literatur

A. Im Text erwähnte Schriften

Abegg, E.; Indische Psychologie; Rascher, Zürich; 1945;

Ajaya, Swami (Ed.); Psychology East and West; Himalayan Publ., Honesdale PA; 1978;

Ajaya, Swami; Psychotherapy East and West - a unifying paradigm; Himalayan Publ., Honesdale PA; 1984;

Arya, Usharbudh; Die Philosophie des Hatha Yoga; Verlag Ganzheitlich Leben, Ahrensburg; 1990;

Assagioli, Roberto; Psychosynthese; Rowohlt, Reinbek; 1993;

Belschner, Wilfried & Galuska, Joachim; Empirie spiritueller Krisen; Transpersonale Psychologie und Psychotherapie, 5 (1), S. 78-94; (1999)

Berufsverband Deutscher Psychologen (Hrsg.); Psychomarkt, Sekten, Destruktive Kulte; Report Psychologie 4/94, Themenheft; 1994;

Bley, Martina; Yoga in der Gesundheitsförderung (Interview); Deutsches Yoga Forum, 3/98; 1998; (s. ebenfalls den Bericht in Psychologie heute, 3/97);

Bühler, K.E. & Wolz-Gottwald, E. (Hrsg.); Therapie und Spiritualität. Autogenes Training, Meditation, Yoga; Hinder & Deelmann, Gladenbach; 1989;

Carrington, Patricia; Das grosse Buch der Meditation; O. W. Barth, München; 1992; Original: Freedom in Meditation, 1977;

Coster, Geraldine; Yoga und Tiefenpsychologie. Ein Vergleich; O. W. Barth, München; 1954; Original: Yoga and Western Psychology, New York; 1934;

Dass, Ram; Versprechen und Fallgruben auf dem spirituellen Weg; in: Grof & Grof, 1990;

Dass, Ram; Relative Wirklichkeiten; in: Walsh & Vaughan, 1985;

Delmonte, M. M.; Meditation: contemporary theoretical approaches; in: West 1990;

Desikachar, T.K.V.; Yoga - Tradition und Erfahrung. Die Praxis des Yoga nach dem Yoga Sutra des Patanjali; Vianova, Petersberg; 1991;

Ditfurth, Hoimar von; Wir sind nicht nur von dieser Welt. Naturwissenschaft, Religion und die Zukunft des Menschen; Deutscher Taschenbuch Verlag, München; 1985;

Engel, Klaus; Meditation; Geschichte, Systematik, Forschung, Theorie; Lang, Frankfurt a. M.; 1995;

Engel, Klaus; Meditation - und ihre gesundheitsrelevanten Aspekte; Transpersonale Psychologie und Psychotherapie, 4 (1), 83-91; 1998;

Engler, Jack; Therapeutic aims in psychotherapy and meditation: Developmental stages in the representation of the self; J. Transp. Psych., 16(1), 25-61; 1984; Deutsch in Wilber et al., 1988

Engler, Jack; Therapeutische Ziele in Psychotherapie und Meditation: Entwicklungsstadien der Selbstrepräsentation; in: Wilber, Engler & Brown, Psychologie der Befreiung, 1988;

Epstein, Mark D. & Lieff, Jonathan; Psychiatrische Komplikationen der Meditationspraxis; in: Wilber, Engler & Brown: Psychologie der Befreiung, 1988; 1988;

Ferrucci, Piero; Werde was du bist - Selbstverwirklichung durch Psychosynthese; Rowohlt, Reinbek; 1986;

Freese, Hans-Ludwig; Abenteuer im Kopf. Philosophische Gedankenexperimente; Beltz, Weinheim; 1996;

Fromm, Erich; Zen Buddhismus und Psychoanalyse; In: Fromm, E. et al., 1960;

Fromm, Erich; Suzuki, Daisetz T. & de Martino, Richard; Zen Buddhismus und Psychoanalyse; Suhrkamp, Frankfurt a. M.; 1960;

Gaarder, Jostein; Sofies Welt. Roman über die Geschichte der Philosophie; Hanser, München; 1993;

Gibran, Khalil; Der Prophet; Walter, Düsseldorf; 1973;

Glueck, B. C. & Stroebel, C. F.; Biofeedback and meditation in the treatment of psychiatric illness; Comprehensive Psychiatry, 16, 303-21; 1975;

Goleman, D.; Meditation and consciousness: An asian approach to mental health; Am. J. Psychother., 30:1, 41-54; 1976;

Grof, S. & Grof, C.; Die stürmische Suche nach dem Selbst; Kösel, München; 1991;

Grof, S. & Grof, C. (Hrsg.); Spirituelle Krisen; Kösel, München; 1990;

Gudjons, Herbert; Spielbuch Interaktionserziehung; Klinkhardt, Bad Heilbronn; 1992;

Hauer, J.W.; Der Yoga - ein indischer Weg zum Selbst; Verlag Bruno Martin Südergellersen; 1983 (Erstausgabe 1958);

Heider, John; Tao der Führung; Sphinx, Basel; 1988;

Howald, Wolfgang; Meditation als Mittel zur Persönlichkeitsentwicklung; in: Bühler & Wolz-Gottwald, 1989;

Iyengar, B.K.S.; Der Urquell des Yoga; O.W. Barth Verlag; 1995;

Jaenecke, Heinrich; Das Ozonloch in uns; DIE WOCHE vom 17.01.97;

Juli, Dietmar & Engelbrecht-Greve, Maren; Streßverhalten ändern lernen. Programm zum Abbau psychosomatischer Krankheitsrisiken; Rowohlt, Reinbek; 1985;

Jung, C. G.; Yoga und der Westen; Ges. Werke, Bd. 11, Zürich; 1963;

Kabat-Zinn, Jon; Heilsame Umwege - Meditative Achtsamkeit und Gesundung; Piper, München; 1995; Deutsche Erstausgabe: Gesund und streßfrei durch Meditation; Scherz, Bern 1991;

Kornfield, Jack; Frag den Buddha und geh den Weg des Herzens; Kösel, München; 1993;

Kuhn, Thomas S.; Die Struktur wissenschaftlicher Revolutionen; Suhrkamp, Frankfurt a.M.; 1976;

Lindenberg, Wladimir; Yoga mit den Augen eines Arztes; Schikowski Verlag, Berlin; 1960

Ludewig, Kurt; Systemische Therapie - Grundlagen klinischer Theorie und Praxis; Klett-Cotta, Stuttgart; 1992;

Maturana, Humberto & Varela, Francisco; Der Baum der Erkenntnis; Scherz, München; 1987;

Miller, G.A.; The magical number seven, plus or minus two; Psychological Review, 63, 81-87; 1956;

Mukerji, G.S. & Spiegelhoff, W.; Yoga und unsere Medizin; Hippokrates, Stuttgart; 1963;

Niebel, Gabriele & Hanewinkel, Reiner; Gutachten über Meditationstechniken; Ministerpräsidentin d. Landes Schleswig-Holstein; Dokumentationsstelle 'Sekten und sektenähnliche Vereinigungen'; 1997;

Nørretranders, Thor; Spüre die Welt - die Wissenschaft des Bewußtseins; Rowohlt, Reinbek; 1994;

Nuernberger, Phil; Yoga encounter groups; In: Ajaya (Ed.), 1978;

Pöppel, Ernst; Grenzen des Bewußtseins. Über Wirklichkeit und Welterfahrung; Deutscher Taschenbuch Verlag, München; 1987;

Popper, Karl R. & Eccles, John C.; Das Ich und sein Gehirn; Piper, München; 1987;

Rama, Swami; Der Weg des Feuers und des Lichts; Verlag Ganzheitlich Leben, Ahrensburg; 1993;

Rama, Swami & Ajaya, Swami; Creative use of emotions; Himalayan Publishers, Honesdale, PA; 1991;

Rama, Swami; Ballentine, Rudolph & Ajaya, Swami; Yoga and psychotherapy: The evolution of consciousness; Himalayan Publishers, Honesdale, PA; 1976;

Ram Dass: s. Dass, Ram

Rogers, Carl R.; Therapeut und Klient. Grundlagen der Gesprächspsychotherapie; Kindler, München; 1981;

Roth, Gerhard; Das Gehirn und seine Wirklichkeit; Suhrkamp, Frankfurt a. M.; 1995;

Russell, Elbert W.; Consciousness and the unconscious: Eastern meditative and Western psychotherapeutic approaches; J. Transp. Psychol., 18(1), 51-72; 1986;

Sacks, Oliver; Der Mann, der seine Frau mit einem Hut verwechselte; Rowohlt, Reinbek; 1987;

Scharfetter, Christian; Der spirituelle Weg und seine Gefahren. Eine Übersicht für Berater und Therapeuten; Enke, Stuttgart; 1991;

Schulz von Thun, Friedemann; Miteinander reden: Störungen und Klärungen. Psychologie der zwischenmenschlichen Kommunikation; Rowohlt, Reinbek; 1981;

Schulz von Thun, Friedemann; Miteinander reden 2: Stile, Werte und Persönlichkeitsentwicklung. Differentielle Psychologie der Kommunikation; Rowohlt, Reinbek; 1989;

Schmidbauer, Wolfgang; Die hilflosen Helfer. Über die seelische Problematik der helfenden Berufe; Rowohlt, Reinbek; 1977;

Schmitz, O.A.H.; Psychoanalyse und Yoga; O. Reichel, Darmstadt; 1923;

Schmidt, Christian; Spirituelle Krisen - (auch) ein Kommunikationsproblem; Deutsches Yoga Forum, 5/96, S.58; 1996;

Smith, Jonathan C.; Meditation as psychotherapy: a new look at the evidence; in: West, 1990; (Leicht überarbeitete Fassung von 1975);

Smith, Jonathan C.; Meditation as psychotherapy: A review of the literature; Psych. Bull., 82(4), 558-64; 1975;

Smith, Jonathan C.; Meditation, biofeedback and the relaxation controversy: A cognitive behavioral perspective; American Psychologist, 41(9), 1007-09; 1986;

Steiner, Rudolf; Die Grundsteinlegung; Rudolf-Steiner-Verlag, Dornach; 1978

Taimni, I.K.; Die Wissenschaft des Yoga; Hirthammer, München; 1982;

Tart, C.; States of consciousness and state-specific sciences; Science, 176, 1203-10; 1972; Deutsche Übersetzung in: Walsh & Vaughan (Ed.), 1985;

Tausch, Reinhard & Tausch, Anne-Marie; Gesprächspsychotherapie; Hogrefe, Göttingen; 1981;

Tausch, Reinhard & Tausch, Anne-Marie; Erziehungspsychologie; Hogrefe, Göttingen; 1979;

Unger, Carsten; Psychologische und psychotherapeutische Aspekte des yogischen Übungsweges; Deutsches Yoga Forum, 6/94; 1994;

Unger, Carsten; Spirituelle Krisen und ihre Bewältigung; Deutsches Yoga Forum, 2/92; 1992;

Unger, Carsten; Yoga-Philosophie und der Konstruktivismus des Westens - Versuch einer vergleichenden Betrachtung; Deutsches Yoga Forum, 2/94; 1994;

von Glasersfeld, Ernst; Einführung in den radikalen Konstruktivismus; in: Watzlawick, 1985;

von Foerster, Heinz; Das Konstruieren einer Wirklichkeit; in: Watzlawick, 1985;

Walsh, R.N. & Vaughan, F.; Psychologie in der Wende. Grundlagen, Methoden und Ziele der Transpersonalen Psychologie; Scherz, München; 1985;

Watzlawick, Paul; Wie wirklich ist die Wirklichkeit - Wahn, Täuschung, Verstehen; Piper, München; 1982;

Watzlawick, Paul; Vom Schlechten des Guten oder Hekates Lösungen; Piper, München; 1991;

Watzlawick, Paul (Hrsg.); Die erfundene Wirklichkeit - Wie wissen wir, was wir zu wissen glauben. Beiträge zum Konstruktivismus; Piper, München; 1985;

West, M.A. (Ed.); The psychology of meditation; Clarendon Press, Oxford; 1990;

Wilber, Ken; Behandlungsmodalitäten: Therapie oder meditative Praxis; in: Wilber, Engler & Brown, 1988;

Wilber, Ken; Das Spektrum der Entwicklung; in: Wilber, Engler & Brown, 1988;

Wilber, Ken; Das Spektrum der Psychopathologie; in: Wilber, Engler & Brown, 1988;

Wilber, Ken; Ein Entwicklungsmodell des Bewußtseins; In: Walsh & Vaughan, 1985;

Wilber, Ken; The pre/trans fallacy; ReVision, 3, 51-73; 1980;

Wilber, Ken; Engler, Jack & Brown, Daniel P. (Ed.); Psychologie der Befreiung; Scherz, München; 1988;

Zimmer, Heinrich; Philosophie und Religion Indiens; Suhrkamp, Frankfurt a.M.; 1973;

B. Reviews und Bibliographien

Für den wissenschaftlich interessierten Leser haben wir im folgenden die wichtigsten uns bekannten Reviews und Bibliographien aufgelistet, die Yoga oder Meditation aus psychologischer Sicht beleuchten. Zusätzlich haben wir einige ‚klassische' physiologische Arbeiten mit aufgenommen.

Alexander, Charles N. er al.; Transcendental Meditation, self-actualization and psychological health: A conceptual overview and statistical meta-analysis; J. Soc. Behav. & Pers., 6(5), 189-248; 1991;

Arpita (d. i. Joan Harrigan); Physiological and psychological effects of Hatha Yoga; Himalayan Institute Research Bulletin, 5 (1+2), 25-43; 1983;

Arpita (d.i. Joan Harrigan); The role of breathing in current clinical interventions; Himalayan Institute Research Bulletin, 4(1), 22-31; 1982;

Bahrke, M. S.; Exercise, meditation and anxiety reduction: A review; American Corrective Therapy J., 33 (2), 41-44; 1979;

Bhole, M.V. (Ed.); Abstracts and bibliography of articles on yoga; Kaivalyadhama, Lonavla, Indien; 1984;

Bogart, Greg; The use of meditation in psychotherapy: a review of the literature; Am J. Psychoth., 45 (3), 383-412; 1991;

Delmonte, M. M.; Electrocortical activity and related phenomena associated with mediation practice: A literature review; Int. J. Neuroscienc, 24(3-4), 217-231; 1984;

Delmonte, M. M.; Meditation and anxiety reduction: a literature review; Clinical Psychology Review, 5, 91-102; 1985;

Delmonte, M. M.; Meditation as a clinical intervention strategy: A brief review; Intern. J. Psychosom., 33(3), 9-12; 1986;

Delmonte, M. M.; Meditation, the unconscious and psychosomatic disorders; Intern. J. Psychosomatics, 36(1-4), 45-52; 1989;

Delmonte, M. M.; Physiological concomitants of meditation practice: a literature review; Int. J. Psychosomatics, 31, 23-36; 1984;

Delmonte, M. M.; Psychometric scores and meditation practice: A literature review; Personality & Individual Differences, 5(5), 559-63; 1984;

Delmonte, M. M.; The relevance of meditation to clinical practice: An overview; Applied Psychology: An International Review, 39(3), 331-54; 1990;

Delmonte, M. M. & Kenny, V.; An overview of the therapeutic effects of meditation; Psychologia, 28(4), 189-202; 1985;

Delmonte, M.M.; The effects of meditation on drug usage: A literature review; Gedrag: Tijdschrift voor Psychologie, 13(2), 36-48; 1985;

Deusche MERU Gesellschaft; Wissenschaftliche Arbeiten über die Technik der TM, das TM Sidhi Programm & die Wissenschaft der kreativen Intelligenz an deutschsprachigen Hochschulen; Deutsche MERU (=Maharishi European Research University) Gesellschaft, D-4516 Bissendorf; 1991;

Dubs, Gregory; Psychospiritual development in Zen Buddhism: A study of resistance in meditation; J. Transp. Psychol., 19(1), 19-86; 1987;

Earle, J.B.; Cerebral laterality and meditation: A review of the literature; J. Transp. Psychol., 13, 155-73; 1981;

Ferguson, P.C.; The psychobiology of TM: A review; J. Altered States of Consciousness, 2(1), 15-36; 1975;

Funderburk, James; Science studies yoga: A review of physiological data; Himalyan Publishers, Honesdale PA; 1977;

Gelderloos, Paul et al.; Effectiveness of the transcendental meditation program in preventing and treating substance misuse; Int. J. of the Addictions, 26 (3), 293-325; 1991;

Goldstein, C. & Harvey, J. ; Psychological effects of meditation; Himalayan Institute Research Bulletin, 5(1+2), 19-24; 1983;

Hillenberg, J. B. & Collins; A procedural analysis and review of relaxation training research; Behav. Res. & Ther., 20, 251-60; 1982;

Hoenig, J.; Medical research on yoga; Confinia Psychiatrica (Basel), 11, 69-89; 1968;

Holmes, D. S.; Meditation and somatic arousal reduction: a review of the experimental evidence; American Psychologist, 39, 1-10; 1984;

Holmes, David S.; Self-control of somatic arousal: An examination of the effects of meditation and biofeedback; American Behav. Scientist, 28(4), 486-96; 1985;

Howald, W.; Meditationsforschung - Einführung und Überblick; Gruppendynamik, 20(4), 345-67; 1989;

Jarrell, Howard R.; International Yoga Bibliographie 1950-1980; Metuchen, New Jersey; 1981;

Jevning-R; Wallace-RK; Beidebach-M ; The physiology of meditation: a review. A wakeful hypometabolic integrated response; Neurosci-Biobehav-Rev. 1992 Fall; 16(3): 415-24 ; 1992;

Johnson, Ward; Scientific evaluation of meditation and self control of internal states - A bibliography; The Meditation Center, Minneapolis, Minnesota US; 1976;

Kabat-Zinn, Jon; Heilsame Umwege - Meditative Achtsamkeit und Gesundung; Piper, München; 1995;

Lehrer, P. M.; How to relax and how not to relax: A re-evaluation of the work of E. Jacobson; Behav. Res. & Ther., 20, 417-428; 1982;

Lehrer, P. M.; Psychophysiological effects of progressive relaxation in anxiety neurotic patients; J. Consult. Clin. Psychol., 46, 389-404; 1978;

Lesh, T. V.; Zen and psychotherapy: A partially annotated bibliography; J. Humanistic Psychol., 10, 75-83; 1970;

Malhotra, J.; Yoga and psychiatry: A review; J. Neuropsychiatry, 4, 375-385; 1963;

Maupin, E. W.; Zen Buddhism: A psychological review; J. Consult. Psychol., 26:4, 362-78; 1962;

Monro, R.; Ghosh & Kalish, D.; Yoga Research Bibliography; Yoga Biomedical Trust, Cambridge; 1989;

Murpy, M. & Donovan, St.; A bibliography of meditation theory and research; J. Transp. Psychol., 15(2), 181-228; 1983;

Nagendra, H. R. & Nagarathna, R.; Application of integrated approach of yoga: A review; Yoga Review, 3:4, 173-194; 1983;

Ohm, D.; Progressive Relaxation: Überblick über Anwendungsbereiche, Praxiserfahrungen und neuere Forschungsergebnisse; Report Psychologie, 17(1), 27-32 und 41-43; 1992;

Orvel, Margaret & Nuernberger, Phil; The role of relaxation in learning: A review of the literature; Himalayan Institute Research Bull., 5(1+2), 16-18; 1983;

Pratap, V.; Scientific studies on yoga - a review; Yoga Mimamsa, 13, 1-18; 1971;

Quekelberghe; van R., Caprano, G.; Winter, P. & Krieger, R. (Hrsg.); Meditation als klinisch-psychologisches Verfahren - Eine internationale Bibliographie; Landauer Studien zur klinischen Psychologie Bd. 9; Universität Koblenz-Landau; 1991;

Rao, K. Ramakrishna; Meditation: Secular and sacred. A review and assessment of some recent research; J. Indian Academy of Applied Psychol., 15(2), 51-74; 1989;

Scandinavian Yoga and Meditationsschool; Medical and psychological scientific research an yoga and meditation; Scandinavian Yoga and Meditationsschool, Kopenhagen; 1978;

Schreiner, Peter (Hrsg.); Yoga - Grundlagen, Methoden, Ziele. Ein bibliographischer Überblick; Köln; 1979;

Shapiro, Deane H.; Overview: Clinical and physiological comparison of meditation with other self-control strategies; Am. J. Psychiatry, 139, 267-74; 1982;

Shapiro, Deane H. & Giber, D.; Meditation and psychotherapeutic effects; Arch. General Psychiatry, 35, 294-302; 1978;

Smith, Jonathan C.; Meditation as psychotherapy: A review of the literature; Psych. Bull., 82(4), 558-64; 1975;

Swinyard, C.A. et al.; Neurological and behavioral aspects of TM relevant to alcoholism: A review; Annals of the New York Academy of Science, 233, 162-173; 1974;

Timmons, B. & Kamiya, J.; The psychology and physiology of meditation and related phenomena: A bibliography ; J. Transp. Psychol., 2, 41-59; 1970;

Timmons, B. & Kanellakos, D.P.; The psychology and physiology of meditation: Bibliography II; Journ. Transp. Psychol., 6, 32-38; 1974;

Walsh, R.N.; Meditation practice and research; J. Human. Psychol., 23(1), 18-50; 1983;

Walsh, R.N.; Meditation research: An introduction and review; J. Transp. Psychol., 11(2), 161-74; 1979;

Weiman, Marc; Yoga - a bibliography; Norwood Editions, Berkeley, CA; 1980;

West, M.A.; Meditation: a review; Brit. J. Psychiatry, 135, 457-67; 1979.

Einige Abbildungen in Kapitel 5 (Wahrnehmungstäuschungen) sind folgenden Quellen entnommen:

Gregory, R.L.; Visual illusions; Sci. American, 11 (1968).

Ittelson, W.H. & Kilpatrick, F.P.; Experiments in perceptions; Sci. American, 08 (1951).

Lanners, E.; Illusionen; Bucher-Verlag, Frankfurt (1973).

Index

Namens- und Stichwortregister

Glossar

In diesem Glossar sind ausschließlich die im Text verwendeten Sanskrit-Begriffe aufgelistet, um eine Nachschlagehilfe zu haben. Wir verweisen für weiteres auf das ausführliche Sanskrit-Glossar von Veronika Karl (Berufsverband Deutscher Yogalehrer e.V., Hrsg., 1997), aus dem wir im folgenden teilweise zitieren.

abhiniveśa: Die Angst vor dem Tod. Instinkhaftes Anklammern an das Leben und die Furcht, nicht mehr zu sein. Nährboden für alle anderen Ängste. Eines der fünf Hindernisse oder Leiden (*kleśas*).
ahaṃkāra: Identifikationsvermögen, Ich-Bewußtsein, wörtlich: Der ‚Ich-Macher'.
ahiṃsā: Gewaltlosigkeit sich selbst und anderen gegenüber, Nicht-Verletzen. Eine innere Haltung der umfassenden Liebe gegenüber der Schöpfung. Das erste *yama* des achtstufigen Pfades nach Patañjali.
antaḥkaraṇa: Das ‚innere Instrument', der menschliche Geist, bestehend aus *buddhi*, *ahaṃkāra*, *manas* und *citta*.
āsana: Körperstellung, Sitzhaltung im Hatha-Yoga. Das dritte Glied des achtstufigen Pfades nach Patañjali.
asmitā: ‚Falsche' Identifikation des menschlichen Geistes; eines der fünf Hindernisse oder Leiden (*kleśas*).
ātman: Das höhere Selbst, das den Menschen und allen Dingen immament ist.
avidyā: Nicht-Verstehen, Nicht-Wissen vor allem in spiritueller Hinsicht; eines der fünf Hindernisse oder Leiden (*kleśas*).
buddhi: Unterscheidungs-, Urteils- und Erkenntnisvermögen, intuitive Weisheit; die höchste geistige Fähigkeit des Menschen. Ein Teil des *antaḥkaraṇa*.
citta: Die ‚Datenbank', in der sich alle Spuren der geistigen Tätigkeit sammeln (*saṃskāras*). Der unbewußte Speicher aller Erfahrungen (im *antaḥkaraṇa* der *Vedānta*-Philosophie.
dveṣa: Abneigung, Ablehnung, Widerwille, Haß. Eines der fünf Hindernisse oder Leiden (*kleśas*).
guṇa: Oberbegriff für die drei Bestandteile, Qualitäten oder Grundeigenschaften der kosmischen Materie (Urnatur) *prakṛti*. Diese sind *sattva*, *tamas* und *rajas*.

jñānendriya: Die Wahrnehmungssinne, das Sehen, Hören, Tasten, Schmecken und Riechen.
karma: Handeln bzw. das Gesetz von Ursache und Wirkung im Handeln.
kleśa: Hindernis auf dem Erkenntnisweg. Die fünf Ursachen menschlichen Leidens, nämlich *avidyā*, *asmitā*, *rāga*, *dveṣa* und *abhiniveśa*.
kośa: Die fünf Hüllen oder Schleier um das höhere Selbst.
manas: ‚Schaltzentrale' des Geistes. Die Instanz des *antaḥkaraṇa*, in der alle Sinnesempfindungen einlaufen, geordnet und zusammengefaßt sowie Reaktionen gesteuert werden.
mantra: Heiliges Wort oder Klang. In der Yoga-Tradition über viele hundert Jahre weitergegebene Worte oder Gebete, die als Meditationsobjekt vom Lehrer an den Schüler weitergegeben werden (Initiation).
niyama: Das zweite Glied des achtstufigen Pfades nach Patañjali. Innere Regeln im Umgang mit sich selbst im Sinne von Entwicklungszielen. Körperliche und geistige Reinheit (*śauca*), Zufriedenheit (*saṃtoṣa*), Selbstdisziplin (*tapas*), Selbststudium und Textstudium (*svādhyāya*)
prakṛti: DieUr-Natur, das latente (unmanifeste) Prinzip des Materiellen, die stoffliche Ursache alles Bestehenden. Neben *puruṣa* zweites Grundprinzip in der *Sāṃkhya*-Philosophie. Die Erscheinungsformen von *prakṛti* werden bestimmt durch die untrennbar miteinander verbundenen *guṇas*.
puruṣa: Das reine Bewußtsein, höchstes geistiges Prinzip, das höhere oder spirituelle Selbst, göttliches Bewußtsein. Ewig, unveränderlich, rein, ungebunden, unberührt und unberührbar. Es durchdringt alles, was aus *prakṛti* hervorgeht. Eines der zwei Grundprinzipien in der *Sāṃkhya*-Philosophie.
rāga: Anhaftung, Leidenschaft, Anziehung. Eines der fünf Hindernisse oder Leiden.
rajas: Bewegung, Aktivität, Dynamik; in Hinblick auf den Zustand des menschlichen Geistes auch: leidenschaftlich. Eine der drei Grundeigenschaften (*guṇas*) des materiellen Prinzips *prakṛti*.
samādhi: Einswerdung, Realisierung des höheren Selbst, höchster transzendenter Zustand des achtstufigen Yoga-Weges nach Patañjali. Ruhen im reinen Bewußtsein des *puruṣa*.
saṃskāra: Hinterlassene Eindrücke, Spuren (bildlich: ‚Saatkörner') jeglicher Bewegung im Geist, die zu zukünftigen Handlungsneigungen führen.

sattva: Harmonie, Gleichgewicht, leuchtend und ausgeglichen; bei geistigen Zuständen auch: lichtvoll, rein, spirituell unterscheidend und erkennend. Eine der drei Grundeigenschaften (*guṇas*) des materiellen Prinzips *prakṛti*.

svādhyāya: Selbststudium (beinhaltet das Studium heiliger Texte sowie *japa*, die *mantra*-Meditation).

tamas: Festigkeit, Trägheit, Schwere; in Hinblick auf geistige Zustände auch: träge, verdunkelt, dumpf, faul. Eine der drei Grundeigenschaften (*guṇas*) des materiellen Prinzips *prakṛti*.

tapas: Selbstdisziplin, eine brennende Anstrengung, ‚das Feuer anzünden'. Eine Übung der Selbsterziehung oder Selbsttransformation. Der üblichen Handlungsneigung eine andere Richtung geben.

vṛtti: Oberbegriff für jede Bewegung im Geist, u.a. Wahrnehmungen, Gedanken, Gefühle.

yama: Das erste Glied des achtstufigen Pfades nach Patañjali. Innere Regeln im Umgang mit der äußeren Welt und mit sich selbst im Sinne von Entwicklungszielen. *Yama* umfaßt Gewaltlosigkeit und Nicht-Verletzen (*ahiṃsā*), Wahrhaftigkeit (*satya*), Nicht-Stehlen (*asteya*), Mäßigung im Umgang mit den Sinnen (*brahmacarya*) sowie Nicht-Begehren von Besitz (*aparigraha*).

Verwendete Abkürzungen:

BG Bhagavad Gītā
PYS Patañjali Yoga *Sūtras*
SK *Sāṃkhya Kārikā*

Die Kontaktadresse des SEN (Spiritual Emergence Network) in Deutschland lautet: Graf-Dürkheim-Weg 5; 79682 Todtmoos/Rütte (Tel.: 07674-8511; Fax: -8561)

Das Himalaya Institut für Yoga-Wissenschaft und Philosophie e.V.

Das Himalaya Institut wurde 1981 in Ahrensburg gegründet. Die Grundlage seines Wirkens wird durch die 3000 Jahre alten Weisheitslehren aus dem Himalaya inspiriert. Auf dieser Basis hat ein Team von Menschen aus unterschiedlichen Berufen einen Ort des persönlichen sowie spirituellen Wachstums entstehen lassen. Der Träger ist ein gemeinnütziger Verein.

Das Himalaya Institut e.V. im Zentrum Hamburgs bietet Menschen jeden Alters Vorträge, Kurse und Seminare in Hatha Yoga, Entspannungsverfahren, Stressbewältigung, Ayurveda, Yoga-Philosophie, Meditation und psychologischen Themen an.

Ein Schwerpunkt des Institutes liegt darin, einen lebendigen Austausch zwischen westlicher und östlicher Philosophie und Psychologie anzuregen und für konkrete Fragestellungen unserer Gesellschaft nutzbar zu machen. Vor diesem Hintergrund wurden Angebote im Bereich Konfliktberatung, Coaching, Biografiearbeit und Organisationsberatung entwickelt.

Ebenfalls wird eine vierjährige Yogalehrausbildung durchgeführt, die vom Berufsverband der Yogalehrenden in Deutschland (BDY) und der Europäischen Yoga-Union (EYU) anerkannt ist.

Weitere Informationen erhalten Sie beim

Himalaya Institut für Yoga-Wissenschaft und Philosophie e.V.
Osterstr. 172b, 20255 Hamburg
Tel.: 040-43 27 33 58; Fax: 040-43 27 33 17
E-Mail: himalaya@himalaya-institut.de
www.himalaya-institut.de

Swami Rama

Yoga

Lebenskunst und Erleuchtungsweg

Einführung in das Yoga-Sutra des Patañjali

verlag ganzheitlich leben

Yoga - Lebenskunst und Erleuchtungsweg
Einführung in das Yoga-Sutra
des Patanjali

Swami Rama
ISBN 978-3-932185-15-1

In inspirierender Weise behandelt der Autor die ersten Yoga-Sutras des Patanjali. Dabei steht die Anwendbarkeit dieses Jahrhundertealten philosophischen Textes auf das tägliche Leben und auf den Umgang mit sich selbst und anderen Menschen im Mittelpunkt. Die Themen umspannen das Studium des Geistes, der eigenen Gedanken, Emotionen und Gewohnheiten, bis hin zu dem spirituellen Entwicklungsziel des Samadhi. Eine leicht lesbare Einführung in die Philosophie und Psychologie des Yoga.

Swami Rama

Sadhana

Spiritualität im täglichen Leben

verlag ganzheitlich leben

Sadhana – Spiritualität im täglichen Leben
Swami Rama

Die Herausforderung besteht darin, die Aufgaben des äußeren Lebens mit der Entwicklung der inneren Welt zu verbinden und zwischen beiden eine Brücke zu schlagen. Hierdurch entsteht für jeden ein ganz eigener Schulungsweg. Dieses Buch vermittelt hierfür zahlreiche Inspirationen für den Suchenden.

„Stets benötigst du einen Gegenstand deiner Freude und dann wirst du davon abhängig. Du suchst nach einem solchen Objekt und arbeitest hart, es zu bekommen. Dann aber bist du enttäuscht, weil kein Gegenstand in der Lage ist, dir beständige Freude zu geben. Freude ist ein Lebensentwurf, ein innerer Zustand, den du erschaffen musst. Freude bedeutet, dass du dich an jedem Augenblick deines Lebens erfreuen kannst.“ ISBN 978-3-932185-13-7

www.netishop.de